Duden – Grundwissen Grammatik

Die Duden-Sprachberatung beantwortet Ihre Fragen
zu Rechtschreibung, Zeichensetzung, Grammatik u. Ä.
montags bis freitags zwischen 9:00 und 17:00 Uhr.
Aus Deutschland: 09001870098 (1,99 € pro Minute aus dem Festnetz)
Aus Österreich: 0900844144 (1,80 € pro Minute aus dem Festnetz)
Aus der Schweiz: 0900383360 (3,13 CHF pro Minute aus dem Festnetz)
Die Tarife für Anrufe aus den Mobilfunknetzen können davon abweichen.
Den kostenlosen Newsletter der Duden-Sprachberatung können Sie unter
www.duden.de/newsletter abonnieren.

Duden

Grundwissen Grammatik

Fit für den Bachelor

2., überarbeitete Auflage

von
Mechthild Habermann
Gabriele Diewald
Maria Thurmair

Dudenverlag
Berlin

Bibliografische Information der Deutschen Nationalbibliothek
Die Deutsche Nationalbibliothek verzeichnet diese Publikation in der Deutschen Nationalbibliografie; detaillierte bibliografische Daten sind im Internet über http://dnb.d-nb.de abrufbar.

Bibliographisches Institut GmbH
Mecklenburgische Straße 53, 14197 Berlin

Redaktionelle Leitung Dr. Kathrin Kunkel-Razum

Herstellung Maike Häßler
Layout Horst Bachmann
Umschlaggestaltung Hemm-communication design, Filderstadt

Satz fotosatz griesheim GmbH
Druck und Bindung Offizin Andersen Nexö Leipzig GmbH, Spenglerallee 26–30, 04441 Zwenkau
Printed in Germany

ISBN 978-3-411-73272-2
Auch als E-Book erhältlich unter: ISBN 978-3-411-91107-3

Vorwort

Dieser Band mit dem Titel **Grundwissen Grammatik. Fit für den Bachelor** ist speziell auf die Bedürfnisse von Studienanfängern in den gestuften Studiengängen nach dem Bachelor-/Master-Modell zugeschnitten.

Die neuen Studiengangsstrukturen, insbesondere der auf eine Dauer von nur drei Studienjahren konzipierte Bachelor, erfordern nicht nur ein gut geplantes und straff organisiertes Studium, sondern auch umfangreiches und strukturiertes Vorwissen, vor allem in den Gebieten, die entscheidend für die allgemeine Studierfähigkeit sind. Deshalb wird in diesem Band das Vorwissen auf dem Gebiet der deutschen Grammatik in konzentrierter Form angeboten.

Grammatisches Wissen und die damit verbundenen Analyse- und Ausdrucksmöglichkeiten sind Voraussetzungen für die erfolgreiche Teilnahme am akademischen kommunikativen Austausch – sei es bei der Rezeption von Fachliteratur oder bei der schriftlichen und mündlichen Produktion eigener wissenschaftlicher Texte. Grammatisches Wissen ist somit der Prototyp des nötigen Vorwissens für ein erfolgreiches Studium.

Das hier vorliegende Buch bietet in komprimierter und übersichtlicher Form das Basiswissen zur deutschen Grammatik, das im Laufe der Schulzeit meist verstreut über mehrere sprachliche Unterrichtsfächer und zahlreiche Lernziele den Schülerinnen und Schülern dargeboten wird. Es bündelt und strukturiert dieses Wissen, sodass es schnell aufzufinden ist. Ferner treten die Systematik und der innere Zusammenhang grammatischer Inhalte durch die konzentrierte und einheitliche Darstellung deutlicher hervor, als es durch den Aufbau schulischer Lehrpläne geschehen kann.

Darüber hinaus hat das Buch den Anspruch, durch praktische Anwendung, das heißt durch ausführliche und vielschichtig kommentierte Analysen, nachzuweisen, dass grammatisches Wissen und der bewusste und gekonnte Umgang mit diesem Wissen für Textrezeption und -produktion unverzichtbar sind und damit in der Tat eine der zentralen Schlüsselqualifikationen für ein erfolgreiches Studium – nicht nur in den Geisteswissenschaften – darstellen.

Das Grundwissen Grammatik wird zwar anhand der deutschen Grammatik dargelegt, bietet aber gleichzeitig das grammatische Fundament für ein Studium weiterer moderner Sprachen, ohne das ein sinnvoller Fremdsprachenerwerb und gewinnbringender kontrastiver Vergleich zwischen Mutter- und Fremdsprache nicht möglich ist. Auch für die Literaturwissenschaften sind grammatische Grundkenntnisse unentbehrlich, da sie die Grundlage literaturwissenschaftlicher Textinterpretationen bilden. Letztlich ist für jede Wissenschaft, die wesentlich auf dem Umgang mit Texten basiert, grammatisches Wissen erkenntnisfördernd.

Das Buch ist in zwei deutlich unterschiedliche Teile gegliedert: einen wissensvermittelnden ersten Teil (Kapitel 1 bis 4) und einen anwendungsbezogenen, textanalytischen zweiten Teil (Kapitel 5). Die Kapitel 1 bis 4 bieten leicht verständlich und schrittweise Grundlagenwissen zu Wortarten, Satzgliedern, Topologie und Satz. Der linguistische Ansatz ist deskriptiv und – soweit dies möglich ist – theorieneutral. Gleiches gilt für die verwendete Terminologie. Der Text ist gegliedert durch Beispiele, Tabellen und hervorgehobene Passagen, die besonders wichtige Fakten herausstellen oder wichtige weiterführende Informationen enthalten. Jedes Kapitel wird abgerundet durch Musteranalysen und Übungsaufgaben zu seinen spezifischen Inhalten. Die Lösungen finden Sie am Ende des Buches.

Das Kapitel 5 präsentiert die integrierte Anwendung grammatischen Wissens bei der kreativen Arbeit mit Texten, die ja für jede akademische Beschäftigung prägend ist. An drei verschiedenen Textsorten – einem journalistischen, einem poetischen und einem verwaltungssprachlichen Text – wird exemplarisch und selektiv vorgeführt, wie grammatisches Wissen konkret zur Textanalyse und zum Textverstehen genutzt werden kann. Diese Analysen gehen teilweise über die Basisgrammatik hinaus und sollen zur weiteren und intensiveren Beschäftigung mit Grammatik anregen.

Die drei Autorinnen haben als Sprachwissenschaftlerinnen umfassend zur deutschen Grammatik geforscht und veröffentlicht. Sie können als Professorinnen für Germanistische Linguistik und für Deutsch als Fremdsprache auf eine langjährige Erfahrung in der akademischen Lehre in alten wie neuen Studiengangsstrukturen zurückgreifen. Sie haben Lehrbücher zur deutschen Grammatik und zur germanistischen Linguistik verfasst und Lernmaterialien für den universitären Unterricht entwickelt.

Rückmeldungen und Verbesserungsvorschläge sind willkommen.

Mechthild Habermann
Gabriele Diewald
Maria Thurmair

Inhalt

1 Das Wort

Im Anfang war das Wort.

Wörter sind die kleinsten selbstständigen Bausteine der Sprache. Mit Wörtern bilden wir Wortgruppen, aus diesen Sätze und daraus wiederum Texte.

Es gibt verschiedene Arten von Wörtern: Man kann sie von ihrer Bedeutung her danach unterscheiden, was wir mit ihnen ausdrücken können, ob wir etwa Objekte *(Haus, Kind)* oder Handlungen *(essen, spielen)* oder Eigenschaften *(groß, lustig)* oder bestimmte Relationen *(auf, in)* mit ihnen bezeichnen; wir können sie von ihren grammatischen Eigenschaften her danach unterscheiden, wie wir sie im Satz verwenden und welche Funktionen sie übernehmen können und ob wir sie in ihrer Form verändern, also flektieren können *(Haus – Häuser, essen – gegessen)*. Wir unterscheiden also verschiedene **Wortarten.**

! Wortarten sind Klassen von Wörtern, die nach bestimmten Kennzeichen klassifiziert wurden.

In einer ersten Unterscheidung im Bereich der Wortarten fragen wir danach, ob ein Wort verändert (flektiert, gebeugt) werden kann oder nicht. Betrachten Sie die beiden Sätze in Beispiel 1:

1 Veränderung von Wörtern

1-1	Abends	kommen	die Kinder	aus den Häusern	immer	auf die	freien	Felder.
1-2	Abends	kam	das Kind	aus dem Haus	immer	auf das	freie	Feld.

Sie sehen im Vergleich von 1-1 und 1-2, dass manche Wörter sich nicht verändern *(abends, immer, auf)*, andere dagegen, wie *kommen, die, Kinder, frei*, sich verändern können: Sie drücken dann z. B. einen anderen Numerus (wie *Kind – Kinder*) oder ein anderes Tempus (wie *kommen – kamen*) oder andere grammatische Beziehungen (wie *freien – freie*) aus. Sie bilden verschiedene **Wortformen.**

Wortformen können entstehen durch:

- Hinzufügen: *Kind – Kinder, frei – freien, freie, laufen – gelaufen*
- Verändern: *kommen – kamen, waren – wären, Apfel – Äpfel, denken – dachte*
- Ersetzen (ganz selten): *sein – **bin** – **ist**, gut – **besser**.*

Alle diese Formen sind verschiedene Wortformen einer sogenannten Grundform (Nennform). Diese Grundform findet man auch im Wörterbuch. Alle möglichen Wortformen eines Wortes (z. B. *Kind, Kinder, Kindern* oder *frei, freie, freier, freies, freiem, freien*) nennt man sein Paradigma.

> **!** Wortformen sind grammatisch veränderte, also flektierte Formen eines Wortes. Man kann sie auch Flexionsformen nennen.
> Im Wörterbuch finden wir die Grundform (Nennform) eines Wortes.

Flexion ist die Veränderung von Wörtern nach bestimmten grammatischen Kategorien; sie umfasst (im Deutschen) Konjugation, Deklination und Komparation. **Konjugation** ist die Veränderung nach Person, Numerus, Tempus, Modus, Genus Verbi und tritt nur beim **Verb** auf. **Deklination** ist die Veränderung nach Genus, Numerus und Kasus und tritt bei **Substantiv, Adjektiv, Artikel** und **Pronomen** auf. **Komparation** ist Steigerung und tritt bei (manchen) **Adjektiven** und einigen wenigen Adverbien auf.

Wortarten sind also bestimmte Kategorisierungen im Wortschatz *(Suppe, heiß, kochen),* Wortformen sind grammatisch veränderte Formen eines Wortes *(kochen – gekocht).*

Wir wollen im Folgenden die einzelnen Wortarten und ihre Besonderheiten besprechen. Zunächst wenden wir uns den Wortarten zu, die flektiert werden können, nämlich Verb, Substantiv, Artikel, Pronomen und Adjektiv, und dann den anderen.

> *i* Die Zahl der Wortarten im Deutschen ist nicht fest, da die Einteilung in Wortarten auch davon abhängt, welche Kriterien man verwendet und wie man sie gewichtet. Üblicherweise nimmt man aber als Wortarten folgende an:
> Verb, Substantiv, Artikel, Pronomen, Adjektiv als flektierbare und Adverb, Konjunktion, Präposition, Partikel als unflektierbare Wortarten.

1.1 Verb

Verben sind die Zentren jeden Satzes. Sie bezeichnen sehr oft eine Handlung bzw. eine Tätigkeit *(essen, lesen, spielen),* manchmal auch einen Vorgang *(wachsen, regnen)* oder einen Zustand *(sitzen, wissen).* Verben können flektiert werden, ihre Flexion nennt man Konjugation.

1.1.1 Konjugation des Verbs

Verben werden konjugiert, d. h., sie werden nach fünf verschiedenen grammatischen Kategorien verändert:

- nach der Person: *ich schreie – du schweigst – sie spricht* (1., 2., 3. Person)
- nach dem Numerus: *er liest – sie reden* (Singular und Plural)
- nach dem Tempus: *du schreibst – du schriebst – du hattest geschrieben*
- nach dem Modus: *komm! – wir kommen – wir kämen – wir würden kommen*
- nach dem Genus Verbi: *sie sehen – sie werden gesehen* (Aktiv – Passiv)

i Die Kategorien Person und Numerus sind vor allem relevant als Kongruenzkategorien (Kongruenz, d. h. grammatische Übereinstimmung, mit dem Subjekt eines Satzes); echte Verbkategorien sind vor allem das Tempus und der Modus – sie sind semantisch grundlegend.
Während Person, Numerus, Tempus und Modus morphologische Kategorien sind, wird die Kategorie des Genus Verbi ausschließlich analytisch, d. h. mit Hilfsverben, gebildet und deshalb von manchen nicht zu den Verbkategorien gezählt.

! Verben werden konjugiert, also verändert nach Person, Numerus, Tempus, Modus, Genus Verbi. In einigen Fällen (Passiv, Tempus, Modus) werden dafür auch Hilfsverben verwendet.

Verbformen, die Personalendungen haben und damit nach Person und Numerus bestimmt sind, nennt man finit. (Oft wird zur Finitheit auch die Bestimmung nach Tempus und Modus gerechnet.)

Infinite Verbformen dagegen sind nicht nach den grammatischen Kategorien bestimmt; infinite Verbformen sind der Infinitiv und das Partizip.

Die Konjugation der Verben kann regelmäßig sein oder unregelmäßig. Entscheidend dafür sind die sogenannten Stammformen, das sind die Formen im Infinitiv Präsens und im Präteritum und das Partizip II (auch Partizip Perfekt). Die regelmäßigen Verben sind der Normalfall und deshalb ungleich häufiger. Sie werden gebildet durch die Endung *-te-* im Präteritum und durch *ge-...-t* im Partizip II.

2 Regelmäßige und unregelmäßige Verben

	Infinitiv Präsens	Präteritum	Partizip II
regelmäßige Verben (schwache Verben)	lachen	lachte	gelacht
unregelmäßige Verben (starke Verben)	rufen sprechen	rief sprach	gerufen gesprochen
unregelmäßige Verben (»gemischte« Verben)	nennen	nannte	genannt

i Die regelmäßigen Verben heißen auch schwache Verben; die unregelmäßigen Verben umfassen die sogenannten starken Verben *(sprechen, sprach, gesprochen)* und die sogenannten gemischten Verben *(nennen, nannte, genannt)*, die in ihrer Konjugation Kennzeichen der schwachen und der starken Verben kombinieren.

1.1.2 Tempus des Verbs

Verben können durch ihre Tempusformen verschiedene Zeitstufen ausdrücken. Dies ist ein ganz wesentliches Kriterium von Verben. Manchmal nennt man sie deshalb auch Zeitwörter.

Üblicherweise werden im Deutschen sechs grammatische Tempusformen unterschieden:

3 Tempusformen ≠ „Zeit" und „Zeitstufen"

Präsens	lach-e, -st, -t, -en, -t, -en	Stammform + Personalendung
Präteritum	lach-te-–, -st, -–, -n, -t, -n rief-–, -st, -–, -en, -t, -en	Stammform + *-te-* + Personalendung Präteritumsform + Personalendung
Perfekt	habe gelacht, hast gelacht … bin gekommen, bist gekommen	Hilfsverb *haben* + Partizip II oder Hilfsverb *sein* + Partizip II
Plusquamperfekt	hatte gelacht, hattest … war gekommen, warst …	Hilfsverb *haben* im Präteritum + Partizip II Hilfsverb *sein* im Präteritum + Partizip II
Futur I	werde lachen	Hilfsverb *werden* + Infinitiv
Futur II	werde gelacht haben werde gekommen sein	Hilfsverb *werden* + Partizip II + *haben* Hilfsverb *werden* + Partizip II + *sein*

synthetische Formen (Präsens, Präteritum)
analytische Formen (Perfekt bis Futur II)

Nur die Formen im Präsens und Präteritum sind einfache Tempusformen (auch: synthetische Formen), alle anderen Tempusformen sind zusammengesetzte Tempusformen (auch: analytische Formen), d. h., sie werden mit Hilfsverben gebildet. Die Formen des Futurs I und des Futurs II werden selten verwendet.

Das Hilfsverb *haben* wird bei der überwiegenden Zahl der Verben zur Bildung von Perfekt und Plusquamperfekt verwendet (z. B. bei allen transitiven Verben, d.h. Verben mit einem Akkusativobjekt). Das Hilfsverb *sein* tritt bei einigen speziellen Gruppen auf, etwa bei Verben der Bewegung *(ist gelaufen, ist verschwunden)* oder Verben, die eine Veränderung bezeichnen *(ist eingeschlafen, ist aufgeblüht, ist gestorben),* und beim Verb *sein* selbst *(ist gewesen).*

Die grammatischen Tempusformen drücken das Verhältnis dessen, worüber wir sprechen, zum Zeitpunkt des Sprechens aus, ob wir also über etwas Vergangenes sprechen *(ich lachte, ich habe gelacht),* etwas Gegenwärtiges *(ich schreibe)* oder etwas Zukünftiges *(ich werde kommen).*

i Was ist eigentlich der Unterschied zwischen Tempus und Zeit?

Der Begriff »Tempus« bezeichnet die grammatischen Formen des Verbs, die Begriffe »Zeit« und »Zeitstufen« meinen die Konzepte Gegenwart, Zukunft und Vergangenheit. Meist deckt sich die Tempusform mit der Zeitstufe; Tempusform Präsens bezeichnet also Gegenwart, Tempusform Perfekt Vergangenheit usw. Aber dies muss nicht so sein. Die Tempusformen des Verbs sind nämlich nicht alleine ausschlaggebend für die ausgedrückte Zeitstufe. Es gibt auch andere Möglichkeiten:

4 Tempusformen und Zeitstufen

	Tempusform	Zeitstufe
Morgen **kommt** meine Mutter mit ihrem neuen Freund.	Präsens	Zukunft
Wie **war** doch gleich sein Name?	Präteritum	Gegenwart
Bis dahin **habe** ich meine Wohnung **aufgeräumt.**	Perfekt	Zukunft
Beim letzten Besuch **geht** meine Mutter doch sofort in mein Schlafzimmer und **regt** sich furchtbar über das Chaos dort auf.	Präsens	Vergangenheit

1.1.3 Modus des Verbs

Mit dem Modus eines Verbs können wir verschiedene Einstellungen ausdrücken und das Verhältnis dessen, was wir sagen, zur Wirklichkeit gestalten.
Man unterscheidet im Deutschen drei Modi:

- **Indikativ** *(du kommst)* ist der neutrale Modus des Verbs, der am häufigsten anzutreffen ist.
- **Imperativ** ist die Modusform, die für Aufforderungen benutzt wird; deshalb gibt es nur Formen für die zweite Person: *komm – kommt.*
- **Konjunktiv** *(du kommest, du kämest)* ist der Modus, mit dem eine relativierende Haltung des Sprechers zum Gesagten ausgedrückt wird. Diesen Modus wollen wir nun genauer betrachten.

Formen des Konjunktivs

Es gibt zwei Arten des Konjunktivs: Konjunktiv I und Konjunktiv II.

Konjunktiv I wird gebildet durch Einfügen eines ›e‹ vor der Personalendung der Verbform im Präsens; da viele Personalendungen bereits ein ›e‹ aufweisen, unterscheidet sich der Konjunktiv I nur in wenigen Formen von der Indikativform: *gehe,* ***gehest, gehe,*** *gehen,* ***gehet,*** *gehen* (Indikativ: *gehe, gehst, geht, gehen, geht, gehen*).

Nur beim Verb *sein* ist der Konjunktiv I immer deutlich, da hier eine andere Form auftritt: *sei, sei(e)st, sei, seien, seiet, seien* (Indikativ: *bin, bist, ist, sind, seid, sind*).

Konjunktiv II wird gebildet durch Einfügen eines ›e‹ vor der Personalendung des Verbs im Präteritum (wenn die Personalendung nicht bereits ein ›e‹ enthält), bei unregelmäßigen Verben – wenn möglich – auch durch Umlaut.

5 Bildung des Konjunktivs II

regelmäßige Verben		**unregelmäßige Verben**			
Konjunktiv II	Indikativ Präteritum	Konjunktiv II	Indikativ Präteritum	Konjunktiv II	Indikativ Präteritum
lachte	lachte	ging-e	ging	käm-e	kam
lachtest	lachtest	ging-e-st	gingst	käm-e-st	kamst
lachte	lachte	ging-e	ging	käm-e	kam
lachten	lachten	ging-en	gingen	käm-en	kamen
lachtet	lachtet	ging-e-t	gingt	käm-e-t	kamt
lachten	lachten	ging-en	gingen	käm-en	kamen

Sie sehen, dass bei regelmäßigen Verben der Konjunktiv II immer die gleichen Formen hat wie der Indikativ. Bei unregelmäßigen Verben ist entweder (wie bei *ging*) nur die 1.–3. Person Singular und die 2. Person Plural unterschiedlich von den Formen des Indikativs oder alle Formen (wie bei *kam*), wenn auch Umlaut möglich ist.

Weil also der Konjunktiv II oft nicht vom Indikativ Präteritum zu unterscheiden ist, gibt es eine Ersatzform: die Form ***würde* + Infinitiv**; also: *ich würde lachen, wir würden gehen* usw. Diese *würde*-Form kann man immer statt der Konjunktiv-II-Form verwenden, besonders dann, wenn die Form des Konjunktivs II nicht deutlich oder nicht mehr üblich ist (also: *er würde lachen, er würde fliegen* statt *er lachte, er flöge*). Seltener verwendet man die *würde*-Form bei den Hilfsverben *sein* und *haben* und bei den Modalverben (also: *er wäre/hätte/könnte* statt *er würde sein/haben/können*).

i Vielleicht haben Sie auch die Begriffe ›Konjunktiv Präsens‹ und ›Konjunktiv Präteritum‹ gelernt. Diese Begriffe beziehen sich nur auf die Bildung: Der Konjunktiv Präsens wird von der Präsensform eines Verbs gebildet, der Konjunktiv Präteritum von der Präteritumsform eines Verbs. Sie beziehen sich jedoch nicht auf unterschiedliche Zeitstufen. Deshalb verwendet man heute meist die neutralen Begriffe Konjunktiv I (entspricht Konjunktiv Präsens) und Konjunktiv II (entspricht Konjunktiv Präteritum).

Konjunktiv I und II haben je eine Form, die die Gegenwart (bzw. Gleichzeitigkeit) bezeichnet, und eine Form für die Vergangenheit: Konjunktiv I Vergangenheit (oft auch: Konjunktiv Perfekt) und Konjunktiv II Vergangenheit (oft auch: Konjunktiv Plusquamperfekt). Zum Beispiel:

6 Konjunktiv I und II: Vergangenheitsformen

	Gegenwart/Gleichzeitigkeit	Vergangenheit
Konjunktiv I	er komme er sehe	er **sei** gekommen er **habe** gesehen
Konjunktiv II	er käme er sähe	er **wäre** gekommen er **hätte** gesehen

Verwendung des Konjunktivs

Konjunktiv I und Konjunktiv II werden in unterschiedlichen Bereichen verwendet.

- Konjunktiv II wird z. B. verwendet bei
  - Wünschen: ***Käme** das Geld doch rechtzeitig! **Hätte** ich doch mehr Zeit!*
  - Konditionalsätzen: *Wenn wir fliegen **könnten, wären** wir auch nicht freier.*
  - irrealen Vergleichen: *Sie sieht aus, als ob sie keine Lust **hätte.***
  - höflichen Kontexten: ***Dürfte** ich Sie etwas fragen?*
  - Zweifeln: ***Würde** er wirklich die Wahrheit sagen?*

- Konjunktiv I wird z. B. in verschiedenen fachsprachlichen Bereichen verwendet:
  - religiöse Kontexte: *Der Friede **sei** mit dir.*
  - mathematische Kontexte: *Gegeben **sei** eine Menge x.*
  - andere: *Man **beachte** die unterschiedlichen Formen.*
- Konjunktiv I und Konjunktiv II werden verwendet in der **indirekten Rede:** Die üblichen Formen in der indirekten Rede sind die Formen des Konjunktivs I; diese zeigen eindeutig an, dass etwas als Redewiedergabe markiert wird. Hier liegt der Hauptverwendungsbereich des Konjunktivs I. Wenn Konjunktiv-I-Formen nicht erkennbar sind, treten Ersatzformen auf. In informeller Sprache wird auf den Konjunktiv oft verzichtet.

7 Beispiel für Konjunktivformen in der indirekten Rede

Das Kanzleramt teilte am Abend mit, die Kanzlerin **verurteile** diese Tat aufs Schärfste, die Minister im Kabinett **sprächen** sich wie die Kanzlerin für höhere Strafen aus und **würden** an einem gemeinsamen Gesetzentwurf **arbeiten.**

Das Beispiel 7 zeigt die verschiedenen Möglichkeiten der Verwendung des Konjunktivs in der indirekten Rede. Die grundlegende Regel ist, in der indirekten Rede den Konjunktiv I zu verwenden (wie hier im Beispiel: *verurteile*). Wenn der Konjunktiv I nun aber nicht erkennbar ist (wie bei *sprechen, arbeiten*), dann werden Ersatzformen verwendet, nämlich der Konjunktiv II (wie hier im Beispiel: *sprächen*); wenn dieser nicht erkennbar ist (wie hier bei *arbeiteten* als einem regelmäßigen Verb), dann verwendet man die *würde*-Form (wie hier im Beispiel: *würden arbeiten*). Oft wird heute aber in anderen Fällen auch die *würde*-Form eingesetzt.

! Nur in der indirekten Rede, nicht aber in anderen Verwendungsbereichen, sind Konjunktiv I und Konjunktiv II austauschbar!

1.1.4 Genus Verbi: Aktiv – Passiv

Mit dem Ausdruck Genus Verbi bezeichnet man Aktiv- und Passivformen des Verbs. Das Passiv wird im Deutschen allerdings streng genommen nicht durch Flexion, sondern durch Hilfsverben gebildet.

Das Passiv unterscheidet sich vom Aktiv ganz generell durch eine andere Blickrichtung: Beim Aktiv richtet man den Blick auf den Handelnden, das Aktiv ist »agensorientiert«; beim Passiv dagegen richtet man den Blick auf den Vorgang selbst und nicht auf den Handelnden (der oft gar nicht genannt wird). Zum Vergleich:

8 Aktiv und Passiv

Aktiv	Passiv
Der Koch schält die Kartoffeln.	Die Kartoffeln werden geschält.
Dort baut die Firma Moll eine Villa.	Dort wird eine Villa gebaut.
Die Regierung erlässt ein Gesetz.	Ein Gesetz wird erlassen.
Randalierer zerstörten ein Auto.	Ein Auto wurde zerstört.

Der oder die Handelnden, das Agens, wird in Passivsätzen aus folgenden Gründen nicht genannt: weil es unbekannt ist, weil es aus dem Kontext erschließbar und deshalb überflüssig, unwesentlich oder selbstverständlich ist oder weil es gar nicht genannt werden soll.

Bildung des Passivs

→ mit Hilfsverb

Die Passivformen werden im Deutschen mit einem Hilfsverb in Verbindung mit dem Partizip II gebildet. Bei transitiven Verben, also Verben mit Akkusativobjekt, wird dieses im Passivsatz zum Subjekt. Bei intransitiven Verben erscheint im Passivsatz kein Subjekt. Das Passiv von intransitiven Verben wird manchmal auch »unpersönliches Passiv« genannt.

9 Passivformen verschiedener Verben

transitive Verben	die Zeitung lesen das Geld ausgeben	Die Zeitung **wird gelesen.** Das Geld **wurde ausgegeben.**
intransitive Verben	dem Kind helfen tanzen	Dem Kind **wurde geholfen.** Am Abend **wurde getanzt.**

werden-Passiv und *sein*-Passiv

Im Deutschen werden mehrere Arten von Passivformen unterschieden. Der Unterschied zwischen *werden*-Passiv (auch: Vorgangspassiv) und *sein*-Passiv (auch: Zustandspassiv) liegt einmal in der Bildung (Hilfsverb *werden* + Partizip II bzw. Hilfsverb *sein* + Partizip II) und zum anderen in der Betrachtungsweise: Im *werden*-Passiv wird der Vorgang als solcher fokussiert, im *sein*-Passiv das Ergebnis, das Resultat.

10 *werden*-Passiv und *sein*-Passiv

werden + Partizip II: Vorgang	*sein* + Partizip II: Resultat, Zustand
Die Kartoffeln werden geschält. Die Koffer werden gepackt. Das Geld wird ausgegeben.	Die Kartoffeln sind geschält. Die Koffer sind gepackt. Das Geld ist ausgegeben.

i Es gibt noch andere Typen des Passivs, etwa das sogenannte *bekommen*-Passiv (auch: Dativpassiv oder Rezipientenpassiv). Es wird gebildet mit dem Hilfsverb *bekommen* (auch: *erhalten*, *kriegen*) + Partizip II (*Sie bekommt die Urkunde überreicht;* siehe dazu 2.6.3).

1.1.5 Verschiedene Klassen von Verben

Bisher hatten wir es vor allem mit der großen Klasse der sogenannten Vollverben zu tun. Das ist die überwiegende Zahl der Verben, die eigenständige Bedeutung haben und deshalb alleine das Prädikat bilden können (wie *schwimmen, essen, liegen*). Es gibt aber auch einige andere, kleinere Klassen von Verben, die spezifische Formen und Funktionen haben. Die wichtigsten sind hier die Hilfsverben, die Modalverben und die Kopulaverben.

Hilfsverben

Hilfsverben haben die Funktion, bei der Bildung von Verbformen zu ›helfen‹. Die wichtigsten Hilfsverben sind *haben, sein* und *werden*. Sie verbinden sich mit Partizipien oder Infinitiven und dienen dazu, Passivformen, Tempusformen und Konjunktivformen zu bilden. Zum Beispiel:

11 Hilfsverben

Beispiel	Funktion des Hilfsverbs
habe – gegessen	Hilfsverb *haben* zur Bildung von Perfekt
bin – gelaufen	Hilfsverb *sein* zur Bildung von Perfekt
bin – gewählt	Hilfsverb *sein* zur Bildung von *(sein-)*Passiv
werde – kommen	Hilfsverb *werden* zur Bildung von Futur
werde – gefilmt	Hilfsverb *werden* zur Bildung von *(werden-)*Passiv

Modalverben

Zu den wichtigsten Modalverben gehören *können, müssen, dürfen, wollen* und *sollen.*

Modalverben dienen dazu, die Modalität einer Aussage zu verändern und eine subjektive Stellungnahme zum Ausdruck zu bringen; vergleichen Sie die Veränderungen in folgendem Beispiel 12:

12 Modalverben
sie singt – sie **will** singen – sie **kann** singen – sie **muss** singen – sie **darf** singen – sie **soll** singen

Durch die Modalverben wird hier ein Wille, eine Möglichkeit, ein Zwang, eine Erlaubnis oder eine Aufforderung ausgedrückt.

i Ein weiteres Modalverb ist *mögen*. Die Form *möchte* ist eigentlich die Konjunktiv-II-Form dieses Modalverbs: *ich mag – ich mochte – ich möchte*. Allerdings wird diese Form heute fast wie ein eigenständiges Modalverb verwendet. Manche Linguisten sprechen deshalb von einem eigenen Modalverb »*möchte(n)*«.

Kopulaverben

Kopulaverben verbinden sich mit einem Prädikativ (z. B. einer Substantivgruppe, d.h. einer Nominalphrase, oder einem Adjektiv; siehe 2.9) zu einem Prädikatsverband, z. B.: *Die Kleinen sind müde. Frau Fischer bleibt Chefin.* Sie haben vor allem grammatische Funktion, denn sie zeigen Person, Numerus, Tempus u. a. an. Kopulaverben sind im Deutschen *sein, werden* und *bleiben*.

Manche Verben können in verschiedenen Funktionen auftreten und gehören damit zu verschiedenen Verbklassen. Das Verb *werden* z. B. kann ein Hilfsverb zur Passiv- und zur Futurbildung sein *(ich werde gefragt, ich werde sehen)* und in anderer Umgebung ein Kopulaverb *(ich werde Lehrerin)*. Das Verb *sein* z. B. kann ein Hilfsverb sein zur Perfektbildung *(wir sind gekommen)* und zur Passivbildung *(wir sind gewählt)* und ein Kopulaverb *(Wir sind Bürger dieses Staates);* in einer besonderen Konstruktion (*sein* + Infinitiv mit *zu*) dagegen fungiert *sein* wie ein Modalverb und heißt dann oft Modalitätsverb *(Kinder sind zu schützen);* und z. B. im philosophischen Kontext kann *sein* als Vollverb auftreten: *Ich bin.* Einige Verben befinden sich im Übergang: Das Verb *bekommen* etwa übernimmt auch die Funktion als Hilfsverb zur Passivbildung (z. B. *Sie bekommt eine Urkunde verliehen*).

! Manche Verben können – je nach syntaktischer Umgebung – verschiedenen Verbklassen angehören.

Funktionsverben und Funktionsverbgefüge

Funktionsverbgefüge sind feste Verbindungen; sie bestehen meist aus einem relativ bedeutungsarmen Verb (*kommen, bringen* und andere) und einer Präpositionalphrase oder Nominalphrase, bei der das Substantiv oft von einem Verb abgeleitet ist. Mit Funktionsverbgefügen kann man verschiedene Phasen eines Vorgangs bezeichnen oder verschiedene Blickwinkel einnehmen.

13 Funktionsverbgefüge

Vollverb	Funktionsverbgefüge
entscheiden	zur Entscheidung bringen, zur Entscheidung kommen, zur Entscheidung stellen
sprechen über	zur Sprache bringen, zur Sprache kommen
abschließen	zum Abschluss bringen, zum Abschluss kommen

1.1.6 Infinite Verbformen

Infinite Verbformen sind das Partizip und der Infinitiv. Das Partizip steht zwischen Verb und Adjektiv (siehe 1.5.5). Im Bereich des Verbs spielt das Partizip II eine wichtige Rolle bei der Bildung von (analytischen) Verbformen.

14 Verbformen mit Hilfsverb + Partizip II

Hilfsverb + Partizip II	Beispiel	Verbform
haben + Partizip II	Sie hat **gelacht.**	Perfekt Aktiv
werden + Partizip II	Es wird **getanzt.**	*werden*-Passiv
sein + Partizip II	Die Rechnung ist **bezahlt.**	*sein*-Passiv
bekommen + Partizip II	Er bekommt den Zahn **gezogen.**	*bekommen*-Passiv

Der Infinitiv kann zusammen mit Hilfsverben bestimmte Verbformen bilden; er kann aber auch abhängig von bestimmten Verben auftreten. Einige Beispiele:

15 Verbindungen mit dem Infinitiv

Hilfs-/Modalverb + Infinitiv	Beispiel	Verbform
werden + Infinitiv	Sie werden **lachen.**	Futur Aktiv
würden + Infinitiv	Ich würde das nicht **behaupten.**	Konjunktiv II Aktiv
Modalverb + Infinitiv	Sie kann/will/muss … jetzt **gehen.**	

Vollverb + Infinitiv		
Wahrnehmungsverben	Sie sieht ihn **kommen.**	
lassen, lehren,	Ich lasse die Haare **schneiden.**	
helfen etc.	Er hilft uns **aufräumen.**	
Bewegungsverben	Wir gehen **schwimmen.**	

Neben dem Infinitiv Präsens Aktiv (auch: Infinitiv I) gibt es den Infinitiv Perfekt (oft: Infinitiv II) und den Infinitiv Passiv. Einige Beispiele:

lachen, kommen, sagen (Infinitiv Präsens);
gelacht haben, gekommen sein, gesagt haben (Infinitiv Perfekt);
gesagt werden, gelernt werden bzw. *gesagt sein, gelernt sein* (Infinitiv Passiv).

1.2 Substantiv

Substantive wie *Haus, Rose, Freiheit* gehören zu den deklinierbaren Wortarten; relevant sind die grammatischen Kategorien Genus, Numerus und Kasus. Im Unterschied zu den anderen deklinierbaren Wortarten (wie Adjektiv, Artikel) ist bei Substantiven aber das Genus fest, verändert werden nur Numerus und Kasus.

1.2.1 Genus des Substantivs

Das Genus eines Substantivs ist fest: Ein bestimmtes Substantiv ist also entweder Maskulinum oder Femininum oder Neutrum. Am Substantiv selbst kann man das Genus im Allgemeinen nicht erkennen, es ist »inhärent« – sichtbar wird es aber z. B. am Artikel, dem Begleiter des Substantivs. Im Plural gibt es keine Unterscheidung nach dem Genus, der entsprechende Artikel lautet für alle Genera »die«.

! Die grammatische Kategorie Genus ist nicht deckungsgleich mit dem natürlichen Geschlecht (= Sexus). Feminine Substantive bezeichnen also nicht etwas »Weibliches«, maskuline nicht etwas »Männliches«.

Um das Genus am Substantiv selbst zu erkennen, gibt es nur wenige Regeln: Einfache Substantive wie *Haus, Maus, Strauß* oder *Messer, Gabel, Löffel* lassen das Genus nicht erkennen, es gibt nur Tendenzen: So sind z. B. Substantive mit der Endung *-e* häufig feminin *(die Rose, die Straße, die Sonne* usw., aber: *das Auge)*. Substantive, die mit einem Wortbildungssuffix aus einem anderen Wort gebildet werden, haben allerdings ein festes Genus: So sind z. B. Substantive, die mit den Wortbildungssuffixen *-ung* oder *-heit* gebildet sind, immer feminin *(die*

Heizung, Wohnung, Freiheit), Substantive mit *-chen* und *-lein* immer Neutrum *(das Jäckchen, Tellerchen, Tischlein* und auch: *das Mädchen).*

1.2.2 Numerus des Substantivs

Substantive können durch die Deklination auch Numerus, also Singular und Plural, ausdrücken. Gekennzeichnet wird dabei im Deutschen nur der Plural, der Singular wird nicht eigens markiert. Um Plural zu markieren, gibt es im Deutschen vielfältige Möglichkeiten: einmal verschiedene Endungen und zum anderen die Möglichkeit, einen Umlaut zu verwenden. Einige Beispiele sollen das zeigen:

16 Pluralendungen beim Substantiv

Endung	-en bzw. -n	-er	-e	-s	keine Endung
ohne Umlaut	Frauen Rosen Fluten Küsten	Felder Kinder	Hunde Tage	Autos Kinos	Segel Lehrer
mit Umlaut	---	Wälder Häuser	Nüsse Bälle	---	Gärten Mütter

1.2.3 Kasus des Substantivs

Substantive treten im Satz je nach syntaktischer Funktion in verschiedenen Kasus auf. Im Deutschen gibt es vier Kasus: Nominativ, Akkusativ, Dativ und Genitiv.

17 Beispiele zur Kasusdeklination

17-1 Der junge König kümmert sich um seine Untertanen. (Nominativ)
17-2 Deshalb verehren sie den jungen König. (Akkusativ)
17-3 Sie schenken dem jungen König ihr Vertrauen. (Dativ)
17-4 Auch die Frau des jungen Königs wird vom Volk geliebt. (Genitiv)

Die Deklination des Substantivs markiert allerdings den Kasus nur in wenigen Fällen direkt – auch das übernimmt eher der Artikel und gegebenenfalls ein Adjektiv (siehe Beispiele 17).

Die möglichen Kasusendungen an den Substantiven selbst zeigt die folgende Übersicht:

18 Kasusdeklination am Substantiv

	Singular Maskulinum		Neu-trum	Femini-num	Plural -en/-n	-er	-e	-s	keine
Nom.	Mann	Herr	Kind	Frau	Frauen	Männer	Hunde	Autos	Lehrer
Akk.	Mann	Herrn	Kind	Frau	Frauen	Männer	Hunde	Autos	Lehrer
Dativ	Mann(e)	Herrn	Kind	Frau	Frauen	Männern	Hunden	Autos	Lehrern
Gen.	Mannes	Herrn	Kindes	Frau	Frauen	Männer	Hunde	Autos	Lehrer

Sie sehen in 18, dass die Anzeige des Kasus am Substantiv nur in wenigen Fällen auftritt: Im Singular wird der Genitiv markiert, aber nur bei Substantiven, die Neutrum oder Maskulinum sind (nicht bei Feminina); bei Neutra und Maskulina erscheint die Endung *-es (Mannes, Kindes)* oder *-s (Königs)*. Einige wenige Substantive (wie hier *Herr*) markieren mit der Endung *-n* Genitiv und auch Akkusativ und Dativ. Im Plural wird nur der Dativ mit der Kasusendung *-n* gekennzeichnet, die aber nur bei den Pluralendungen *-e* und *-er* und bei Pluralen ohne Endung auftreten kann.

i Vielleicht haben Sie eine andere Reihenfolge der Kasus gelernt: Nominativ (1. Fall), Genitiv (2. Fall), Dativ (3. Fall) und Akkusativ (4. Fall). Das ist einfach eine andere Anordnung. Vielfach wird heute aber die Reihenfolge wie oben verwendet, weil sie der Bedeutung und der Frequenz der einzelnen Kasus besser entspricht.

! Durch die Deklination wird am Substantiv vor allem die grammatische Kategorie Numerus, also Singular und Plural, markiert. Genus ist fest mit dem Substantiv verbunden, und Kasus wird nur an einigen wenigen Stellen durch eine Endung markiert. Die Anzeige von Genus und Kasus wird vor allem am Artikel (und am Adjektiv) deutlich. Deshalb sollte man immer die gesamte Substantivgruppe (bzw. Nominalphrase) betrachten.

1.3 Artikel

Artikel treten immer zusammen mit einem Substantiv auf, sie sind »Begleiter« des Substantivs und bilden mit diesem zusammen eine Substantivgruppe bzw. eine Nominalphrase (siehe Kap. 2). Artikel kongruieren mit ihrem Substantiv, d.h., sie zeigen das Genus des Substantivs, den Kasus und den Numerus des

Substantivs. Die Artikel übernehmen aber auch wichtige inhaltliche, das Substantiv determinierende Funktionen; ihr Gebrauch soll hier nur exemplarisch besprochen werden.

1.3.1 Formen der Artikel

Die häufigsten Artikel sind der bestimmte Artikel *(der, die, das)* und der unbestimmte Artikel *(ein, eine)*. Ihre Formen zeigt die folgende Übersicht (der als Kasussignal dienende Teil der Endung ist fett markiert).

19 Bestimmter und unbestimmter Artikel

	bestimmter Artikel					unbestimmter Artikel			
	Mask.	Neutr.	Fem.	Plural		Mask.	Neutr.	Fem.	Plural
Nom.	der	das	die	die	**Nom.**	ein	ein	eine	-
Akk.	den	das	die	die	**Akk.**	ein**en**	ein	ein**e**	-
Dat.	dem	dem	der	den	**Dat.**	ein**em**	ein**em**	ein**er**	-
Gen.	des	des	der	der	**Gen.**	ein**es**	ein**es**	ein**er**	-

Der Plural des unbestimmten Artikels ist eine »Nullform«; z. B. Sg.: *ein Mann,* Plural: – *Männer;* Sg.: *eine Frau,* Plural: – *Frauen;* Sg.: *ein Kind,* Plural: – *Kinder.*

1.3.2 Gebrauch der Artikel

Ein Substantiv kann mit dem bestimmten Artikel, dem unbestimmten Artikel oder ohne Artikel stehen. Für den Gebrauch der Artikel lassen sich einige generelle Tendenzen angeben.

■ Der bestimmte Artikel *(der/die/das)*

Der bestimmte Artikel *der/die/das* zeigt Definitheit an und steht, wenn ein Substantiv etwas schon Bekanntes und Identifiziertes bezeichnet. Das kann im Einzelnen sein:

- etwas, was im Text bereits eingeführt ist oder von dem schon die Rede war: *Am Horizont tauchte ein Reiter auf.* ***Der*** *Reiter schien sehr in Eile zu sein.*
- etwas, was aus der Situation heraus bekannt ist oder identifiziert werden kann: *Gib mir mal* ***die*** *Kamera. Wo ist* ***die*** *Zeitung?*
- ein »Unikat«, d. h. etwas Einzigartiges, was allgemein bekannt ist: ***Die*** *Sonne dreht sich um* ***die*** *Erde.* ***Die*** *Mauer fiel 1989.*

■ Der unbestimmte Artikel *(ein/ein/eine)*

Der unbestimmte Artikel *ein/ein/eine* zeigt Indefinitheit an und steht insbesondere dann, wenn das Substantiv etwas Neues oder Unbekanntes bezeichnet, das noch nicht erwähnt wurde oder nicht näher bestimmt ist, z. B. wenn etwas in einem Text neu eingeführt wird:

Am Horizont tauchte **ein** Reiter auf. Der Reiter schien sehr in Eile zu sein.

Es lebte einmal **ein** König. Er hatte drei wunderschöne Töchter.

Die verneinte Form des unbestimmten Artikels lautet *kein/kein/keine.* Im Plural hat *kein* die Formen *keine, keine, keinen, keiner;* z. B.: *Er hatte **keine** Probleme mehr.*

■ Kein Artikel

In bestimmten Fällen werden Substantive auch ohne Artikel verwendet; z. B. bei:

- Stoffnamen und Abstrakta: *Er trinkt gerne **Wein.** Sie hat **Geld.** Sie kämpfen für **Gerechtigkeit.***
- Eigennamen (Personen- und Ortsnamen): *Sie kennt **Konrad Adenauer** nicht. Er fährt nach **Hamburg.***
- bei Bezeichnungen des Berufs, der Nationalität, der Religion oder der sozialen Rolle: *Er ist **Schweizer.** Sie ist **Ärztin.** Sie ist **Jüdin.***

i Präpositionen können mit dem Artikel zu einer Form »verschmelzen«, z. B.: *am (= an dem), zum (= zu dem), ins (in das), zur (zu der)* oder – vor allem in der gesprochenen Sprache – *aufs (auf das), fürs (für das), hinterm (hinter dem), überm (über dem).*

1.3.3 Andere Artikel

Es lassen sich weitere Gruppen von Artikeln unterscheiden, die zusätzliche Bedeutung tragen. Was Stellung und Flexion betrifft, verhalten sich diese Artikel wie der bestimmte und der unbestimmte Artikel. Die wichtigsten zusätzlichen Artikel sind:

Possessivartikel

Possessivartikel wie *mein-, dein-, sein-, unser-, euer-, ihr-* bezeichnen eine Zugehörigkeit oder eine Relation. Sie sind ebenfalls Begleiter eines Substantivs, mit dem ihre **Endung** kongruiert, die Endungen entsprechen denen des unbestimmten Artikels *(ein/ein/eine).* Die jeweils gewählte Form des Possessivartikels hängt vom entsprechenden Bezugspunkt ab. Zur Illustration:

20 Beispiele zum Possessivartikel

der Baum	sein **Stamm**	die Buche	ihr **Stamm**	wir	unser **Garten**
	seine **Krone**		ihre **Krone**		unsere **Wiese**
	seine **Blätter**		ihre **Blätter**		unsere **Bäume**

Demonstrativartikel

Demonstrativartikel weisen die gleichen Endungen auf wie der bestimmte Artikel. Mit Demonstrativartikeln wie *dieser* (oder seltener *jener*) wird auf das begleitende Substantiv hingewiesen, es wird besonders fokussiert. Zum Beispiel:

21 Beispiele zum Demonstrativartikel

21-1 Auf dem Dachboden meiner Großeltern befand sich eine alte Holzkiste mit eisernen Beschlägen, die Jahr und Tag nicht geöffnet worden war. Mit **dieser** Kiste hatte es eine besondere Bewandtnis.

21-2 Schau mal, **diese** Kiste da drüben! Das wäre genau das Richtige für unser Holz!

1.4 Pronomina

Pronomina (im Singular: das Pronomen; manche sagen auch im Plural ›Pronomen‹) sind Stellvertreter einer Nominalphrase (»Pro«-Nomen). Sie verweisen im Text auf die entsprechende Nominalphrase und kongruieren mit dieser in Genus und Numerus. Es lassen sich verschiedene Gruppen von Pronomina unterscheiden.

Personalpronomina

Personalpronomina sind die häufigsten und wichtigsten Pronomina, da sie wenig spezifisch sind und deshalb einen sehr großen Anwendungsbereich haben. Man kann die Pronomina der 1. und 2. Person einerseits von denen der 3. Person andererseits unterscheiden: Mit ersteren Pronomina *(ich, du, wir, ihr)* wird auf situativ präsente Personen, Sprecher und Hörer, verwiesen; das Pronomen der 3. Person hat dagegen einen wesentlich weiteren Anwendungsspielraum und verweist im Grunde auf alles, was nicht Sprecher oder Hörer ist. In der 3. Person wird im Singular nach Genus unterschieden *(er, sie, es)*.

Die Funktion der Pronomina im Text zeigt das folgende Beispiel:

22 Pronomina im Text

Als Martin die Ladentüre öffnete, kam von hinten eine junge, etwas müde blickende Frau. Er hatte sie dort noch nie gesehen und war deshalb etwas verwirrt, stellte aber dann doch seine übliche Frage nach den Neuerscheinungen. »Die sind diese Woche leider noch nicht gekommen«, antwortete sie bedauernd.

Das Beispiel 22 zeigt, dass die Pronomina *er* bzw. *sie* die Nominalphrasen *Martin* bzw. *eine junge, etwas müde blickende Frau* aufgreifen und weiterführen. Pronomina dienen so der Verknüpfung im Text und sind deswegen auch eine sehr ökonomische Form der Textverdichtung.

i Im Deutschen gibt es in der 3. Person Singular auch die Pronomina *der/die/das*. Sie verhalten sich wie die Personalpronomina, insofern sie Nominalphrasen aufgreifen; sie fokussieren aber stärker als die Formen *er/sie/es*. Manche bezeichnen die Pronomina *der/die/das* deshalb als Demonstrativpronomina, man könnte auch von fokussierenden Personalpronomina sprechen. Die Formen werden besonders häufig in der gesprochenen Sprache verwendet; z. B.: *Da kommt Nina.* ***Die*** *sieht ja heute toll aus! Mit* ***der*** *hätte ich nicht mehr gerechnet.* ***Das*** *ist ja interessant.*

Possessivpronomina

Possessivpronomina verbinden die beschriebene Funktion der Pronomina mit der zusätzlichen Angabe einer Zugehörigkeit.

23 Beispiele zu Possessivpronomina

»Ich habe zwei Regenschirme in meinem Auto gefunden, welcher ist **deiner**?« – »**Meiner** ist der rote. Den habe ich wohl neulich vergessen.«

Demonstrativpronomina

Demonstrativpronomina haben – wie auch Demonstrativartikel – fokussierende und hervorhebende Funktion neben ihrer verweisenden Funktion als Pronomen: *Welchen Kuchen hätten Sie gerne?* – ***Diesen*** *(hätte ich gerne).*

i Artikel und Pronomen werden nicht immer klar unterschieden. Viele sprechen etwa von Possessivpronomina und meinen damit auch die Possessivartikel. Für uns besteht ein grundlegender Unterschied syntaktischer Art: Artikel treten mit einem Substantiv auf (→ Begleiter!), Pronomina treten in der Regel statt einer Nominalphrase auf (→ Stellvertreter!). Wir unterscheiden also aus syntaktischen Gründen konsequent. Die einzelnen Elemente und ihre spezifische Bedeutung ähneln sich aber natürlich, die Formen können sich jedoch unterscheiden. Vgl.: 24

Artikel = Begleiter
Pronomina = Stellvertreter

24 **Artikel und Pronomen im Vergleich**

Artikel	Pronomen
Der Mann gefällt mir.	**Der** hat vielleicht eine gute Figur!
Mein Hund gehorcht mir aufs Wort.	**Meiner** ist nicht sehr folgsam.
Dieses Wort solltest du nicht verwenden.	**Dies(es)** möchte ich nicht mehr hören.

Relativpronomina

Relativpronomina sind vor allem *der/die/das,* daneben auch *welcher/welche/welches;* sie leiten untergeordnete Sätze ein, die Relativsätze. Relativsätze beziehen sich (attributiv) auf ein Substantiv bzw. die ganze Nominalphrase. Die Relativpronomina stellen dabei eine wichtige Verbindung her zwischen dem Substantiv (sie kongruieren mit diesem in Genus und Numerus) und dem Relativsatz selbst, in den sie eingebettet sind und in dem sie eine bestimmte syntaktische Funktion übernehmen (siehe Kap. 4).

25 **Beispiel zu Relativpronomina**

Wie heißt der Lehrer,
- **der** sich zur Wahl stellt?
- **den** alle respektieren?
- **dem** die Kollegen vertrauen?

Die Relativpronomina in Beispiel 25 sind Maskulina und stehen im Singular, weil sie mit dem Bezugsausdruck *(der) Lehrer* kongruieren; ihre syntaktische Funktion und ihren Kasus bestimmt das Verb im Relativsatz *(sich zur Wahl stellen, respektieren, vertrauen).*

Die Formen des häufigsten Relativpronomens *der/die/das* zeigt die folgende Übersicht:

26 **Relativpronomina**

	Relativpronomen			
	Maskulinum	Neutrum	Femininum	Plural
Nominativ	der	das	die	die
Akkusativ	den	das	die	die
Dativ	dem	dem	der	denen
Genitiv	dessen	dessen	deren	deren

i Auch Interrogativpronomina wie *wer, was* und Adverbien können bestimmte Relativsätze einleiten, nämlich die freien Relativsätze oder die weiterführenden Relativsätze. Zum Beispiel: *Wer zu spät kommt, verliert seinen Platz. Er hat einen Platz bekommen, was niemand erwartet hatte* (siehe dazu ausführlich Kap. 4).

Interrogativpronomina

Interrogativpronomina (auch: Fragepronomina) treten als Stellvertreter für Nominalphrasen auf, die eben durch diese Pronomina erfragt werden. Mit den Interrogativpronomina kann im Deutschen nach Personen oder Sachen gefragt werden. Alle Pronomina können singularische oder pluralische Nominalphrasen erfragen. Eine Unterscheidung nach Genus ist nicht möglich. Die Formen zeigt folgende Übersicht:

27 Interrogativpronomina

	Bezug auf Personen	**Bezug auf Sachen**
Nominativ	wer (für Männer und Frauen, Singular oder Plural)	was
Akkusativ	wen	was
Dativ	wem	
Genitiv	wessen	wessen

28 Beispiel zu Interrogativpronomina

Wer steht dort an der Tür? <
- **Der Postbote.**
- **Eine ältere Frau.**
- **Eva, Martin und ihre Kinder.**

! Fragewörter können unterschiedlichen Wortarten angehören. Es gibt Interrogativ- bzw. Frage-**Pronomina** wie *wer, was, wem,* und es gibt auch Interrogativ- bzw. Frage-**Adverbien** wie *wo, wann, warum.*

Reflexivpronomen

Das Reflexivpronomen hat nur die Formen des Akkusativs und des Dativs: In der 1. und 2. Person entspricht es dem Personalpronomen, nur in der 3. Person gibt es eine eigene Form *(sich):*

29 **Reflexivpronomen**

	Singular 1. Ps.	2. Ps.	3. Ps.	Plural 1. Ps.	2. Ps.	3. Ps.	Beispiele
Akkusativ	mich	dich	sich	uns	euch	sich	ich freue **mich** er/sie freut **sich**
Dativ	mir	dir	sich	uns	euch	sich	ich denke **mir** er/sie denkt **sich**

Das Reflexivpronomen kann obligatorisch sein, also fester Bestandteil des Verbs, wie z. B. bei *sich freuen, sich schämen, sich verschlucken, sich bewerben, sich erholen.*

Das Reflexivpronomen kann fakultativ sein, eine Ergänzung zum Verb und kann dann auch durch ein Objekt ersetzt werden; z. B.: *sich waschen* (auch: *das Kind waschen), sich rasieren, sich schminken, sich verstecken, sich umdrehen, sich hinsetzen.*

Das Reflexivpronomen *sich* kann auch als reziprokes Pronomen verwendet werden, z. B.: *Sie nickten sich zu* (d. h. der eine dem anderen). Zur Verdeutlichung verwendet man aber das reziproke Pronomen *einander: Sie nickten einander zu.*

Indefinitpronomina

Mit den Indefinitpronomina können Personen oder Sachen auf ganz allgemeine, unbestimmte Art bezeichnet werden. Die Indefinitpronomina bilden eine umfangreiche und sehr heterogene Gruppe von Pronomina, die sich recht unterschiedlich verhalten: Alle Indefinitpronomina können alleine stehen, sie sind dann echte Pronomina; manche können aber auch zusammen mit einem Substantiv, also wie Artikel, vorkommen.

Die Pronomina *irgendwer, man, (irgend)jemand, niemand* und das veraltete *jedermann* bezeichnen nur Personen; *etwas, irgendetwas, viel, wenig, alles* und *nichts* bezeichnen nur Sachen. *Keiner, niemand* und *nichts* sind negierende Pronomina.

30 **Die Formen der wichtigsten Indefinitpronomina**

	einer Mask.	Neutr.	Fem.	Plural	***man***	***jemand***	***niemand***
Nom.	einer	ein(e)s	eine	(welche)	man	jemand	niemand
Akk.	ein**en**	ein(e)s	eine		(ein**en**)	jemand(**en**)	niemand(**en**)
Dat.	ein**em**	ein**em**	ein**er**		(ein**em**)	jemand(**em**)	niemand(**em**)
Gen.							

Genitivformen dieser Indefinitpronomina gibt es nicht, oder sie sind nicht üblich.

Das Pronomen *(irgend-)einer* hat keine Pluralformen, stattdessen tritt ersatzweise *(irgend-)welche* auf.

Das Pronomen *man* existiert nur im Nominativ Singular; Genus wird nicht unterschieden, für Akkusativ und Dativ tritt ersatzweise die Form des Pronomens *einer* ein.

Die Pronomina *jemand* und *niemand* werden heute auch im Akkusativ und Dativ meist nicht flektiert, z. B.: *Ich habe niemand gesehen.*

Das »Pronomen« *es*

Das Wörtchen »es« kann in sehr verschiedenen Kontexten auftreten und unterschiedliche Funktionen übernehmen; nicht immer ist es dabei ein Pronomen im klassischen Sinne; oft hat das Wörtchen *es* auch keine eigene Bedeutung. Folgende Verwendungen kann man unterscheiden:

■ ***es* als Pronomen für eine Nominalphrase oder für einen Satz**

es kann als Pronomen für eine Nominalphrase im Neutrum stehen, dabei kann es Personen und Sachen im Nominativ und im Akkusativ bezeichnen:

Wo ist das Kind? – Es spielt. (Person – Nominativ)

Ich habe dieses Buch gekauft, weil man es mir empfohlen hat. (Sache – Akk.)

es kann als Pronomen auch für umfangreichere Ausdrücke, z. B. Sätze, stehen:

Oft arbeitet sie am Sonntag, aber sie tut es nicht gerne. (es = ›am Sonntag arbeiten‹)

■ ***es* in unpersönlichen Konstruktionen**

In unpersönlichen Konstruktionen hat *es* keine eigene Bedeutung, sondern ist fest mit dem Verb verbunden; *es* kann hier auftreten als Subjekt (»Scheinsubjekt«), insbesondere bei Verben,

- die ein Naturgeschehen, z. B. die Witterung, bezeichnen: **es** *regnet*, **es** *schneit*, **es** *blitzt;*
- die eine Zeitangabe machen: **es** *ist noch früh*, **es** *ist sieben Uhr*, **es** *ist Mittag;*
- die Sinneseindrücke bezeichnen: **es** *glänzt*, **es** *wird hell*, **es** *klopft*, **es** *knallt*, **es** *raschelt*, **es** *läutet*, **es** *schmeckt (gut ...)*, **es** *riecht (gut, schlecht, nach ...).*

■ ***es* im Vorfeld (»Vorfeld-*es*«, »thematisches *es*«)**

es kann im Vorfeld eines Satzes auftreten (das sogenannte »Vorfeld-*es*«); dann dient es satzeinleitend als Platzhalter, damit das Subjekt (das dann im Mittelfeld steht) oder die gesamte Aussage hervorgehoben werden kann. *es* kann hier nie durch *das* ersetzt werden und kann in dieser Funktion nur im Vorfeld stehen.

Es kam ein Mann zu mir und sagte ... (→ Ein Mann kam zu mir und sagte ...)
Es hat jemand angerufen. (→ Jemand hat angerufen.)
Es wurde bis in den Morgen getanzt. (→ Bis in den Morgen wurde getanzt.)

■ *es* als Korrelat

es kann schließlich auch als Korrelat für einen Nebensatz oder Infinitiv auftreten, der im Hauptsatz Subjekt oder Objekt ist; das Korrelat *es,* das hier auch durch *das* ersetzt werden kann, fällt weg, wenn der Nebensatz oder Infinitiv im Vorfeld steht:

Es ist sonderbar, dass sie nicht kommt. (→ Dass sie nicht kommt, ist sonderbar.)
Es freut mich besonders, dass Sie den Preis gewonnen haben. (→ Dass Sie den Preis gewonnen haben, freut mich besonders.)

1.5 Adjektiv

Adjektive sind Wörter, die häufig bestimmte Eigenschaften angeben, z. B. die Farbe *(rot, blau),* die Form *(rund, lang, hoch),* Akustisches *(laut, schrill),* den Geschmack *(süß, bitter),* die Temperatur *(warm, heiß),* Intellektuelles *(dumm, klug),* Moralisches *(gut, böse),* Ästhetisches *(schön, hässlich)* usw. Andere Adjektive können bestimmte Beziehungen benennen (wie *väterliches [Erbe], staatliche [Unterstützung], englische [Woche]*) oder bestimmte Quantitäten (wie *unzählige, andere*).

1.5.1 Komparierbarkeit/Steigerbarkeit

Viele Adjektive können gesteigert werden; sie bilden dann neben ihrer Grundform den Komparativ und den Superlativ. Ob ein Adjektiv gesteigert werden kann oder nicht, hängt nur von seiner Bedeutung ab.

31 Komparierung von Adjektiven

Grundform	laut	lang	gut	das gute Essen Das Essen ist gut.
Komparativ	lauter	länger	**besser**	das bessere Essen Das Essen ist besser.
Superlativ	lautest- **am** lautesten	längst- **am** längsten	**best-** **am besten**	das beste Essen Das Essen ist am besten.

1.5.2 Verwendungen des Adjektivs

Adjektive können in drei verschiedenen syntaktischen/grammatischen Funktionen auftreten:

- attributiv: *die **blaue** Blume, eine **schmerzliche** Erinnerung;* das Adjektiv steht zwischen Artikel und Substantiv und wird dekliniert (siehe unten).
- prädikativ: *die Kinder sind **müde**, es wird **dunkel**;* das Adjektiv steht in Verbindung mit einem Kopulaverb *(sein, werden, bleiben)* und bildet mit diesem das Prädikat; das Adjektiv bleibt – mit Ausnahme der Steigerung – unverändert und wird nicht dekliniert.
- adverbial: *die Kinder schreien **laut**; der Vater kocht **gut**;* das Adjektiv tritt in Verbindung mit einem Vollverb auf und bestimmt dieses näher; das Adjektiv bleibt unverändert und wird nicht dekliniert.

! Ein Adjektiv, das ein (Voll-)Verb näher bestimmt *(laut schreien, schön singen, gut kochen)*, bleibt ein Adjektiv. Es übernimmt nur eine bestimmte syntaktische Funktion, nämlich die adverbiale Funktion.
Es ist kein Adverb!

i Vielleicht haben Sie den Unterschied zwischen Adjektiv und Adverb anders gelernt. Das liegt daran, dass oft nicht genau zwischen der Wortart eines Wortes und seiner Funktion im Satz unterschieden wird. Das Adjektiv *gut* in den Sätzen *Ich lese ein gutes Buch. Das Buch ist gut. Der Autor schreibt gut* ändert seine Wortart (!) nicht – wohl aber die Funktion im Satz (attributiv – prädikativ – adverbial).

1.5.3 Deklination des Adjektivs

Wenn ein Adjektiv attributiv auftritt, dann wird es dekliniert, also nach Genus, Kasus und Numerus verändert.
Die Endungen des Adjektivs hängen ab:
a) vom Substantiv nach dem Adjektiv und
b) vom Artikel vor ihm:
- hat der Artikel selbst eine Endung, dann bekommt das Adjektiv sogenannte schwache Endungen wie *-e* oder *-en;*
- hat der Artikel keine Endung oder steht kein Artikel, dann trägt das Adjektiv sogenannte starke Endungen, nämlich *-e*, *-en*, *-er*, *-es* oder *-em*.

Die Verteilung der Endungen zeigt exemplarisch die folgende Übersicht:

32 Adjektivdeklination exemplarisch (Maskulinum und Neutrum Nominativ)

	Maskulinum			Neutrum		
Nominativ	der	junge	Mann	das	leere	Zimmer
	ein	junger	Mann	ein	leeres	Zimmer
	-	junger	Mann	-	leeres	Zimmer

1.5.4 Das substantivierte Adjektiv

Adjektive können (wie jede andere Wortart auch) die Wortart wechseln und zu Substantiven werden. Dann zeigen sie Merkmale von Substantiven (sie haben einen Artikel bei sich, sie werden großgeschrieben); sie behalten aber Kennzeichen der adjektivischen Deklination bei und werden wie attributive Adjektive (siehe 1.5.3) dekliniert, z. B.:

33 Das substantivierte Adjektiv

attributives Adjektiv		substantiviertes Adjektiv
der kleine / ein kleiner Mann (Wagen/Baum ...)	→	der Kleine/ein Kleiner
der deutsche / ein deutscher Mann (Sportler ...)	→	der Deutsche/ein Deutscher
das leere / ein leeres Zimmer (Haus/Glas ...)	→	das Leere/ein Leeres

1.5.5 Adjektive und Partizipien

Partizipien stehen zwischen Verb und Adjektiv, da sie Aufgaben beider Wortarten übernehmen können. Das Partizip weist zwei Formen auf:

- Partizip I (auch: Partizip Präsens): *singend, lachend;*
- Partizip II (auch: Partizip Perfekt): *gesungen, geschrieben, angekommen.*

Das Partizip I wird wie ein Adjektiv verwendet:

attributiv: *die singenden Vögel, das lachende Kind*

adverbial: *sie saß singend am Fenster, er geht lachend davon*

Das Partizip II kann zusammen mit einem Hilfsverb das Prädikat bilden, wie im Perfekt oder Passiv (siehe 1.1); es kann aber auch wie ein Adjektiv verwendet werden:

attributiv: *das **gesungene** Lied, der **geschriebene** Text, die **angekommenen** Gäste*

i Das attributive Partizip I hat aktivische Bedeutung:
das lachende Kind = ein Kind, das lacht.
Das attributive Partizip II hat im Allgemeinen passivische Bedeutung:
das geliebte Kind = ein Kind, das geliebt wird;
bei intransitiven Verben aber auch aktivische Bedeutung:
die angekommenen Gäste = die Gäste, die angekommen sind.
Aktivische Partizipien II tragen Vergangenheitsbedeutung.

1.5.6 Zahladjektive

Eine kleine Gruppe von Wörtern, die dazu dienen, Quantitäten anzugeben, kann man ebenfalls zu den Adjektiven rechnen. Sie stehen attributiv vor Substantiven; ihnen kann ein Artikel vorausgehen, muss aber nicht. In der Flexion verhalten sie sich meist wie Adjektive.

34 Beispiele zu den Zahladjektiven

die **elf** Freunde	die **ersten** Minuten	die **zahlreichen** Fans	die **vielen** Chancen
elf Freunde	**erste** Minuten	**zahlreiche** Fans	**viele** Chancen

1.6 Präpositionen

Präpositionen sind Funktionswörter; ihre grammatische Funktion besteht vor allem darin, Beziehungen zwischen Wörtern und Wortgruppen herzustellen. Präpositionen stehen im Allgemeinen vor einer Nominalphrase und bilden mit dieser zusammen eine Präpositionalphrase (siehe Kap. 2). Die Präpositionen sind der **Kopf** der Phrase, d. h. deren funktional-grammatischer Kern, und bestimmen (»regieren«) dabei den Kasus des Substantivs. Einige wenige Präpositionen sind zweiteilig oder nachgestellt.

35 Präpositionen in Präpositionalphrasen

	Präpositionalphrase	=	Präposition	+ Nominalphrase
das Glas	auf dem Tisch		auf	dem Tisch
die Flucht	in den Wald		in	den Wald
Sie arbeitet	für die Gesellschaft		für	die Gesellschaft

36 **Die wichtigsten Präpositionen und ihr Kasus**

Akkusativ	Akkusativ oder Dativ	Dativ	Genitiv
durch, für, gegen, ohne, um, bis	in, an, auf, über, unter, vor, hinter, neben, zwischen	mit, von, aus, bei, zu, nach, seit	während, wegen, trotz

! Präpositionen, die mit dem Akkusativ oder dem Dativ verbunden werden, sind sogenannte »Wechselpräpositionen«. Akkusativ wird gewählt, wenn eine Bewegung/Richtung ausgedrückt wird; Dativ wird gewählt, wenn eine Position/Ruhelage ausgedrückt wird.

37 **Präpositionen mit dem Akkusativ oder dem Dativ**

Bewegung/Richtung	Position/Ruhelage
Er stellt die Gläser **auf den Tisch.**	Die Gläser stehen **auf dem Tisch.**
Die Gäste kommen **in das Haus.**	Die Gäste sind **im Haus.**
Die Kinder kriechen **unter das Bett.**	Die Kinder spielen **unter dem Tisch.**

Bedeutung und Gebrauch von Präpositionen

Präpositionen können frei gebraucht werden, d.h., sie werden nicht von einem anderen Element im Satz (etwa dem Verb) bestimmt; sie benennen dann z.B. lokale, temporale, modale, kausale oder andere Beziehungen.

38 **Bedeutung von Präpositionen** freie Präpositionen

lokal: *das Glas **auf** dem Tisch; die Brücke **über** den Fluss*
temporal: ***nach** drei Stunden, **in** vier Tagen, **über** Nacht*
Art und Weise → modal: *der Ring **aus** Gold, eine Party **ohne** Alkohol*
Grund → kausal: *ein Ausflug **trotz** Regens, die Sorge **wegen** einer Krankheit*

Präpositionen können auch ihrerseits abhängig und von anderen Elementen im Satz gefordert sein; sie sind dann fest, können nicht verändert werden und ihre Bedeutung lässt sich nicht bestimmen.

39 **Abhängige Präpositionen**

von Verben: *warten **auf**, glauben **an**, nachdenken **über**, sich freuen **auf**, sich drücken **vor**, sich streiten **um***
von Substantiven: *Angst **vor**, Liebe **zu**, Glaube **an**, Hoffnung **auf***
von Adjektiven: *froh **über**, stolz **auf**, ärgerlich **über***

Präpositionalphrasen mit freien Präpositionen wie in Beispiel 38 bilden adverbiale Präpositionalphrasen, abhängige wie in Beispiel 39 bilden Präpositionalobjekte (siehe dazu 2.8). Zum Unterschied:
*Sie wartet **auf** dem Bahnhof.* (adverbiale Präpositionalphrase, lokal, *wo?*)
*Sie wartet **auf** ihre Kinder.* (Präpositionalobjekt, fest mit Verb verbunden)

1.7 Konjunktionen

Konjunktionen sind Funktionswörter; ihre grammatische Funktion besteht vor allem darin, Beziehungen zwischen Sätzen herzustellen, Sätze einzuleiten und Sätze zu verbinden. Je nachdem, welche Arten von Sätzen verbunden werden, lassen sich zwei Typen von Konjunktionen unterscheiden:

- **koordinierende Konjunktionen:** Koordinierende (auch: nebenordnende) Konjunktionen verbinden Hauptsätze oder gleichartige Nebensätze; die meisten koordinierenden **Konjunktionen** können auch Wortgruppen oder Wörter verbinden.
- **subordinierende Konjunktionen:** Subordinierende (auch: unterordnende) Konjunktionen leiten Nebensätze ein und verbinden diese mit übergeordneten Sätzen. Sie werden heute meist **Subjunktionen** genannt.

Die Begriffe Konjunktion und Subjunktion werden nicht einheitlich verwendet: Entweder man unterscheidet koordinierende und subordinierende Konjunktionen – dann verwendet man einen weiten Begriff von Konjunktion.
Oder man unterscheidet Konjunktionen und Subjunktionen – dann verwendet man einen engen Begriff von Konjunktion und meint damit nur die koordinierenden Konjunktionen.
Wir verwenden im Folgenden die Begriffe Konjunktion im engeren Sinne und Subjunktion. Entscheidender Unterschied ist die Stellung des finiten Verbs und anderer Satzglieder in dem Satz, der von einer Konjunktion bzw. Subjunktion eingeleitet wird (siehe dazu Kap. 4).

40 Konjunktionen und Subjunktionen

koordinierte Konjunktion

subordinierende Konjunktion

Konjunktion	Die Straßen sind schlecht, **denn** es hat die ganze Nacht geschneit.	Hauptsatz und Hauptsatz
	Sie wollte gerade ins Bett gehen(,) **und** plötzlich klingelte das Telefon.	Hauptsatz und Hauptsatz
Subjunktion	Die Straßen sind schlecht, **weil** es die ganze Nacht geschneit hat.	Hauptsatz und Nebensatz
	Sie wollte gerade ins Bett gehen, **als** plötzlich das Telefon klingelte.	Hauptsatz und Nebensatz

i Es gibt eine weitere Gruppe von Wörtern, die ebenfalls Beziehungen zwischen Sätzen ausdrücken können, aber andere syntaktische Eigenschaften haben: die **Konjunktionaladverbien**. Sie sind – wie alle Adverbien (siehe 1.8) – selbstständige Satzglieder und besetzen meist die erste Stelle im Satz, das finite Verb folgt unmittelbar danach. Zum Vergleich:

Konjunktion:	Er fährt mit dem Bus, **aber** sie nimmt das Fahrrad.
	Sie kam nach Hause(,) **und** das Telefon klingelte laut.
Subjunktion:	Er fährt mit dem Bus, **während** sie das Fahrrad nimmt.
	Sie kam nach Hause, **als** das Telefon laut klingelte.
Konjunktionaladverb:	Er fährt mit dem Bus, **dagegen** nimmt sie das Fahrrad.
	Sie kam nach Hause, **da** klingelte das Telefon laut.

Bedeutung und Gebrauch von (koordinierenden) Konjunktionen und Subjunktionen

Die **(koordinierenden) Konjunktionen** bilden eine relativ kleine Gruppe. Sie lassen sich – von ihrer Bedeutung her – verschiedenen Gruppen zuordnen, die wichtigsten Konjunktionen zeigt 41:

41 Bedeutung von Konjunktionen

koordinativ	und	Sie will im Urlaub etwas erleben(,) **und** er möchte nur faulenzen.
disjunktiv	oder	Wir gehen zu ihr(,) **oder** sie kommt.
kausal	denn	Er sollte sich bemühen, **denn** dies ist seine letzte Chance.
adversativ	aber	Wir haben ihn eingeladen, **aber** er hat leider keine Zeit.

Konjunktionen können Hauptsätze verbinden (wie in den Beispielen 41 oben); sie können aber auch Nebensätze verbinden, Wortgruppen oder Wörter.

Subjunktionen leiten Nebensätze ein und verbinden diese subordinierend mit anderen (Haupt- oder Neben-)Sätzen. Die Subjunktion gilt als klammeröffnendes Element und bewirkt, dass das finite Verb die Endstellung einnimmt (siehe 4.3.4). Das Bedeutungsspektrum der Subjunktionen ist relativ vielfältig.

42 Beispiele für Subjunktionen

Wir müssen uns beeilen, **weil** ich heute pünktlich gehen will.
Es ist gut, **dass** du schon da bist, **weil** ich heute pünktlich gehen will.

1.8 Adverbien

Adverbien sind unflektierbar, einige ganz wenige Adverbien können aber kompariert werden *(oft – öfter; gern – lieber – am liebsten)*. Grammatisch zeichnen sich Adverbien dadurch aus, dass sie Satzglieder bilden können und z. B. alleine vor dem finiten Verb im Vorfeld stehen können. Von ihrer Bedeutung her kann man Adverbien unterscheiden, die etwas über die situativen Bedingungen, also Raum (lokal) und Zeit (temporal) oder die Modalität aussagen, wie *hier, da, gestern, danach, gern*. Auf Raum und Zeit wird häufig vom Sprecherstandpunkt aus verwiesen (»deiktische Funktion«; z. B. *dort, gestern:* vom Sprecherstandpunkt aus entfernt). Zu den Adverbien gehören auch entsprechende Frageadverbien (wie *wo? wohin? wann?*) und Negationsadverbien (wie *nirgends, nie*).

Modalwörter

Eine weitere große Gruppe bilden Modalwörter (manche nennen sie auch Satz- oder Kommentaradverbien), die dazu dienen, eine subjektive Einschätzung des Sprechers auszudrücken, entweder bezogen auf den Realitätsgrad (wie in *wahrscheinlich, vermutlich, sicher*) oder bezogen auf seine Einstellung (wie *hoffentlich, leider, glücklicherweise*).

43 Beispiele für Adverbien und Modalwörter

Adverb (lokal):	Ihr Platz ist **da. Hinten** steht die Tafel. Der Beamer ist **links. Wo** soll denn das Mikro angebracht werden?
Adverb (temporal):	**Heute** findet die Wahl statt. Die Urnen müssen **morgens** aufgestellt werden. **Tagsüber** komme ich **dann** auch ins Wahllokal. Die Stimmen zählen **abends** die Kollegen. **Wann** können wir mit dem Ergebnis rechnen?
Adverb (modal):	Sie wollte **gern** pünktlich sein und verließ **eilends** das Haus. **Blindlings** rannte sie dabei einen Passanten um.
Modalwort:	**Vermutlich** kommen wir etwas später, aber bis 10 Uhr sind wir **sicher** da. **Hoffentlich** reicht das noch.

Pronominaladverbien

Eine besondere Gruppe von Adverbien stellen schließlich die Pronominaladverbien (oft auch: Präpositionaladverbien) dar. Sie sind gebildet aus den Adverbien *da*, *hier* und *wo* und einer Präposition; z. B.: *Er glaubt daran. Worauf vertrauen Sie? Darunter kann ich mir nichts vorstellen* (siehe genauer Kap. 2).

1.9 Partikeln

Die Wortart ›Partikel‹ umfasst Wörter, die unflektierbar sind. Von den Adverbien unterscheiden sich die Partikeln dadurch, dass sie keine Satzglieder sind und deshalb z. B. nicht alleine vor dem finiten Verb stehen können. Sie können auch nicht erfragt werden. Mit dem Begriff ›Partikel‹ werden oft unterschiedliche und heterogene Gruppen von Wörtern bezeichnet; die einzelnen Gruppen, also spezielle Klassen von Partikeln, lassen sich syntaktisch, semantisch und pragmatisch genauer bestimmen. Es gibt aber keine festgelegte und überall einheitliche Bestimmung der einzelnen Partikelklassen und auch keine allgemeingültigen Benennungen. Wir besprechen im Folgenden kurz die wichtigsten Partikelklassen mit den am weitesten verbreiteten Bezeichnungen.

i Die meisten der hier als Partikeln genannten Wörter können auch eine andere Funktion haben und gehören dann dementsprechend in eine andere Partikelklasse oder in eine andere Wortart. Vergleichen Sie:

Reg dich ruhig auf – das nützt sowieso nichts. (Modalpartikel)
Die Nachbarn sind heute ausnahmsweise ruhig. (Adjektiv)

1.9.1 Modalpartikeln

Modalpartikeln (oft auch: Abtönungspartikeln) sind Partikeln wie *denn, ja, doch, eben* usw., die vor allem in gesprochener Sprache ganz wesentlich dazu dienen, eine Äußerung in den Kontext oder in die Situation einzubinden. Mit ihnen kann man z. B. das Gesagte verstärken oder abschwächen, man kann seine Erwartungen oder Annahmen andeuten oder auf gemeinsames Vorwissen verweisen. Die einzelnen Modalpartikeln sind typisch für bestimmte Satzarten. Dazu einige Beispiele:

44 Modalpartikeln in verschiedenen Satzarten

Fragen	Rauchen Sie **eigentlich?** Rauchen Sie **denn?** Rauchen Sie **etwa?**
Aufforderungen	Machen Sie **ruhig** die Tür zu! Machen Sie **mal** die Tür zu! Machen Sie **doch** die Tür zu! Machen Sie **bloß** die Tür zu!
Aussagen	Männer können **ja** nicht kochen. Männer können **doch** nicht kochen. Männer können **eben** nicht kochen.
Ausrufe	Das ist **aber** toll! Du bist **vielleicht** schlau!
Wünsche	Wäre ich **bloß** größer! Hätte ich **doch** längere Beine! Könnte ich **nur** besser singen!

1.9.2 Gradpartikeln

Gradpartikeln (oft auch: Fokuspartikeln) sind Partikeln wie *nur, auch, sogar* und andere. Gradpartikeln stehen immer in Verbindung mit bestimmten Ausdrücken im Satz, meistens mit Nominalphrasen. Sie fokussieren diese dann und können – je nach ihrer Bedeutung – z. B. etwas einschließen *(**Auch** Nina hat bestanden.)* oder ausschließen *(**Nur** Nina hat bestanden.)* und besonders hervorheben *(**Gerade/Ausgerechnet** Nina hat bestanden.)* oder einen bestimmten Grad angeben *(**Nicht einmal** Nina / **Sogar** Nina / **Schon** Nina / **Noch** Nina hat bestanden.)*.

Vergleichen Sie die unterschiedlichen Bedeutungen, die durch die einzelnen Gradpartikeln entstehen, auch im folgenden Beispiel 45:

45 Gradpartikeln

Er hat erzählt, dass gestern auch/nur/gerade/nicht einmal/sogar Nina Fleisch gegessen hat.

Wichtig für die Bedeutung der jeweiligen Gradpartikel ist auch ihre Stellung – dadurch wird nämlich deutlich, auf welches Element eine Gradpartikel sich bezieht. Vergleichen Sie:

46 Stellung und Bezug von Gradpartikeln

(Nur) bei uns können (nur) Stammkunden (nur) mittwochs (nur) Biofleisch kaufen.

1.9.3 Steigerungspartikeln

Steigerungspartikeln (oft auch: Intensivierungspartikeln) beziehen sich meistens auf ein Adjektiv (vor dem sie auch stehen) und intensivieren oder steigern dessen Bedeutung. Die Gruppe der Steigerungspartikeln ist nicht fest abgegrenzt; hier entstehen auch aktuell viele neue Formen, z. B.:

47 Steigerungspartikeln

Das war außerordentlich/ungewöhnlich/wahnsinnig/irre/unheimlich/furchtbar/tierisch/voll … nett von dir, dass du mir geholfen hast.

1.9.4 Interjektionen

Interjektionen stehen etwas am Rand der Wortart der Partikeln; zum einen, weil sie oft eine ungewöhnliche Gestalt oder Lautkombination aufweisen und/oder die Intonation eine wichtige Rolle spielt, und zum anderen, weil sie auf spezielle Art verwendet werden: Sie werden nicht in Sätze integriert, sondern sind eher eigenständige Äußerungen. Mit Interjektionen kann man eigene Emotionen ausdrücken (etwa: *au, ah, iih, ha, oh, wow, pf, pscht* usw.); man kann damit aber auch den Gesprächspartner im Gespräch steuern und lenken.

Darüber hinaus gibt es neben den Interjektionen weitere gesprächsstrukturierende Einheiten (wie etwa *na ja, hör mal, oder so, verstehst du?*), oft auch als Diskurspartikeln bezeichnet, die außerhalb der Wortarteneinteilung stehen.

1.10 Musteranalysen

Im Folgenden wollen wir an einem umfangreicheren Textbeispiel einige wortbezogene Aspekte noch einmal darstellen.

48 Analysebeispiel

KNIRPS PERDU

Vor Jahren habe(1) ich in Avignon auf dem Platz vor dem Papstpalast einen Edel-Mini-Klappschirm liegen sehen(1) und aufgehoben(1). Der Platz war(2) praktisch leer, nur in der Ferne standen(3) zwei Leute. Ich lief(4) ihnen hinterher und fragte(5), ob das ihr Schirm sei(6). Nein. Dann habe(7) ich überlegt: Keiner von uns kann(8) genug Französisch, um nach dem Fundbüro zu fragen. Ist(9) es Samstagnachmittag geöffnet(9) (wir waren(10) auf der Durchreise)? Würde(11) der Schirmverlierer dort am Montag nachfragen? Der Schirm ist(12) von einem englischen Hersteller. All die Jahre geht(13) mir der Gedanke im Kopf herum –

habe(14) ich richtig gehandelt, sollte(15), durfte(16) ich den Schirm an mich nehmen? Juristisch, moralisch: nein. Aber praktisch: doch wohl ja.

(aus: Rainer Erlinger: Gewissensfragen. Streitfälle der Alltagsmoral, aufgeklärt vom Süddeutsche Zeitung Magazin. München 2005, S. 41, leicht verändert)

Analyse der Verbmorphologie

Wir wollen an dem Beispiel 48 zunächst die Verben morphologisch genauer bestimmen:

(1) *habe:* Hilfsverb; bildet zusammen mit *(liegen) sehen* eine analytische Tempusform, nämlich eine Perfektform *habe – (ge)sehen;* da sich *sehen* hier (in einer a. c. i-Konstruktion) mit dem Infinitiv *liegen* verbindet, wird nicht das Partizip *gesehen* verwendet, sondern der Infinitiv *sehen* als Ersatzform (»Ersatzinfinitiv«); *habe (liegen) sehen* ist also 1. Ps. Sg. Indikativ Perfekt Aktiv. Das zweite Partizip *aufgehoben* gehört ebenfalls zu dem finiten Verb *habe* und bildet hier wiederum eine Perfektform. Die naheliegende Analyse ist *habe (liegen sehen und aufgehoben)* also mit koordiniertem infinitem Verbteil. Denkbar wäre auch eine Analyse mit Ellipse: *habe liegen sehen und (habe) aufgehoben.*

(2) *war:* Kopulaverb, 3. Ps. Sg. Indikativ Präteritum Aktiv.

(3) *standen:* finites Vollverb, 3. Ps. Pl. Indikativ Präteritum Aktiv.

(4) *lief:* finites Vollverb, hier verbunden mit *hinterher* zu einem Partikelverb *hinterherlaufen;* 1. Ps. Sg. Indikativ Präteritum Aktiv.

(5) *fragte:* finites Vollverb, 1. Ps. Sg. Indikativ Präteritum Aktiv.

(6) *sei:* Kopulaverb; 3. Ps. Sg. Konjunktiv I Aktiv.

(7) *habe (überlegt):* finites Hilfsverb, zusammen mit Partizip *überlegt* analytische Perfektform; 1. Ps. Sg. Indikativ Perfekt Aktiv.

(8) *kann:* hier verwendet als Vollverb, da kein Infinitiv folgt; 3. Ps. Sg. Präsens Aktiv.

(9) *ist:* Hilfsverb, bildet zusammen mit dem Partizip *geöffnet* eine Passivform: 3. Ps. Sg. Indikativ Präsens *sein*-Passiv (Zustandspassiv).

(10) *waren:* Kopulaverb, 1. Ps. Pl. Indikativ Präteritum Aktiv; alternativ könnte man *waren* als eine Art Vollverb in der Bedeutung „befanden sich" analysieren.

(11) *würde (nachfragen): würde* als Hilfsverb bildet zusammen mit dem Infinitiv *nachfragen* eine analytische Modusform: 3. Ps. Sg. Konjunktiv II Aktiv.

(12) *ist:* Kopulaverb, 3. Ps. Sg. Präsens Aktiv; alternativ könnte man *ist* als eine Art Vollverb in der Bedeutung ›stammt von‹ analysieren.

(13) *geht (herum):* Vollverb, hier verbunden mit *herum* zu einem Partikelverb *herumgehen;* 3. Ps. Sg. Indikativ Präsens Aktiv.

(14) *habe (gehandelt):* finites Hilfsverb, zusammen mit Partizip *gehandelt* analytische Perfektform; 1. Ps. Sg. Indikativ Perfekt Aktiv.
(15) *sollte:* Modalverb *sollen* in Verbindung mit Vollverb *nehmen* im Infinitiv: 1. Ps. Sg. Indikativ Präteritum Aktiv.
(16) *durfte:* Modalverb *dürfen* in Verbindung mit Vollverb *nehmen* im Infinitiv: 1. Ps. Sg. Indikativ Präteritum Aktiv.

Mit dieser morphologischen Analyse der Verben haben wir einen ersten Schritt unternommen. Im nächsten Schritt, den wir hier nicht mehr ausführen werden, könnte man nach der Funktion der einzelnen Formen fragen: Welche Funktion haben etwa die Tempuswechsel zwischen Präterium und Perfekt? Wann wird Präsens verwendet? Was signalisieren die verschiedenen Konjunktivformen?

Wortartenanalyse
Im Folgenden wollen wir die Wortarten der in unserem Musterbeispiel 48 verwendeten Wörter bestimmen. Die Verben bzw. Teile der Verbgruppen lassen wir allerdings aus, da wir diese oben bereits genauer analysiert haben. In der folgenden Analyse werden Sie auch einige Fragezeichen finden, diese kommentieren wir nach der Analyse.

Vor [Präposition] Jahren [Substantiv] habe ich [Personalpronomen] in [Präposition] Avignon [Substantiv, Eigenname] auf [Präposition] dem [bestimmter Artikel] Platz [Substantiv] vor [Präposition] dem [best. Artikel] Papstpalast [Substantiv] einen [unbest. Artikel] Edel-Mini-Klappschirm [Substantiv] liegen sehen und [Konjunktion] aufgehoben. Der [best. Artikel] Platz [Substantiv] war praktisch [Adjektiv mit Steigerungsfunktion? Modalwort?] leer [Adjektiv], nur [Gradpartikel] in [Präposition] der [best. Artikel] Ferne [Substantiv] standen zwei [Zahladjektiv] Leute [Substantiv]. Ich [Personalpronomen] lief ihnen [Personalpronomen] hinterher und [Konjunktion] fragte, ob [Subjunktion] das [Personalpronomen bzw. Demonstrativpronomen] ihr [Possessivartikel] Schirm [Substantiv] sei. Nein [Diskurspartikel]. Dann [Temporaladverb] habe ich [Personalpronomen] überlegt: Keiner [Indefinitpronomen, negierend] von [Präposition] uns [Personalpronomen] kann genug [Gradpartikel?] Französisch [Substantiv], um [Infinitivkonjunktion?] nach [Präposition] dem [best. Artikel] Fundbüro [Substantiv] zu [Infinitivpartikel?] fragen. Ist es [Personalpronomen] Samstagnachmittag [Substantiv] geöffnet (wir [Personalpronomen] waren auf [Präposition] der [best. Artikel] Durchreise [Substantiv])? Würde der [best. Artikel] Schirmverlierer [Substantiv] dort [Lokaladverb] am

[PRÄPOSITION, VERSCHMOLZEN MIT ARTIKEL] Montag [SUBSTANTIV] nachfragen? Der [BEST. ARTIKEL] Schirm [SUBSTANTIV] ist von [PRÄPOSITION] einem [UNBEST. ARTIKEL] englischen [ADJEKTIV] Hersteller [SUBSTANTIV]. All [?] die [BEST. ARTIKEL] Jahre [SUBSTANTIV] geht mir [PERSONALPRONOMEN] der [BEST. ARTIKEL] Gedanke [SUBSTANTIV] im [PRÄPOSITION, VERSCHMOLZEN MIT ARTIKEL] Kopf [SUBSTANTIV] herum – habe ich [PERSONALPRONOMEN] richtig [ADJEKTIV, ADVERBIAL GEBRAUCHT] gehandelt, sollte, durfte ich [PERSONALPRONOMEN] den [BEST. ARTIKEL] Schirm [SUBSTANTIV] an [PRÄPOSITION] mich [PERSONALPRONOMEN] nehmen? Juristisch [ADJEKTIV], moralisch [ADJEKTIV]: nein [DISKURSPARTIKEL]. Aber [KONJUNKTION] praktisch [ADJEKTIV]: doch [MODALPARTIKEL] wohl [MODALPARTIKEL] ja [DISKURSPARTIKEL].

Die Wortartenanalyse ist noch durch einige Kommentare zu ergänzen.

Sie sehen, dass in der Wortart der Substantive sehr unterschiedliche Formen auftreten: Neben Eigennamen (wie *Avignon*) sind dies vor allem Formen, die durch Wortbildung entstanden sind, etwa *Edel-Mini-Klappschirm* als besonders komplexes neu gebildetes Kompositum (neben eingeführten Formen wie *Papstpalast* oder *Fundbüro*); ein anderer Typ ist *Durchreise* als Ableitung vom Verb *durchreisen*, daneben *Ferne* als Ableitung vom Adjektiv *fern*, *Hersteller* als Ableitung mit dem Wortbildungssuffix *-er* von *herstellen* und *Schirmverlierer* als eine neue Bildung, Ableitung einer Wortgruppe *Schirm verlieren*, mit der hier der Inhalt des vorher Erzählten präzise zusammengefasst und wieder aufgegriffen wird.

Weiter zeigt die Wortartenanalyse einige Fragezeichen: Hier handelt es sich um Formen, für die es keine einheitliche und damit ›richtige‹ Analyse gibt und die in der Literatur unterschiedlich behandelt werden. Wir haben diese Formen bewusst gewählt, um Ihnen zu zeigen, dass nicht immer eindeutige Lösungen bei der grammatischen Analyse möglich sind: Bisweilen werden unterschiedliche Begriffe verwendet, und manchmal gibt es unterschiedliche Argumente in der grammatischen Analyse, die zu verschiedenen Ergebnissen führen.

Wir möchten Sie deshalb auffordern, verschiedene Nachschlagewerke zu konsultieren und herauszufinden, wie (und ob überhaupt) die Wortart von *genug, all, um – zu, nein* bzw. *ja* bestimmt wird.

Überlegen Sie, ob es adäquat ist, *Französisch* (in: *Keiner von uns kann genug Französisch*) als Substantiv zu klassifizieren.

Schließlich haben wir die Wortart von *praktisch*, das in unserem Text zweimal vorkommt, beim ersten Mal *(... war praktisch leer)* nicht eindeutig klassifiziert. Versuchen Sie, mithilfe der Literatur Argumente für eine mögliche Klassifizierung zu finden.

1.11 Übungsaufgaben

Übung 1: Wortarten

Ü-1a Bestimmen Sie im folgenden Analysebeispiel 1 die Wortart aller Wörter!

Analysebeispiel 1

Manchmal begegnet einem ein schönes, unbekanntes Wort so unverhofft, wie man bei einem Spaziergang durch den Dschungel vielleicht plötzlich einem seltenen und schillernd bunten Schmetterling gegenübersteht.

(aus: Axel Hacke: Das Beste aus meinem Leben. Mein Alltag als Mann. München 2006, S. 14)

Ü-1b Bestimmen Sie im folgenden Analysebeispiel 2 die Wortart der unterstrichenen Wörter: Artikel oder Pronomen?

Analysebeispiel 2

An diesem Abend ging der junge Mann nicht gleich nach Hause, sondern noch etwas trinken. Er konnte sich das leisten, da er endlich mit seiner Chefin über die Gehaltserhöhung gesprochen hatte. Die hatte sich sehr verständig gezeigt und ihm für das nächste Jahr etwas mehr Gehalt in Aussicht gestellt. Das würde vieles leichter machen. Aber eines beunruhigte ihn doch: Es hatte etwas zu tun mit einer kleinen Bemerkung, die an diesem Tag gefallen war.

(eigenes Beispiel)

Ü-1c Bestimmen Sie im folgenden Analysebeispiel 3 die Wortart der unterstrichenen Wörter: Adverb, Präposition, Konjunktion oder eine bestimmte Partikelart?

Analysebeispiel 3

Als ich noch sehr klein war, lag ich gern auf dem Rücken im Gras und sah den Flugzeugen am Himmel nach und den Kondensstreifen, die sie hinter sich ließen. Als man mir sagte, dass in den Flugzeugen Menschen säßen, dachte ich darüber nach, wie sie wohl in die Flugzeuge hineingekommen waren. Ich kam zu keinem endgültigen Schluss, aber meine Vorstellung war, dass die Flugzeuge irgendwann dort oben für eine kurze Zeit anhalten würden und dass man dann vom Boden aus eine sehr, sehr, sehr (…) lange Leiter ausfahren würde und dass mit deren Hilfe die Passagiere Gelegenheit hätten, das Flugzeug zu besteigen und auch wieder zu verlassen. Naja, so dachte ich eben.

(aus: Axel Hacke: Das Beste aus meinem Leben. Mein Alltag als Mann. München 2006, S. 87)

Übung 2: Verben

Ü-2a Bestimmen Sie im folgenden Analysebeispiel 4 die grammatischen Kategorien der unterstrichenen Verben (Person, Numerus, Tempus, Modus, Genus Verbi), bei zusammengesetzten Verbformen (besonders markiert) die der gesamten Form!

Ü-2b Welche Funktion haben die Veränderungen im Verbmodus im Analysebeispiel 4?

Analysebeispiel 4

Jamie Oliver, 29, [...] will sich aus der Öffentlichkeit zurückziehen. »Ich möchte es ruhiger angehen lassen in den nächsten drei Jahren. Ich bin bereit für das Ende meines Ruhms«, sagte Oliver ***ananova.com*** zufolge. Die öffentlichen Spekulationen über eine mögliche Ehekrise hätten ihn dazu gebracht, seine Karriere zu überdenken. Er müsste einfach eine längere Schaffenspause einlegen. »Ich bedauere meine Berühmtheit«, sagte der Starkoch. Gleichzeitig wisse er aber, dass er seinem Ruhm viel zu verdanken habe. Künftig wolle er mehr Zeit mit seiner Frau Jools und seinen zwei Töchtern verbringen.

(Kurznotiz [ohne Autor] aus: Süddeutsche Zeitung, 23.2.2005, S.12; leicht verändert)

Ü-2c Bestimmen Sie die Verbklasse der unterstrichenen Verben im folgenden Analysebeispiel 5: Vollverb, Hilfsverb, Modalverb oder Kopulaverb?

Analysebeispiel 5

Meine Frau und ich sind kürzlich mit der Bahn gereist und haben dafür das Bayern-Ticket benutzt. Damit dürfen gemeinsam bis zu fünf Personen fahren, die nicht verwandt sein müssen. Auf dem Bahnsteig fragte uns eine Studentin, ob wir mit dem Bayern-Ticket unterwegs seien, ob sie darauf mitfahren dürfe und was wir als Kostenbeteiligung verlangten. Wir haben sie mitgenommen, natürlich ohne Kostenbeteiligung. War das richtig oder wird so die Bahn geschädigt, die eine Fahrkarte weniger verkauft?

(aus: Rainer Erlinger: Gewissensfragen. Streitfälle der Alltagsmoral, aufgeklärt vom Süddeutsche Zeitung Magazin. München 2005, S.73)

Übung 3: Substantive

Ü-3a Bilden Sie die Pluralformen von folgenden Substantiven und versuchen Sie dann eine Regel zu formulieren für die Verteilung der Pluralendungen *-en* und *-n!*

Apfel, Feder, Nase, Nerv, Ohr, Rose, Tulpe, Zahl

Ü-3b Mit welchen Endungen wird die grammatische Kategorie Plural bei den folgenden Wörtern ausgedrückt? Ordnen Sie diese nach dem Genus der Substantive im Singular (Maskulinum, Neutrum, Femininum). Erkennen Sie bestimmte Tendenzen?

Amsel, Bär, Elster, Eule, Frau, Giraffe, Kalb, Katze, Kind, Kobra, Mann, Maus, Pferd, Reh, Rind, Rotkehlchen, Schwan, Schwein, Specht, Tiger, Uhu, Vogel, Wolf, Wurm, Zebra

Ü-3c Bestimmen Sie den Kasus der unterstrichenen Wörter bzw. Wortgruppen in Analysebeispiel 6! Stellen Sie gegebenenfalls Fragen wie *wer (oder was)? wen (oder was)? wem? wessen?*

Analysebeispiel 6

Manchmal begegnet einem ein schönes, unbekanntes Wort so unverhofft, wie man bei einem Spaziergang durch den Dschungel vielleicht plötzlich einem seltenen und schillernd bunten Schmetterling gegenübersteht.

So geschah es mir, als ich vom Mittagessen in mein Büro zurückkehrte und ein Eilt!-Eilt!-Fax auf meinem Schreibtisch vorfand, abgesandt vom Sekretär des Herrn O., eines berühmten und bedeutenden Mannes, mit dem ich am nächsten Morgen verabredet war.

(aus: Axel Hacke: Das Beste aus meinem Leben. Mein Alltag als Mann. München 2006, S. 14)

2 Satzglieder

Es gibt mehr Dinge zwischen Himmel und Erde,
als eure Schulweisheit sich träumt.
Shakespeare, Hamlet

2.1 Die Dinge zwischen Wort und Satz

Bisher haben wir von Wörtern und Sätzen gesprochen. Wörter sind unstrittige Einheiten. Wir können sie zählen, verschieben, gegeneinander austauschen, und etliche von ihnen kann man grammatisch verändern, »beugen«, und sie damit in den Satzzusammenhang einfügen. Kurz, niemand muss von der Existenz der sprachlichen Einheit »Wort« überzeugt werden. Ähnlich ist es mit dem Satzbegriff. Auch hier wird praktisch niemals – außer von Linguisten – hinterfragt, ob es die Einheit Satz überhaupt gibt. Und tatsächlich, vor allem im schriftlichen Medium, tritt uns Sprache typischerweise in Form von Sätzen entgegen. Sätze sind die üblichen »Portionen«, in die wir unsere Gedanken, also das, was wir sagen wollen, einteilen. Mit Sätzen können wir Absichten zum Ausdruck bringen, z. B. eine Frage stellen, einen Vorschlag machen, ein Versprechen geben. Im gesprochenen Medium haben Sätze eine bestimmte Intonationskurve, im schriftlichen Medium enden sie mit einem abschließenden Satzzeichen. Zudem weisen Sätze eine bestimmte grammatische Struktur auf. Und vor allem: Sätze bestehen aus Wörtern.

! Sätze sind selbstständige sprachliche Einheiten.
Sätze bestehen aus Wörtern.

Die beiden Einheiten Wort und Satz sind also strukturell und hierarchisch aufeinander bezogen. So besteht der folgende Satz 1, der im weiteren Verlauf des Kapitels noch mehrfach als Mustersatz auftreten wird, aus 14 Wörtern:

1 Mustersatz

Ich habe dann von einem Arzt die Zugangsberechtigung zur Einsicht in geheime Unterlagen bekommen.

2 Analyse 1 zum Mustersatz

1	2	3	4	5	6	7	8	9
Ich	habe	dann	von	einem	Arzt	die	Zugangsberechtigung	zur

10	11	12	13	14
Einsicht	in	geheime	Unterlagen	bekommen.

Hier drängt sich nun die Frage auf, ob man eine weitere Gliederungsebene zwischen dem Satz und den Wörtern finden kann. Wenn Sie aufgefordert wären, den genannten Satz in kleinere Einheiten zu zerlegen, ohne gleich auf die Wörter zurückzugehen, dann würden Sie vermutlich eine Lösung wie diese hier vorschlagen:

3 Analyse 2 zum Mustersatz

Ich	habe	dann	von einem Arzt	die Zugangsberechtigung zur Einsicht in geheime Unterlagen	bekommen.

In diesem Fall hätten Sie den Satz in folgende Bestandteile gegliedert:

Subjekt: *ich*
Prädikat: *habe ... bekommen*
Temporaladverbial: *dann*
Präpositionalobjekt mit *von* (Handelnder): *von einem Arzt*
Objekt: *die Zugangsberechtigung zur Einsicht in geheime Unterlagen*

Die Begriffe Subjekt, Prädikat, Temporaladverbial und Objekt werden wir später noch genauer besprechen. Hier dienen sie zunächst nur als Bezeichnungen für die Teile, in die Sie und die meisten Sprecher des Deutschen diesen Satz »automatisch« gliedern. Vermutlich wären Sie gar nicht erst auf die Idee gekommen, eine andere Gliederung vorzunehmen und etwa die Wörter dieses Satzes in folgende Portionen zu zerlegen:

4 Inkorrekte Segmentierung des Mustersatzes

1	2	3	4	5	6	7
Ich	habe	dann	*von einem Arzt die Zugangsberechtigung	*zur Einsicht in geheime	*Unter-lagen	bekommen.

Die vierte, fünfte und sechste Unterteilung in der obigen Analyse 4 sind nicht korrekt und sind daher mit einem * (Asterisk) markiert. Dieses Zeichen wird in der Sprachwissenschaft verwendet, um inkorrekte linguistische Strukturen zu markieren. Wir werden im Folgenden ausführlicher auf die Zerlegung eines Satzes in Satzglieder zu sprechen kommen. Fürs Erste gilt:

! Die Bausteine zwischen Wort und Satz, zwischen Himmel und Erde sozusagen, heißen Satzglieder.

Jeder dieser Bausteine hat eine bestimmte Mitspielerrolle – man sagt auch »semantische« oder »thematische« Rolle – im Satz. Das Verb benennt die Art der Szene, in diesem Fall eine »Transferszene«, d. h. eine Szene, bei der ein Objekt von einem Ort/Mitspieler auf den anderen Ort/Mitspieler übertragen wird. Das Subjekt ist in unserem Beispiel der Empfänger bzw. Rezipient, das Objekt ist das Patiens oder das, was beim Transfer übertragen wird, die Präpositionalphrase bezeichnet das Agens bzw. den Ausgangspunkt des Transfers.

! Satzglieder sind **formal** und **funktional** bestimmbar. Darüber hinaus bringen Satzglieder bestimmte **semantische Rollen** zum Ausdruck.

Formal: Satzglieder können unterschiedlich groß sein und z. B. aus einem Wort, einer Wortgruppe, aber auch aus einem Nebensatz (Gliedsatz) bestehen.

Funktional: Satzglieder nehmen im Satz bestimmte grammatische Aufgaben wahr. Diese verschiedenen Aufgaben werden zur Unterscheidung von Satzgliedarten verwendet (siehe unten).

Semantisch: Satzglieder bringen Mitspielerrollen (semantische Rollen) wie Agens (Täter), Patiens (unmittelbar von der Handlung Betroffener), Rezipient (Empfänger) usw. zum Ausdruck.

Bevor wir uns den semantischen Rollen zuwenden, widmen wir uns zunächst formalen und funktionalen Aspekten von Satzgliedern.

2.2 Wie erkennt man Satzglieder? – Satzgliedtests

Da Satzglieder als funktionale und formale Einheiten des Satzes bestimmt sind, muss diese Einheit auch bei Veränderungen im Satz gewahrt bleiben, d. h., ein Satzglied kann nur als Ganzes verschoben oder ersetzt werden. Diese Eigenschaft macht man sich zunutze, um zu überprüfen, welche Teile in einem Satz als Satzglieder zu betrachten sind. Dazu gibt es im Wesentlichen drei Testverfahren: die Verschiebeprobe, die Austauschprobe und die Frageprobe. Es handelt sich um Testverfahren, in denen die fraglichen Elemente in andere Einheiten umgeformt oder an andere Stellen verschoben werden. Daher spricht man verallgemeinernd auch von Umformtests.

- **Verschiebeprobe:** Die Verschiebeprobe (Umstellprobe, Permutation) basiert darauf, dass im Aussagesatz (auch Kernsatz genannt) in der Regel genau ein Satzglied vor dem finiten Verb stehen muss. Alles, was in einem solchen Kernsatz an die erste Stelle gesetzt werden kann – erststellenfähig ist –, ist ein Satzglied. Man nennt das Vorrücken in die erste Position auch »Topikalisierung« oder »Vorfeldbesetzung«. Unser Beispielsatz kann folgendermaßen umgestellt werden:

5 Verschiebeproben zum Mustersatz

Vorfeld = Platz für **genau ein** Satzglied	Finites Verb	1. Position im Mittelfeld	2. Position im Mittelfeld	3. Position im Mittelfeld	Infinite Verbteile
Ich	habe	dann	von einem Arzt	die Zugangsberechtigung zur Einsicht in geheime Unterlagen	bekommen.
Dann	habe	ich	von einem Arzt	die Zugangsberechtigung zur Einsicht in geheime Unterlagen	bekommen.
Von einem Arzt	habe	ich	dann	die Zugangsberechtigung zur Einsicht in geheime Unterlagen	bekommen.
Die Zugangsberechtigung zur Einsicht in geheime Unterlagen	habe	ich	dann	von einem Arzt	bekommen.

Alle Elemente des Satzes, die im Vorfeld erscheinen können, sind Satzglieder. Nicht möglich sind folgende Umstellungen:

6 Inkorrekte Vorfeldbesetzungen zum Mustersatz

Vorfeld = Platz für **genau ein** Satzglied	Finites Verb	1. Position im Mittelfeld	2. Position im Mittelfeld	3. Position im Mittelfeld		Infinite Verbteile
*Ich von einem Arzt	habe		dann	die Zugangsberechtigung zur Einsicht in geheime Unterlagen		bekommen.
*Die Zugangsberechtigung zur Einsicht	habe	ich	dann	von einem Arzt	*in geheime Unterlagen	bekommen.

Im ersten Fall stehen zwei Satzglieder im Vorfeld, was so nicht erlaubt ist. Im zweiten Fall ist ein Satzglied nur teilweise ins Vorfeld verschoben worden, was ebenfalls zu einem inkorrekten, ungrammatischen Satz führt.

- **Austauschprobe:** Der zweite wichtige Test zur Ermittlung von Satzgliedern ist die Austauschprobe (Ersatzprobe, Kommutation, Substitution). Bei ihr wird die fragliche Wortgruppe (das fragliche Syntagma) durch ein Pronomen, Pronominaladverb oder Adverb ersetzt. Ist dies möglich, ohne dass der Satz ungrammatisch wird, dann handelt es sich bei der ersetzten Einheit um ein Satzglied. So kann in unserem Beispielsatz das Satzglied *die Zugangsberechtigung zur Einsicht in geheime Unterlagen* durch das Pronomen *sie* ersetzt werden. (Wir ignorieren hier, dass bei der Pronominalisierung die Reihenfolge der Satzglieder im Mittelfeld normalerweise umgestellt wird.)

7 Austauschprobe mit Pronomina zum Mustersatz

Ich	habe	dann	von einem Arzt	die Zugangsberechtigung zur Einsicht in geheime Unterlagen	bekommen.
Ich	habe	dann	von einem Arzt	**sie**	bekommen.

Die Satzglieder unseres Beispielsatzes können alternativ auch durch folgende Fragewörter ersetzt werden:

8 Austauschprobe mit Fragewörtern zum Mustersatz

Ich	habe	dann	von einem Arzt	die Zugangsberechtigung zur Einsicht in geheime Unterlagen	bekommen.
Wer	hat	**wann**	**von wem**	**was**	bekommen?

- **Frageprobe:** Oft wird die Frageprobe, d.h. die Substitution eines Elements durch ein Fragewort, zusammen mit seiner Verschiebung ins Vorfeld als ein eigenständiger dritter Satzgliedtest angeführt. Wie Sie am Beispiel sehen, ist die Frageprobe eine Kombination von Verschiebeprobe und Austauschprobe.

9 Frageprobe für das Objekt im Mustersatz

Ich	habe		dann	von einem Arzt	**die Zugangsberechtigung zur Einsicht in geheime Unterlagen**	bekommen.
Was	habe	ich	dann	von einem Arzt		bekommen?

i Zu beachten ist folgende Besonderheit: Das **Prädikat** wird hier zwar als Satzglied behandelt. Es ist jedoch nicht frei verschiebbar, sondern bildet das Grundgerüst des Satzes, in das die anderen Satzglieder eingepasst werden. Seine Stellung im Satz ist je nach Satzart auf bestimmte Positionen festgelegt (siehe Kap. 3). Das Verb bzw. die Verbalgruppe kann daher nicht durch die Satzgliedtests ermittelt werden. Die Satzgliedtests gelten somit nur für alle nicht verbalen Satzglieder.

Für nicht verbale Satzglieder gilt Folgendes:

! Satzglieder sind syntaktisch-semantische Funktionsklassen.
Satzglieder können im Aussagesatz allein in der Erstposition, d.h. vor dem finiten Verb, stehen.
Sie sind als Ganzes entweder durch ein (Frage-)Pronomen, ein Pronominaladverb oder ein Adverb zu ersetzen.

Von entscheidender Bedeutung ist die Tatsache, dass Form und Funktion der Satzglieder frei variieren, d.h., einerseits kann eine Form in unterschiedlichen Funktionen auftreten und andererseits kann eine Funktion durch unterschiedliche Formen realisiert werden. Dies sei durch zwei Beispiele illustriert. Das erste zeigt, dass ein Satzglied in der Funktion eines Temporaladverbials (siehe unten) u.a. durch ein Adverb, durch einen temporalen Nebensatz oder auch durch eine Präpositionalphrase realisiert werden kann.

10 Möglichkeiten der formalen Realisierung für ein Satzglied in der Funktion eines Temporaladverbials

formale Realisierung als	Funktion als Temporaladverbial	
Adverb	Damals	fing es an zu regnen.
Präpositionalphrase	In diesem Moment	
temporaler Nebensatz	Als der kleine Dinosaurier zu einem Ausflug aufbrach,	

In den folgenden Beispielen wird ersichtlich, dass eine Nominalphrase im Akkusativ als Temporaladverbial, als Akkusativobjekt und als Prädikativ verwendet werden kann, dass also eine bestimmte Form (hier eine Nominalphrase im Akkusativ) in verschiedenen Funktionen im Satz auftreten kann.

11 Satzgliedfunktionen einer Nominalphrase im Akkusativ

Funktion als	formale Realisierung als Nominalphrase im Akkusativ	
Akkusativobjekt	Den kleinen Dinosaurier	konnte das nicht erschüttern.
Temporaladverbial	Einen Monat	regnete es.
Prädikativ	Einen Fisch	nannte ihn seine Mutter deshalb.

Wenn Ihnen die angeführten Bezeichnungen noch fremd erscheinen, ist das kein Problem: Wir werden diese Dinge nach und nach besprechen. Wichtig ist an dieser Stelle nur die Beobachtung, dass es keine feste Zuordnung einer bestimmten Funktion zu einer bestimmten Form gibt.

! In der linguistischen Analyse werden Form und Funktion der Satzglieder unabhängig voneinander betrachtet, d.h., die beiden Aspekte sind gleichrangig und können in einer Kreuzklassifikation angeordnet werden.

Strukturelle Ambiguität – verschiedene Analysemöglichkeiten von Satzgliedern

Bei der Segmentierung von Satzgliedern treten nicht selten »strukturelle Ambiguitäten« auf, d.h. Fälle, in denen unterschiedliche Analyseoptionen möglich sind. Der Satz besitzt also mehrere grammatisch und semantisch legitime Lesarten. Ein berühmtes Beispiel ist folgender Typus der strukturellen Ambiguität:

12 Analyse eines Beispiels struktureller Ambiguität

Max sieht den Mann mit dem Fernglas.

Analyse 1: Die Teile *den Mann* und *mit dem Fernglas* sind je eigenständige Satzglieder, was durch die Umstellprobe ermittelt wird:

Max sieht [den Mann] [mit dem Fernglas].
Den Mann sieht Max mit dem Fernglas.
Mit dem Fernglas sieht Max den Mann.

Analyse 2: Die Sequenz *den Mann mit dem Fernglas* ist ein Satzglied, bestehend aus einer Nominalphrase und einer attributiven Präpositionalphrase (siehe unten). Auch dies ergibt eine durch die Umstellprobe legitimierte Analyse:

Max sieht [den Mann [mit dem Fernglas]].
Den Mann mit dem Fernglas sieht Max.

Bei einer derartigen Satzstellung kann eine Monosemierung, d.h. eine Auflösung der Ambiguität, nur durch den Kontext erfolgen.

2.3 Wie viele Satzglieder braucht ein Satz?

Eine der ersten Unterscheidungen des Grammatikunterrichts in der Schule ist die Dreiteilung eines Satzes in Subjekt – Prädikat – Objekt. Diese drei Bauteile sind in der Tat wichtige Satzglieder, auf die jede grammatische Beschreibung in irgendeiner Form Bezug nehmen muss. Auch hier werden diese Begriffe weiter verwendet; sie werden jedoch an einigen Stellen um zusätzliche Differenzierungen und Termini, wie sie in verschiedenen theoretischen Richtungen gebräuchlich sind, erweitert. Im Folgenden finden Sie einige typische Beispiele für Sätze, die die Struktur Subjekt – Prädikat – Objekt aufweisen.

13 Subjekt-Prädikat-Objekt-Sätze

Subjekt	Prädikat	Objekt
Die Firma	eröffnet	ihre dritte Filiale.
Er	verteilt	die Stimmzettel.
Tabea	baut	eine Ritterburg.
Diese Vögel	bewohnen	dichte Gebüsche.

Natürlich gibt es auch Sätze, die mit weniger auskommen:

14 **Sätze mit weniger als drei Satzgliedern**

	Prädikat
Lola	rennt.
Es	zieht.
	Wirf!
Mich	friert.

Und selbstverständlich gibt es Sätze, die mehr »Personal« und mehr »Requisiten« brauchen. Die dargestellte Tabelle deutet bereits an, dass die Bestimmung der Satzglieder nicht immer ganz einfach ist (dazu später mehr):

15 **Sätze mit mehr als drei Satzgliedern**

erstes Satzglied	Prädikat				
Der Sekretär	verteilt	die Stimm-zettel	an die Ratsmitglieder.		
Die Firma	stellt	den Kunden	die Lieferung	vor die Tür.	
Am Nachmittag	ziehen	von Westen	Gewitter		auf.
Der letzte Kunde	kaufte	ihm	den Unfallwagen	zu einem fairen Preis	ab.

Bei all dem kann man jedoch festhalten: Ein Satz stellt seinen Inhalt, den Gedanken, als eine Szene dar. Wenn man sich Texte als Bildgeschichten bzw. als Comicstrips vorstellt, dann entspricht jeder Satz einem Bild. Eine solche Szene enthält Informationen darüber, wer etwas tut, wer wem etwas tut, wer von einem Zustand betroffen ist, was geschieht, was der Fall ist und so weiter und so fort. Im Folgenden werden wir sehen, dass die Art der Szene, die im Satz dargestellt wird, in der Regel vom Verb vorgegeben ist, d. h., das Verb bestimmt, welche Mitspieler in welcher Form in einem Satz auftreten können oder gar müssen. Daher beginnen wir die genauere Betrachtung der Satzglieder mit dem Satzglied, das auf das Engste mit der Wortart Verb verknüpft ist, also mit dem Prädikat.

2.4 Das Prädikat

Jeder Satz benötigt – wie schon angesprochen – einen Baustein, der die Art des Geschehens, den Typus der Szene, bezeichnet. Dieser Baustein ist das Prädikat.

! Das Prädikat enthält typischerweise ein Verb als Kern.
Das Prädikat kann aus einem oder mehreren Wörtern bestehen.
Bei Letzterem spricht man oft von Verbalkomplex oder Verbalgruppe.

Das Prädikat ist ein Satzglied der besonderen Art, da es weder verschiebbar noch erfragbar ist. Je nach Satzart nimmt es eine feste Position im Satz ein. Im Aussagesatz steht das finite Verb an zweiter Stelle; bei mehrgliedrigen Verbalgruppen stehen die übrigen Glieder am Ende des Satzes. Man spricht hier von der Satzklammer des deutschen Aussagesatzes (siehe Kap. 3). In unserem Mustersatz **1** ist das Prädikat die zweiteilige Verbalgruppe *habe ... bekommen.*

16 Analyse 3 zum Mustersatz: das Prädikat

erstes Satzglied	Prädikat				Prädikat
Ich	habe	dann	von einem Arzt	die Zugangsberechtigung zur Einsicht in geheime Unterlagen	bekommen.

Mehrgliedrige Prädikate ergeben sich bei allen analytischen Tempus- und Modusformen, in den Passivformen, bei Partikelverben, bei Funktionsverbgefügen und anderen Konstruktionen.

17 Beispiele für mehrgliedrige Prädikate

erstes Satzglied	Prädikat		Prädikat	grammatische Kategorie/Form des Prädikats
Ich	habe	dann von einem Arzt die Zugangsberechtigung zur Einsicht in geheime Unterlagen	bekommen.	Perfekt
Ich	werde	dann von einem Arzt die Zugangsberechtigung zur Einsicht in geheime Unterlagen	bekommen haben.	Futur II

erstes Satzglied	Prädikat		Prädikat	grammatische Kategorie/Form des Prädikats
Ich	muss	dann von einem Arzt die Zugangsberechtigung zur Einsicht in geheime Unterlagen	bekommen.	Modalverb mit Infinitiv
Ich	gebe	dann die Zugangsberechtigung zur Einsicht in geheime Unterlagen	ab.	Partikelverb mit trennbarer Partikel
Ich	bringe	dann die Zugangsberechtigung zur Einsicht in geheime Unterlagen	zur Sprache.	Funktionsverbgefüge

2.4.1 Die Bindungsfähigkeit von Prädikaten bzw. Verben – die Valenz

Das Prädikat bestimmt für jeden Satz, wie viele und welche Mitspieler in der Szene auftreten. Diese Eigenschaft nennt man seine Valenz oder Bindungsfähigkeit. Die genauere Beschreibung dieser Eigenschaft ist jedoch theorieabhängig; sie ist ein zentraler Gegenstand der Valenztheorie.

! Die Valenz eines Prädikats bzw. eines Verbs ist die Eigenschaft, die Zahl, Art und semantische Rolle der Mitspieler festzulegen.
Die von der Valenz des Prädikats gebundenen Satzglieder werden Ergänzungen, Argumente oder Komplemente genannt.

Die Ergänzungen ermöglichen zusammen mit dem Verb die Darstellung eines Sachverhalts, einer Szene. Je nach der Zahl der Mitspieler unterscheidet man null- bis dreistellige Verben bzw. Prädikate.

- **Nullstellige** Verben haben nur ein formales Subjekt. Beispiele sind Witterungsverben wie *regnen, schneien, donnern, blitzen,* die in Sätzen wie *Es regnet* ein formales *es* an der Stelle eines Subjekts aufweisen. Es gibt also Szenen, die keine »echten« Mitspieler benötigen.
- **Einstellige** Verben haben i. d. R. das Subjekt als einzige Ergänzung, z. B.: *Sie atmet; Sie handelt; Die Tagung findet statt.* Es gibt jedoch einstellige Verben, deren einzige Ergänzung nicht das Subjekt ist, z. B.: *Mich friert; Ihr graut.*
- **Zweistellige** Verben machen den größten Teil des deutschen Verbwortschatzes aus. Sehr oft stellen sie Relationen zwischen dem Subjekt und dem Akku-

sativobjekt her – z. B. *sehen, lieben, bauen*. Es gibt auch Verben mit einem Dativobjekt *(Ich helfe/folge dir)* oder einem Genitivobjekt *(Sie gedenken seiner)*. Vereinzelt kommen zweistellige Verben mit zwei Objekten – ohne Subjekt – vor (z. B. *Dir graut vor ihm*).

- Zahlreich sind auch die **dreistelligen** Verben, die immer Subjekt und zwei Objekte fordern. Oft ist ihre Semantik ähnlich der von *geben* oder *nehmen* oder der von *erzählen, schreiben* oder *beantworten*.

Jedes Verb lässt für seine Leerstellen nur Besetzungen zu, die bestimmte semantische Eigenschaften (z. B. Agens, belebt usw.) und bestimmte formale Eigenschaften (z. B. Akkusativ, Präpositionalphrase usw.) haben. Die möglichen Kombinationen von Ergänzungen und ihre Reihenfolge (Valenzrahmen, Komplementstruktur) werden in Valenzwörterbüchern verzeichnet. Für das Verb *trinken* kann man z. B. folgende Merkmale notieren:

18 Beispiel für einen Valenzeintrag des Verbs *trinken*

trinken: $Subj_{[Nom]}$, $Obj_{[Akk]}$
$Sn_{[+belebt]}$, $Sa_{[+flüssig]}$

Dies bedeutet, dass *trinken* ein Subjekt im Nominativ (gekennzeichnet durch $Subj_{[Nom]}$) und ein Objekt im Akkusativ ($Obj_{[Akk]}$) fordert, wobei das Substantiv im Nominativ das semantische Merkmal ›belebt‹ ($Sn_{[+belebt]}$), das Substantiv im Akkusativ das semantische Merkmal ›flüssig‹ ($Sa_{[+flüssig]}$) enthalten muss.

Die Valenzstellen eines Verbs müssen im Allgemeinen besetzt sein, sonst ist der Satz nicht vollständig. Zum Beispiel ist

*Sie füllt

ein unvollständiger Satz, weil das Verb *füllen* einen weiteren Mitspieler erfordert, wie etwa:

Sie füllt die Thermoskanne.

Neben notwendigen Mitspielern (Ergänzungen) gibt es auch Satzglieder, die nicht vom Verb gefordert werden und weggelassen werden können. Diese werden Angaben genannt. Angaben sind Satzglieder, die einen bestehenden Sachverhalt entweder durch Hinzufügung einer genaueren Bestimmung näher charakterisieren oder ihn in seiner Geltung modifizieren. Im folgenden Beispiel sind *wieder* und *bis zum Rand* Angaben, die eine genauere Bestimmung hinzufügen, während *wahrscheinlich* eine Angabe ist, die den Geltungsgrad der gesamten Sachverhaltsdarstellung modifiziert.

Sie füllt die Thermoskanne <u>wahrscheinlich</u> **wieder bis zum Rand**.

> **!** Das Subjekt und die Objekte sind notwendige Mitspieler des Verbs (wenn dieses mindestens zweistellig ist). Sie sind immer Ergänzungen. Sie unterscheiden sich in ihrer Wichtigkeit für die Szene: Das Subjekt ist der Hauptdarsteller der Szene, von dem aus das Geschehen betrachtet wird. Die Objekte markieren weitere wichtige Beteiligte.
> Neben Subjekten und Objekten gibt es noch andere Arten von Ergänzungen.
> Satzglieder, die nicht die Funktion von Ergänzungen haben, nennt man Angaben.

Nachdem nun die wichtigsten formalen und funktionalen Merkmale von Satzgliedern besprochen sind, wenden wir uns kurz den semantischen Rollen zu.

2.4.2 Semantische Rollen

Wie wir schon gezeigt haben, nehmen die Satzglieder bestimmte Mitspielerrollen in der vom Verb diktierten Szene ein. So hatten wir bereits mit der Rolle des/der Handelnden, also mit dem Agens, zu tun. Nach der Konstellation der beteiligten Rollen können die Verben in semantische Klassen eingeteilt werden. Eine solche Klasse sind z.B. die Handlungsverben *(vergraben, anstreichen),* bei denen meist zumindest ein Handelnder und eine Entität (d.h. eine nicht weiter spezifizierte »Einheit«), an der die Handlung verübt wird, vorhanden sind. Handlungsverben haben somit in ihrer Valenz Positionen für eine Agens-Rolle (für den Handelnden) und eine Patiens- oder Thema-Rolle. Die Zahl und genaue Definition der semantischen Rollen – auch *θ-Rollen* (»Theta«), thematische Rollen, semantische Tiefenkasus genannt – ist umstritten. Folgende Rollen werden häufig genannt:

- **Agens** – der Ausführende einer Handlung, die das Verb bezeichnet, z.B.: *<u>Kathrin</u> vergräbt den Ring.*
- **Patiens/Thema** – das, worauf sich die vom Verb bezeichnete Handlung unmittelbar bezieht, z.B.: *Kathrin vergräbt <u>den Ring</u>.*
- **Rezipient** – der als Empfänger von der Handlung Betroffene, z.B.: *Kathrin verspricht <u>Anna</u> den Ring.*
- **Instrumental** – eine Kraft, eine Person oder ein Objekt mit ursächlichem Anteil am Zustandekommen der Handlung, z.B.: *Sie schneidet das Geschenkpapier <u>mit dem Küchenmesser</u>.*
- **Lokativ** – der Ort, an dem die Handlung stattfindet, z.B.: *Sie versteckt das Geschenk <u>im Schrank</u>.*

Die semantischen Rollen werden syntaktisch als Satzglieder realisiert, wobei ihnen auch bestimmte formale Eigenschaften (z. B. Kasusmarkierungen) zugewiesen werden. Die Zuordnung von bestimmten Kasusmarkierungen zu bestimmten semantischen Rollen der Verben ist nicht vollständig festgelegt. Es gibt jedoch gewisse Tendenzen, wie zum Beispiel die folgenden:

- das Agens steht im Allgemeinen im Nominativ
- das Patiens steht im Allgemeinen im Akkusativ
- der Rezipient steht oft im Dativ

Bei der syntaktischen Analyse können wir somit drei relevante Schichten unterscheiden: die formale Gestalt eines Elements (z. B. als mehrgliedrige Phrase oder als eine einfache Proform), die funktionale Ebene (z. B. die Funktion als Subjekt oder als Objekt) und die semantische Ebene (z. B. die Rolle als Agens oder Lokativ usw.). Nach diesem kurzen Ausblick in die Schicht der semantischen Rollen wenden wir uns wieder den syntaktischen Funktionen von Satzgliedern zu.

2.5 Das Subjekt

Dass die Mitspieler einer Szene meist nicht gleich wichtig sind, wird sprachlich ausgedrückt, indem der wichtigste Mitspieler, die Hauptrolle in der aktuellen Szene, die Subjektsposition erhält.

> **!** Das Subjekt steht im Nominativ, d. h., es antwortet auf die Frage *Wer?* oder *Was?*
> Das Subjekt ist das Satzglied, auf das sich das Prädikat direkt bezieht, über das es eine Aussage macht.
> Daher stimmen das Subjekt und das finite Verb, als zentraler Teil des Prädikats, in Person und Numerus überein. Sie kongruieren.

In unserem bereits bekannten Beispiel übernimmt das Personalpronomen *ich* die Aufgabe des Subjekts:

19 Analyse 4 zum Mustersatz: das Subjekt

Subjekt	Prädikat				Prädikat
Ich	habe	dann	von einem Arzt	die Zugangsberechtigung zur Einsicht in geheime Unterlagen	bekommen.

Die Stellung des Subjekts im Vorfeld – wie *ich* in 19 – ist sehr häufig. In den Fällen, in denen das Subjekt nicht im Vorfeld steht, befindet es sich in der Regel zumindest weit vorne im Satz, d.h. gleich hinter dem finiten Verb, das die linke Satzklammer bildet, an der Spitze des Mittelfeldes (siehe Kap. 3).

In bestimmten Fällen, nämlich dann, wenn Verwechslungsgefahr für die Mitspielerrollen besteht, weil diese keine Kasuskennzeichnung haben, muss das Subjekt an erster Stelle stehen. Dazu eine kleine Gegenüberstellung. Im folgenden Beispiel 20 ist das Subjekt auch dann vom Objekt zu unterscheiden, wenn eine ungewöhnliche Satzstellung (Objekt in Erstposition) vorliegt, weil die Kasusmarkierung am Objekt deutlich zu erkennen ist:

20 Stellungsunabhängige Kennzeichnung von Subjekt und Objekt

20-1 Die Susi beißt den Strolchi.
20-2 Den Strolchi beißt die Susi.

Vergleichen Sie hierzu 21:

21 Stellungsabhängige Kennzeichnung von Subjekt und Objekt

21-1 Susi beißt Strolchi.
21-2 Strolchi beißt Susi.

In den nur leicht veränderten Sätzen in 21 bedeutet eine Umstellung der beiden nominalen Satzglieder zugleich eine Vertauschung ihrer semantischen und syntaktischen Rollen. Jeweils das Element in der ersten Position wird als Subjekt interpretiert, sodass in 21-1 *Susi* das Subjekt (und die Beißende) ist, in 21-2 hingegen *Strolchi*.

In den meisten Fällen sind Subjekte nominale Satzglieder, also Pronomina oder Nominalphrasen. Sie können aber auch in anderer Form auftreten, wie die folgenden Beispiele zeigen:

22 Verschiedene Formen des Subjekts

22-1 **Lügen** ist weit verbreitet. (substantivierter Infinitiv)
22-2 **Dass du mich anlügst,** gefällt mir nicht. (Nebensatz)
22-3 **Immer lügen zu müssen,** macht keinen Spaß. (satzwertige Infinitivkonstruktion)

Das Subjekt in 22-1 ist ein substantivierter Infinitiv; in 22-2 liegt ein Nebensatz und in 22-3 eine Infinitivkonstruktion in Subjektsposition vor.

i Vielleicht haben Sie gelernt, dass **jeder** Satz ein Subjekt haben muss. Für das Deutsche ist dies nicht richtig. Zwar haben die meisten Sätze ein Subjekt, aber eben **nicht alle.** Die folgenden Beispiele zeigen Sätze, die – in unterschiedlicher Weise – subjektlos sind.

23 Subjektlose Sätze

23-1 Da wird getanzt.

23-2 Es wird getanzt.

23-3 Mich friert.

23-4 Hau ab!

Im Satz *Da wird getanzt* (23-1) findet sich in der ersten Position das Adverb *da*. Im zweiten Satz (23-2) steht an dieser Stelle ein *es*. Dabei handelt es sich nicht um das Pronomen *es*, also ein Element, das für eine Nominalphrase stehen kann (wie z. B. in: *Das Entchen findet einen Wurm. Es freut sich.*), sondern um das sogenannte **Vorfeld-*es*.** Das Vorfeld-*es* fungiert als ein Platzhalter, d. h. ein formales Element, das die erste Position im Verbzweitsatz einnimmt, wenn kein anderes Element vorhanden ist. Sobald ein anderes Element im Satz zur Verfügung steht, fällt das Vorfeld-*es* weg. Dies erkennt man an Satz 23-1 *Da wird getanzt*. Die Hinzufügung eines *es* wäre hier falsch *(*Da wird es getanzt.)*, was beweist, dass *es* kein Subjekt sein kann (vgl. dazu im Gegensatz: *Da freut es [= das Entchen] sich.*).

Im Fall von *Mich friert* in 23-3 wird der Träger der Empfindung »frieren« in der Form eines Akkusativobjekts dargestellt. Neben *frieren* gibt es nur wenige andere Verben, die eine ähnliche Konstruktion zulassen, z. B. *mich schaudert* oder mit Dativ *mir graut*.

Hau ab! in 23-4 ist ein Beispiel für einen Imperativsatz, also einen Satz, dessen Verb mit der morphologischen Kennzeichnung des Imperativs (also einer bestimmten Flexionsform) versehen ist. Imperative haben grundsätzlich kein sprachlich realisiertes Subjekt, da der Angesprochene automatisch als »logisches Subjekt« verstanden wird.

Trotz der eben besprochenen Besonderheiten halten wir fest:

! Das Subjekt ist ein zentrales Satzglied, das in fast jedem Satz auftritt.

2.6 Das Objekt

Die dritte Art von Satzgliedern, die Sie aus der Schule kennen, ist das Objekt. Das Objekt bezeichnet einen wichtigen Mitspieler der Szene, der jedoch nicht die Hauptrolle einnimmt.

! Das Objekt ist als wichtiger Mitspieler in die durch das Verb ausgedrückte Handlung einbezogen.
Es gibt im Deutschen vier Objektarten: Akkusativobjekt, Dativobjekt, Genitivobjekt, Präpositionalobjekt. Welche Objektarten in einem Satz verwendet werden, bestimmt das Verb.

In unserem Satz ist *die Zugangsberechtigung zur Einsicht in geheime Unterlagen* das Objekt:

24 Analyse 5 zum Mustersatz: das Objekt

Subjekt	Prädikat		Präpositional-objekt	Akkusativobjekt	Prädikat
Ich	habe	dann	von einem Arzt	die Zugangsberechtigung zur Einsicht in geheime Unterlagen	bekommen.

Während es pro Satz nur ein Prädikat und höchstens ein Subjekt gibt, können in einem Satz gleichzeitig verschiedene Arten von Objekten vorkommen. Im Folgenden werden wir das Akkusativobjekt, das Dativobjekt, das Genitivobjekt und das Präpositionalobjekt besprechen. Sie alle können alleine oder in wechselnden Kombinationen in einem Satz auftreten. Wie die Benennungen verdeutlichen, sind Objekte formal gekennzeichnet und heben sich so vom Subjekt, das im Nominativ steht, ab. Die Kennzeichnung erfolgt entweder durch eine bestimmte Kasusform – dies ist beim Akkusativobjekt, beim Dativobjekt und beim Genitivobjekt der Fall –, oder das Satzglied tritt als Präpositionalphrase auf – dies ist beim Präpositionalobjekt der Fall. Zum Verhältnis von Form und Funktion können wir also festhalten, dass – ungeachtet der grundsätzlichen Unabhängigkeit von Form und Funktion – bei denjenigen Phrasen, die als Mitspieler des Verbs fungieren, ein enger Bezug zwischen ihrer formalen Beschaffenheit (Kasus oder Präpositionalphrase) und ihrer syntaktischen Funktion (Subjekt oder Objekt) besteht.

2.6.1 Wie man die Objektarten erkennt

Wenn die Kasusform eines Objekts in Form einer Nominalphrase nicht zu erkennen ist, helfen Umformtests, die statt des Objekts ein Pronomen oder ein Fragewort setzen, da diese Formen im Gegensatz zu den Nominalphrasen immer eindeutig kasusmarkiert sind. Die drei zur Wahl stehenden kasusmarkierten Objekte ersetzt man wie folgt:

25 Ersetzungstests für kasusmarkierte Objekte

	Akkusativobjekt	Dativobjekt	Genitivobjekt
Beispiel	Sie sieht **den Hund.**	Sie hilft **dem Kind.**	Sie gedenkt **der Lehrerin.**
Ersatz durch Pronomen	Sie sieht **ihn.**	Sie hilft **ihm.**	Sie gedenkt **ihrer.**
Ersatz durch Fragewort	**Wen** oder **Was** sieht sie?	**Wem** hilft sie?	**Wessen** gedenkt sie?

Präpositionalobjekte ersetzt man durch ein Pronominaladverb (z. B. *daran*), wenn es sich um einen unbelebten Gegenstand handelt, oder durch eine Präpositionalphrase mit einem Personalpronomen (z. B. *an ihn*). Ein Präpositionalobjekt erfragt man – ebenfalls gegliedert nach unbelebten und belebten Mitspielern – durch ein Pronominaladverb mit dem Frageelement *wo-* (z. B. *woran?*) oder durch eine Präpositionalphrase mit einem Fragepronomen (z. B. *an wen?*).

i Ein Pronominaladverb ist eine Proform für Präpositionalphrasen. Es setzt sich zusammen aus den Proadverbien *da, hier, wo* und einer lokalen Präposition (*nach, auf, hinter, neben* usw.).

Präpositionalobjekte ersetzt man wie folgt:

26 Umformtests für Präpositionalobjekte

	Präpositionalobjekt, unbelebt	**Präpositionalobjekt, belebt**
Beispiel	Sie denkt an die Waschmaschine.	Sie denkt an ihren Kollegen.
Ersatz durch Proform	Sie denkt **daran.**	Sie denkt **an ihn.**
Ersatz durch Frageelement	**Woran** denkt sie?	**An wen** denkt sie?

! Nach dem Akkusativobjekt (auch »direktes Objekt«) fragt man mit *Wen?* oder *Was?*
Nach dem Dativobjekt (auch »indirektes Objekt«) fragt man mit *Wem?*
Nach dem Genitivobjekt fragt man mit *Wessen?*
Nach dem Präpositionalobjekt fragt man mit einem Pronominaladverb (unbelebt) oder mit einer Präpositionalphrase (belebt), die beide die feststehende Präposition enthalten müssen.

2.6.2 Das Akkusativobjekt

Das Objekt *die Zugangsberechtigung … Unterlagen* im Satz *Ich habe dann von einem Arzt die Zugangsberechtigung zur Einsicht in geheime Unterlagen bekommen* steht im Akkusativ und ist somit ein Akkusativobjekt bzw. ein direktes Objekt. Das direkte Objekt benennt typischerweise denjenigen Mitspieler, der von der Handlung bzw. von dem Geschehen, das vom Verb bezeichnet und vom Subjekt ausgeführt wird, direkt betroffen ist. Semantisch betrachtet, wird diese Mitspielerrolle auch als Patiens oder Thema bezeichnet.

27 Beispiele für Akkusativobjekte

Subjekt	Prädikat	**Akkusativobjekt**
Sie	bäckt	Kuchen.
Sie	bemalt	den Wandschirm.
Sie	putzt	ihre Zähne.
Sie	hat	eine Katze.

Wie beim Subjekt ist auch die Leerstelle (Position, Funktion) des Akkusativobjekts nicht ausschließlich für Nominalphrasen im Akkusativ reserviert. Es können auch Satzglieder in anderer Gestalt an der Stelle und in der Funktion des Akkusativobjekts auftreten. Häufig sind dies konjunktionale Nebensätze, Infinitivkonstruktionen und uneingeleitete Nebensätze mit V2-Stellung.

28 Beispiele für Satzglieder als Akkusativobjekte

Subjekt	Prädikat	**Satzglieder als Akkusativobjekte**	Akkusativpronomen
Ich	prophezeie,	dass heute noch ein Wunder geschieht.	das / es
		konjunktionaler Nebensatz / Objektsatz	
Sie	behauptet,	mit den Ohren wackeln zu können.	das / es
		satzwertige Infinitivkonstruktion	
Er	sagt,	er kommt ganz bestimmt rechtzeitig.	das / es
		uneingeleiteter Nebensatz mit V2-Stellung	

Alle satzförmigen Einheiten, die anstelle bzw. in der Funktion eines Akkusativobjekts stehen, kann man auf ein Pronomen im Akkusativ *(das, es)* zurückführen. Das Akkusativobjekt ist die häufigste Objektart im Deutschen. Bei der Bildung von Passivsätzen mit dem Hilfsverb *werden* wird das Akkusativobjekt des Aktivsatzes zum Subjekt des Passivsatzes.

Subjekt	Prädikat	Akkusativobjekt
Sie	*bemalt*	*den Wandschirm.*

↓

Subjekt	Prädikat
Der Wandschirm	*wird bemalt.*

In diesem Beispiel *(Der Wandschirm wird bemalt.)* wird allein das Patiens, d. h. das Akkusativobjekt des Aktivsatzes, als mitteilenswert betrachtet. Das Agens ist für die Szenendarstellung unbedeutend und wird daher im Passivsatz nicht erwähnt. Es gibt jedoch Passivsätze, in denen neben dem Patiens, das im Passivsatz ja zur syntaktischen Hauptrolle im Satz, zum Subjekt, befördert wird, auch das Agens genannt wird. Dies geschieht durch eine Präpositionalphrase mit *von* oder *durch* (seltener). Diese Präpositionalphrase wird häufig als Präpositionalobjekt interpretiert (zu Präpositionalobjekten siehe 2.6.5). So ist in Beispiel 29-2 das Agens (die semantische Rolle) formal durch die Präpositionalphrase *von einer berühmten Künstlerin* realisiert, der die syntaktische Funktion eines Präpositionalobjekts zukommt.

29 ***Werden*-Passiv mit Agensnennung**

29-1 (Eine berühmte Künstlerin bemalt den Wandschirm.)

29-2 Der Wandschirm wird von einer berühmten Künstlerin bemalt.

Das *werden*-Passiv führt also zu einer neuen Korrelation von semantischen Rollen, syntaktischen Funktionen und formalen Realisierungen bei den beiden Mitspielern, die im korrespondierenden Aktivsatz das Subjekt und das Akkusativobjekt bilden.

! Sätze, die ein Akkusativobjekt aufweisen und die in einen Satz mit *werden*-Passiv umgeformt werden können, bezeichnet man auch als **transitive** Sätze.

Schwierig ist die Analyse von **scheinbaren Akkusativobjekten** wie *Rad* bei *Sie fährt Rad* oder *Bezug* bei *Sie nimmt Bezug auf das Rundschreiben*. Obwohl diese Nomina auf den ersten Blick wie Akkusativobjekte aussehen, verhalten sie sich in verschiedenen Tests anders als echte Objekte. Sie sind z. B. nicht attribuierbar: **Sie fährt rotes Rad.* Wir betrachten solche Strukturen daher als feste Fügungen, bei denen verbale und nicht verbale Bestandteile holistisch, d. h. als Ganzes, ein komplexes verbales Element bilden.

2.6.3 Das Dativobjekt

Auch das Dativobjekt ist ein wichtiger Mitspieler der Szene. Das Dativobjekt bezeichnet oft den Partner des Subjekts in der dargestellten Szene und verweist daher in sehr vielen Fällen (aber nicht immer!) auf eine belebte Entität. Unter semantischer Perspektive wird diese Mitspielerrolle meist als Rezipient bezeichnet.

30 Beispiele für Dativobjekte

Subjekt	Prädikat	**Dativobjekt**	Akkusativobjekt
Sie	hilft	den Schülern der Unterstufe.	
Sie	gleicht	ihrem Großvater.	
Sie	gibt	ihr	drei Nüsse.
Sie	zeigt	den Kunden	den Weg.
Sie	gibt	dem Boden	den letzten Schliff.

Bei der Bildung von Passivsätzen mit dem Hilfsverb *bekommen* wird das Dativobjekt des Aktivsatzes zum Subjekt des Passivsatzes.

Subjekt	Prädikat	Dativobjekt	Akkusativobjekt
Sie	*verleiht*	*der Siegerin*	*die Urkunde.*

↓

Subjekt	Prädikatsteil	Akkusativobjekt	Prädikatsteil
Die Siegerin	*bekommt*	*die Urkunde*	*verliehen.*

Wie beim *werden*-Passiv erfolgt auch beim *bekommen*-Passiv eine Neuzuordnung der Verbindung von semantischen Rollen, syntaktischen Funktionen und formalen Realisierungen gegenüber dem entsprechenden Aktivsatz. Während beim *werden*-Passiv das Subjekt und das Akkusativobjekt des korrespondierenden Aktivsatzes von der Neuzuordnung betroffen sind, sind es beim *bekommen*-Passiv das Subjekt und das Dativobjekt des korrespondierenden Aktivsatzes. Das *bekommen*-Passiv tritt vorzugsweise in informeller Sprache auf.

! Sätze, die ein Akkusativobjekt und ein Dativobjekt aufweisen, bezeichnet man auch als **ditransitive** Sätze.

2.6.4 Das Genitivobjekt

Das Genitivobjekt ist ein historisches Überbleibsel. Es wird im heutigen Deutsch nur selten und nur mit wenigen Verben gebraucht (z.B. aus dem juristischen Kontext und bei Verben der Teilhabe).

31 Beispiele für Genitivobjekte

Subjekt	Prädikat	Reflexivpronomen oder Akkusativobjekt	**Genitivobjekt**
Sie	freuen	sich	des Lebens.
Sie	gedenkt		der Lehrerin.
Sie	bezichtigen	ihn	der Falschaussage.
Sie	beschuldigten	ihn	des Verrats.

Das Genitivobjekt wird oft durch andere Objektarten ersetzt, zum Beispiel durch ein Präpositionalobjekt (siehe hierzu 2.6.5):

32 Beispiele für die Ersetzung von Genitivobjekten durch Präpositionalobjekte

Subjekt	Prädikat	Reflexivpronomen oder Akkusativobjekt	Genitivobjekt		**Präpositionalobjekt**
Sie	freuen	sich	des Lebens.	→	***über*** das Leben
Sie	rühmen	sich	ihrer Streiche.	→	***wegen*** ihrer Streiche
Sie	würdigten	ihn	keines Blickes.	→	***mit*** keinem Blick

2.6.5 Präpositionalobjekt

Ein Präpositionalobjekt ist eine Präpositionalphrase, die die Funktion eines Objektes hat (also in der Verbvalenz verankert ist) und deren Präposition vom Verb bestimmt ist. Wie der Name schon sagt, ist das Vorhandensein einer (vom Verb festgelegten) Präposition das wesentliche Merkmal dieses Satzgliedtyps. Da die Präposition hier eine rein formale, grammatische Funktion hat und sozusagen die Kasusmarkierung des Objekts darstellt, ist sie semantisch entleert. Sie hat nicht ihre übliche Bedeutung und ist nicht durch eine andere Präposition ersetzbar.

33 **Beispiele für feste, semantisch leere Präpositionen beim Präpositionalobjekt**

Sie wartet **[auf] ihn.**	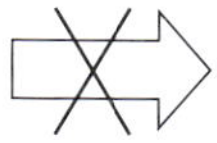	*[neben] ihn	/ *[für] ihn
Sie denkt **[an] ihn.**		*[zu] ihm	/ *[für] ihn
Sie fürchtet sich **[vor] ihm.**		*[über] ihn	/ *[auf] ihn
Er verhilft mir **[zu] etwas.**			
Er berichtet mir **[über] etwas.**			
Sie rechnet **[mit] seiner Hilfe.**			
Sie hofft **[auf] ein Wunder.**			

Wichtig ist Folgendes:

i Es wäre falsch, in einem Satz wie *Ich warte auf den Einsatz* von einem Akkusativobjekt zu sprechen. Zwar steht die Nominalphrase *den Einsatz* im Akkusativ, doch ist dieser Akkusativ **nicht** vom Verb *warten* gefordert (und daher kein Akkusativobjekt), sondern von der Präposition *auf*, die wiederum vom Verb festgelegt ist. Deshalb handelt es sich im genannten Beispiel bei der Phrase *auf den Einsatz* um ein Präpositionalobjekt.

Die Frage nach dem Präpositionalobjekt wird, wie oben schon erläutert, mit der entsprechenden Präposition formuliert. Auch bei der Ersetzung durch eine Proform tritt die Präposition auf:

Ich warte auf die schriftliche Bestätigung.
Worauf warte ich?
Ich warte **darauf.** (Pronominaladverb)

Präpositionalobjekte stehen im Mittelfeld nach anderen Objekten direkt vor der rechten Satzklammer (siehe 3.2), wie im folgenden Beispiel das Präpositionalobjekt *zu einer verstärkten Wahrnehmung in der Öffentlichkeit:*

Der Verein hat in den letzten Jahren durch seinen Einsatz vielen Betroffenen **zu einer verstärkten Wahrnehmung in der Öffentlichkeit** verholfen.

! Präpositionalobjekte haben die Form von Präpositionalphrasen und die Funktion von Objekten.
Die Präposition ist vom Verb bestimmt und semantisch entleert.

2.7 Das Adverbial

Ein Adverbial ist ein Satzglied, das **nicht** einen direkten Mitspieler der Szene bezeichnet und somit **nicht** die Funktion eines Subjekts oder Objekts einnehmen kann. Allerdings sind nicht alle Adverbiale fakultativ, denn bestimmte Verben fordern eine adverbiale Ergänzung (z. B. *Sie wohnt* ***in Berlin.***). Adverbiale bezeichnen aber im Allgemeinen die genaueren Umstände der Szene und bilden somit einen großen Teil der Klasse der Angaben (siehe 2.4). Adverbiale geben Auskunft auf Fragen wie:

Wo? Wann? Weshalb? Wozu? Womit?

Die Gruppe der Adverbiale enthält sehr vielfältige und unterschiedliche Mitglieder. Für ihre Einteilung in Untergruppen werden alle verfügbaren Eigenschaften herangezogen.

! Adverbiale können nach ihrer **Form** und ihrer **Bedeutung** gegliedert werden. Darüber hinaus unterscheiden sie sich in ihrer Reichweite, ihrem **Skopus.**

Diese Punkte werden wir uns nun, beginnend mit der formalen Seite, ansehen.

Formale Gliederung

Wie andere Satzglieder auch können Adverbiale nach ihrer sprachlichen Erscheinungsform unterschieden werden. Hier können sehr verschiedene Strukturen auftreten, zum Beispiel Adverbien, Adjektive, verschiedene Phrasentypen, verschiedene Satztypen sowie Infinitiv- und Partizipialkonstruktionen.

34 Beispiele für formale Eigenschaften von Adverbialen

Subjekt	Prädikat	Akkusativobjekt	**Adverbial + formale Eigenschaft**
Sie	wohnt		hier/umsonst/irgendwo.
			Adverb
Sie	singt		schön.
			Adjektiv
Sie	singt		in der Badewanne.
			Präpositionalphrase
Er	joggt		jeden Morgen.
			Nominalphrase im Akkusativ
Er	erstarrte,		weil er Angst hatte.
			Nebensatz (kausal)

Subjekt	Prädikat	Akkusativobjekt	**Adverbial + formale Eigenschaft**
Er	unterbrach	die Suche,	als es dunkel wurde.
			Nebensatz (temporal)
Er	betrat	den Hörsaal	wild mit den Händen gestikulierend.
			Partizipialkonstruktion
Wissen-schaftler	erforschen	die Kernfusion,	um auch diese Alternative der Energiegewinnung nicht aus den Augen zu verlieren.
			satzwertige Infinitivkonstruktion

Semantische Gliederung

Adverbiale werden meist semantisch, d.h. nach dem Inhalt der genaueren Bestimmung, gegliedert. Gerade hier sind sehr unterschiedliche Gruppenbildungen anzutreffen. Die folgende Liste gibt die am häufigsten genannten Untergruppen wieder:

35 Beispiele für semantische Eigenschaften von Adverbialen

35-1 Temporaladverbiale

Subjekt	Prädikat	Objekt	**Adverbial**
Wir	verreisen		in zwei Wochen.
Ich	warte		seit einer Stunde.
Sie	joggt		jeden Tag.
Ich	vermisse	sie,	seit sie umgezogen ist.

35-2 Lokaladverbiale

Subjekt	Prädikat	Objekt	**Adverbial**
Wir	begegneten	uns	in der Oper.
Man	sieht	die Oper	von diesem Fenster aus.
Ich	erwarte	dich	da drüben.

35-3 Modaladverbiale

Subjekt	Prädikat	Objekt	**Adverbial**
Sie	schließt	das Fenster	schnell.
Sie	arbeitet		sorgfältig.
Er	isst	die Suppe	ohne Salz und Pfeffer.

35-4 Kausaladverbiale

Subjekt	Prädikat	Objekt	**Adverbial**
Er	verriet	das Geheimnis	aus Angst.
Er	verriet	das Geheimnis,	weil er Angst hatte.

35-5 Finaladverbiale

Subjekt	Prädikat	Objekt	**Adverbial**
Sie	gibt	Nachhilfe	zur Aufbesserung ihres Taschengeldes.
Sie	gibt	Nachhilfe,	um ihr Taschengeld aufzubessern.

35-6 Konzessivadverbiale

Subjekt	Prädikat	Objekt	**Adverbial**
Er	tat	es	trotz aller Warnungen.
Er	tat	es,	obwohl er gewarnt wurde.

35-7 Konditionaladverbiale

Subjekt	Prädikat	Objekt	**Adverbial**
Das Sportfest	entfällt		bei Regen.
Das Sportfest	entfällt,		wenn/falls es regnet.

35-8 Konsekutivadverbiale

Subjekt	Prädikat	Objekt	**Adverbial**
Sie	bestand	die Prüfung	zur Freude aller.

35-9 Instrumentaladverbiale

Subjekt	Prädikat	Objekt	**Adverbial**
Sie	bearbeitet	den Filz	mit einer harten Bürste.

Die folgende Zusammenstellung gibt eine kurze semantische Charakterisierung der genannten Adverbiale und eine Auswahl möglicher Fragewörter für jeden Typus.

Temporaladverbiale bestimmen das verbale Geschehen zeitlich.
Wann? Wie lange? Seit wann? usw.
Lokaladverbiale geben dem verbalen Geschehen eine räumliche Situierung.
Wo? Woher? Wohin? usw.
Modaladverbiale geben die Art und Weise des Geschehens an.
Wie? Auf welche Weise? usw.
Kausaladverbiale benennen den Grund des Geschehens.
Warum? Weshalb? Wieso? usw.
Finaladverbiale verweisen auf den Zweck des Geschehens.
Wozu? Wofür? Zu welchem Zweck? usw.
Konzessivadverbiale führen einen »nicht hinreichenden Gegengrund« für das Geschehen an.
Trotz welcher Tatsachen? usw.
Konditionaladverbiale nennen eine Bedingung für das Geschehen.
Unter welcher Bedingung? usw.
Konsekutivadverbiale bezeichnen eine Folge (Konsequenz) des Geschehens.
Mit welcher Folge? usw.
Instrumentaladverbiale geben ein »Werkzeug« im weitesten Sinne an.
Womit? usw.

Skopus

Eine sehr wichtige Unterscheidung betrifft die Reichweite der Adverbiale, ihren Skopus. Damit ist gemeint, dass Adverbiale sich auf unterschiedlich große Bereiche des Satzes beziehen und diese modifizieren. Betrachten Sie hierzu die folgenden Beispiele:

36 Beispiele für die unterschiedliche Reichweite von Adverbialen

36-1

Sie	packt	das Geschenk	schnell / in aller Heimlichkeit	in den Schrank.

36-2

Weil sie ein Geschenk besorgen wollte,	fuhr	sie	in die Stadt.
Gestern	fuhr	sie	in die Stadt.

36-3

Er	ist	vielleicht	zu Hause.
Er	ist	vermutlich	zu Hause.

↓

Sprechereinschätzung des Faktizitätsgrades der gesamten Aussage

36-4

Er	nimmt	erfreulicherweise	an der Veranstaltung teil.

↓

Emotionale Sprechereinschätzung

Adverbiale der Art und Weise, wie in 36-1, beziehen sich im Allgemeinen auf das Prädikat. Sie modifizieren das Geschehen bzw. den Zustand, der im Prädikat ausgedrückt ist. Ein **Temporaladverbial** oder **Kausaladverbial** bezieht sich andererseits meist auf die ganze im Satz dargestellte Szene. Es hat Satzskopus. Das zeigen das Temporaladverbial *gestern* und das nebensatzförmige Kausaladverbial *weil sie ein Geschenk besorgen wollte* in 36-2.

Außer den bisher genannten Adverbialen als Umstandsbestimmungen gibt es auch Adverbiale, die den ganzen Satz in seinen sprachlichen Kontext einordnen, seine Gültigkeit modifizieren oder seinen Inhalt kommentieren. Es handelt sich um Satzglieder, die nicht die äußeren Umstände des dargestellten Sachverhalts beschreiben, sondern die eine **Stellungnahme des Sprechers** dazu wiedergeben. Entweder wird dabei der Geltungsgrad einer Aussage eingeschränkt, wie es durch *vielleicht* und *vermutlich* in 36-3 geschieht, oder es wird eine emotionale Sprechereinschätzung ausgedrückt wie in 36-4. In den in 36-3 und 36-4 illustrierten Fällen spricht man in Abhängigkeit von ihrer Realisierungsform oft von Satzadverbialen mit Kommentaradverbien bzw. Modalwörtern.

2.8 Präpositionalobjekt versus Adverbial – (k)ein Problem

Wie erwähnt, sind Präpositionalobjekte in der Valenz verankerte Mitspieler des Satzes. Ihre Präposition ist vom Verb vorgegeben und semantisch entleert. Sie kann nicht durch eine andere Präposition ersetzt werden. Im Gegensatz dazu ist bei Präpositionalphrasen in der Funktion von Adverbialen die Präposition unabhängig vom Verb. Sie wird aufgrund ihrer Bedeutung bzw. der Aussageabsicht gesetzt. Adverbiale können im Gegensatz zu Präpositionalobjekten durch Adverbien ersetzt und durch entsprechende Frageadverbien erfragt werden.

37 Beispiele für Präpositionalobjekte

37-1

Subjekt	Prädikat	**Präpositionalobjekt**	
Sie	denkt	an den Rückweg.	/ **auf den Rückweg*
Woran denkt sie?		Daran.	
**Wohin denkt sie?*			**Dorthin.*

37-2

Subjekt	Prädikat	**Präpositionalobjekt**	
Sie	wartet	auf das Zeichen zum Aufbruch.	/ **an das Zeichen zum Aufbruch*
Worauf wartet sie?		Darauf.	
**Wo wartet sie?*			**Dort.*

38 Beispiele für Adverbiale

38-1

Subjekt	Prädikat	**Adverbial**
Sie	geht	an den Rand.
Wohin geht sie?		Dorthin.
**Woran geht sie?*		**Daran.*

38-2

Subjekt	Prädikat	**Adverbial**
Sie	wartet	auf der Brücke.
Wo wartet sie?		Dort.
**Worauf wartet sie?*		**Darauf.*

Durch den Frage- und den Ersetzungstest kann man Präpositionalobjekte von adverbiell gebrauchten Präpositionalphrasen unterscheiden. Präpositionalobjekte erfragt und ersetzt man durch Pronominaladverbien oder Präpositionalphrasen, die die geforderte Präposition enthalten. Adverbiale ersetzt und erfragt man mit einem ihrer Bedeutung entsprechenden Adverb oder Fragewort.

2.9 Das Prädikativ

Ein Prädikativ ist ein Satzglied, das sich ähnlich wie ein Verb verhält, indem es über einen Mitspieler der Szene eine Aussage, eine Prädikation, macht, das jedoch kein Verb ist. Damit ein vollständiger Satz entsteht, benötigt das Prädikativ die Anwesenheit eines **Kopulaverbs,** das sozusagen diejenigen verbalen Aufgaben, die das Prädikativ nicht erfüllen kann (Kongruenz mit dem Subjekt, Tempusmarkierung usw.), übernimmt.

Als Kopulaverben werden z. B. die drei Verben *sein*, *werden* und *bleiben* verwendet. (Diese Verben haben darüber hinaus auch andere Funktionen als Voll- und Hilfsverben.)
Als Prädikative findet man vor allem Nominalphrasen, Adjektive und Präpositionalphrasen.
Die Verbindung aus Kopulaverb und Prädikativ ergibt gemeinsam eine Prädikation.

39 Beispiele für typische Sätze mit Kopulaverb und Prädikativ

Subjekt	Kopulaverb	**Prädikativ**
Sie	ist/wird/bleibt	Gruppenleiterin.
Sie	ist/wird/bleibt	klüger.
Sie	ist/bleibt	in einer herausgehobenen Position.

Jenseits der Kopulaverben gibt es einige wenige Verben, wie z. B. *nennen* oder *heißen*, die ein Prädikativ verlangen, das sich auf das Akkusativobjekt bezieht. Diese Satzglieder werden auch Objektsprädikative genannt.

40 Beispiele für Sätze mit einem Objektsprädikativ

Subjekt	Prädikat	Akkusativobjekt	**Objektsprädikativ**
Sie	nennt	ihn	das größte Schlitzohr nördlich der Alpen.
Sie	heißt	ihn	das größte Schlitzohr nördlich der Alpen.

2.10 Wie unterteilt man Satzglieder? – Binnengliederung, Attribute

Wie wir schon gesehen haben, können Satzglieder aus mehreren Teilen bestehen, sodass sich die Frage nach der Binnengliederung von Satzgliedern stellt. **Satzgliedteile,** also Wörter oder Wortgruppen, die von anderen Teilen in einem nicht verbalen Satzglied abhängen, nennt man **Attribute.** Während Satzglieder im Satz verschiebbar sind, lassen sich Attribute im Allgemeinen nur zusammen mit ihrem Bezugselement, ihrem **Kern,** umstellen. Attribute bestimmen ihren Kern semantisch näher und sind in der Regel fakultative Elemente des Satzgliedes. Sie können als zusätzliche Prädikationen zum jeweiligen Kern aufgefasst werden. Anders als die Prädikative sind sie jedoch keine selbstständigen Satzglieder. Als Beispiel soll die Analyse der Attributstruktur des Satzglieds *die Zugangsberechtigung zur Einsicht in geheime Unterlagen* dienen, das wir als Ganzes als Akkusativobjekt klassifiziert haben.

41 Analyse eines komplexen Satzglieds

	Satzglied(teil)
die Zugangsberechtigung zur Einsicht in geheime Unterlagen	komplexe Nominalphrase mit dem Kern *(die) Zugangsberechtigung*
zur Einsicht in geheime Unterlagen	komplexe Präpositionalphrase als Attribut zum Kern *Zugangsberechtigung*
in geheime Unterlagen	komplexe Präpositionalphrase als Attribut zum Kern *Einsicht*
geheime	Adjektivattribut zum Kern *Unterlagen*

Zur Orientierung kann man die Einbettung der attribuierenden Satzgliedteile wie folgt in Klammerschreibweise darstellen:

[die Zugangsberechtigung [zur Einsicht [in [geheime $_{AdjP}$] Unterlagen]$_{PräpP}$]$_{PräpP}$]$_{NP}$

Die hierarchische Struktur kann man auch wie folgt andeuten, wobei zu beachten ist, dass diese Darstellung (ebenso wie noch folgende Abbildungen ähnlicher

Art) ausschließlich der visuellen Verdeutlichung der Abhängigkeitsverhältnisse dient:

Kopf-NP:	[die Zugangsberechtigung
Attributive PräpP1:	[zur Einsicht
Attributive PräpP2:	[in ... Unterlagen]]]
Adjektivattribut:	[geheime]

Wie Satzglieder treten auch Attribute in den unterschiedlichsten Formen auf. Die häufigste Attributform ist das Adjektivattribut, das pränominal, d. h. vor seinem Kern, auftritt und mit diesem kongruiert. Adverbattribute, Genitivattribute und Präpositionalattribute treten in der Regel postnominal auf. Gelegentlich treten Genitivattribute und Präpositionalattribute auch pränominal auf. Ein pränominales Genitivattribut ist *Vaters* in *Vaters Hut;* ein pränominales Präpositionalattribut ist *von Sorgen* in *die von Sorgen freie Frau.*

Folgende Formklassen von Attributen können unterschieden werden:

42 **Beispiele für Formklassen von Attributen**

	Attributform
das **gelbe** Buch	Adjektivphrase
das Buch **dort**	Adverbphrase
das Buch **im Regal**	Präpositionalphrase
das Buch **der Stadt**	Nominalphrase im Genitiv
das **mit viel Lob bedachte** Buch	Partizipialphrase
das Buch, **das gestern besprochen wurde**	Relativsatz
die Frage, **ob sie die Stadt verlassen hat**	Konjunktionalsatz
die Feststellung, **dass sie die Stadt verlassen hat**	
die Gelegenheit, **die Stadt zu verlassen**	Infinitivkonstruktion

Wie diese Tabelle zeigt, ist die formale Vielfalt der Attribute sehr groß. Neben pränominalen Adjektiven *(das gelbe Buch)* sind postnominale Adverbien *(das Buch dort),* Nominalphrasen im Genitiv *(das Buch der Stadt)* und postnominale Präpositionalphrasen *(das Buch im Regal)* häufige Realisierungsformen von Attributen. Aber auch satzförmige Attribute, insbesondere Relativsätze *(das Buch, das gestern besprochen wurde),* sind in allen sprachlichen Kontexten anzutreffen. Pränominale Partizipialkonstruktionen *(das mit viel Lob bedachte Buch)* sind für die Rezipienten schwieriger zu verstehen; sie gelten im Allgemeinen als Kennzeichen des schriftlichen Stils und sind weniger häufig als die anderen Attributformen.

Gewisse Schwierigkeiten bereitet die Einordnung der Funktion zweier Wortarten, die nicht als Attribute auftreten, aber auch keine eigenständigen Satzglieder sind. Es handelt sich um **Artikelwörter** und **Partikeln.** Sie sollen abschließend kurz erwähnt werden.

Artikelwörter, also vor allem der bestimmte und der unbestimmte Artikel, werden nicht als Attribute betrachtet, da sie sich in wesentlichen Eigenschaften und Verhaltensweisen von Attributen unterscheiden. Im Gegensatz zu Attributen bringen Artikelwörter keine zusätzliche semantische Eigenschaft ihres Kerns zum Ausdruck, sondern sie markieren wichtige grammatische Kategorien (Definitheit/Indefinitheit, Genus des Substantivs, Kasus, Kongruenzkategorien) und sind obligatorischer Bestandteil einer Nominalphrase (siehe 1.3).

– Genusmarkierung durch den Artikel:

  das Messer (Neutrum) – **die** Gabel (Femininum) –
  der Löffel (Maskulinum)

– Ausdruck von Definitheit und Indefinitheit (die oft mit Eigenschaften wie Vorerwähntheit bzw. Neuigkeit korrelieren) durch den Artikel:

  Ein/der Mops kam in **eine/die** Küche.

– Eindeutige Kennzeichnung der Kasuszuweisung durch den Artikel:

  Der Mops ist hungrig. (Nominativ)
  Der Koch füttert **den Mops** mit Eiern. (Akkusativ)

Ein Attribut z.B. in Form eines Adjektivs kann fakultativ, d.h. je nach kommunikativer Absicht, gesetzt werden. Es wird dann zwischen das Artikelwort, das die äußerste linke Position einer Nominalphrase einnimmt, und den nominalen Kern (das Nomen, das den Kern bildet) eingeschoben. Das Attribut führt im Gegensatz zum Artikel zu einer semantischen Modifikation und Anreicherung der Nominalphrase. Es bringt eine zusätzliche Eigenschaft zum Ausdruck:

  die **silberne** Gabel
  ein **hungriger** Mops

Diese semantische Anreicherung kann auch in der Form eines Satzes mit Kopulaverb und Prädikativ dargestellt werden:

  die silberne Gabel → die Gabel ist silbern.
  ein hungriger Mops → ein Mops ist hungrig.

Bei Artikelwörtern ist eine solche Umformung nicht möglich; sie bringen keine zusätzlichen Eigenschaften, sondern notwendige grammatische Kategorien zum Ausdruck:

die silberne Gabel → *silberne Gabel ist die
ein hungriger Mops → *hungriger Mops ist ein

Kurz: Artikelwörter sind grammatische Markierungen der Nominalphrase und keine Attribute.

Ähnliches gilt für **Grad-** und **Steigerungspartikeln** wie *sogar, auch, sehr* in den folgenden Sätzen:

Sogar Sabine ist pünktlich gekommen.
Sie trägt ihre Sonnenbrille **auch** in geschlossenen Räumen.
Die Expedition war **sehr** erfolgreich.

Auch sie bringen keine zusätzliche semantische Eigenschaft zum Ausdruck; entsprechend sind sie nicht erfragbar *(Wie ist Sabine? – *Sogar)* und sind nicht in eine prädikative Konstruktion umformbar *(Sogar Sabine → *Sabine ist sogar)*. Wie in 1.9 dargestellt, fokussieren die Partikeln ihren Kern (wie *sogar* im Falle von *sogar Sabine*) oder sie haben steigernde, intensivierende oder eine in anderer Weise bemessende (quantifizierende) Funktion *(sehr* in *sehr erfolgreich)*. Grad- und Steigerungspartikeln können nur mit ihrem Kern verschoben werden.

Eine besondere Unterklasse der Partikeln, die Modal- oder Abtönungspartikeln (wie *ja* in *Sie ist ja pünktlich gekommen*), stehen selbstständig im Mittelfeld des Satzes; sie sind also nicht Bestandteil eines Satzgliedes und schon deshalb nicht mit Attributen zu verwechseln.

! Artikelwörter sind keine Attribute.
Partikeln sind keine Attribute.

2.11 Musteranalyse

Der folgende Satz entstammt einem Formular der Deutschen Rentenversicherung. Er ist in seiner Art typisch für viele amtliche Formulare und zeichnet sich durch besonders komplexe Attributstrukturen aus.

> Waren Sie unmittelbar vor der Geburt eines der unter Ziffer 2 angegebenen Kinder oder während der angegebenen Erziehungszeiten von einem Arbeitgeber mit Sitz im Ausland in die Bundesrepublik Deutschland entsandt oder waren Sie im Rahmen Ihrer im Ausland ausgeübten selbstständigen Erwerbstätigkeit für eine begrenzte Zeit in Deutschland tätig?
>
> **(Deutsche Rentenversicherung: Formular V800, V024, 20.11.2013, S. 6, Nr. 9.4)**

Die Musteranalyse hebt exemplarisch einige Besonderheiten heraus. Dabei werden einige Punkte zur Satzstruktur vorweggenommen, die in späteren Kapiteln genauer erläutert werden. Hier geht es vorwiegend um die Satzglieder und deren Binnengliederung. Aufgrund der Verbstellung (Verberstsatz, siehe hierzu 4.1) ist auf den ersten Blick erkennbar, dass es sich um einen Fragesatz, genauer um eine Entscheidungsfrage, handelt, d.h. eine Frage, die mit *Ja* oder *Nein* zu beantworten ist. Auf den zweiten Blick wird deutlich, dass zwei solcher Fragen koordiniert sind, indem sie mit der Konjunktion *oder* verknüpft sind:

Die Grobstruktur des Satzes ist somit folgende:

Entscheidungsfrage 1 (= Satz 1):

Waren Sie unmittelbar vor der Geburt eines der unter Ziffer 2 angegebenen Kinder oder während der angegebenen Erziehungszeiten von einem Arbeitgeber mit Sitz im Ausland in die Bundesrepublik Deutschland entsandt

Satzverknüpfende Konjunktion:

oder

Entscheidungsfrage 2 (= Satz 2):

waren Sie im Rahmen Ihrer im Ausland ausgeübten selbstständigen Erwerbstätigkeit für eine begrenzte Zeit in Deutschland tätig?

Beide Fragen sind parallel aufgebaut. Sie enthalten jeweils das finite Verb *waren* und als Subjekt jeweils das Personalpronomen *Sie.*

In **Satz 1** handelt es sich um einen Verbalkomplex, der dem Zustandspassiv zuzuordnen ist: *waren entsandt.* Dem Verbalkomplex *waren entsandt* kann neben dem Subjekt die Präpositionalphrase in der Funktion der Agensnennung *von einem Arbeitgeber mit Sitz im Ausland* als Mitspieler zugeordnet werden. Bei der Umformung in einen Aktivsatz zeigt sich, dass diese dann zum Subjekt wird: *[Ein Arbeitgeber mit Sitz im Ausland] hat Sie entsandt.*

Weitere Satzglieder von Satz 1 (außer Subjekt und Prädikat) sind somit:

ein komplexes Temporaladverbial, aus zwei Präpositionalphrasen bestehend, nämlich:

unmittelbar vor der Geburt eines der unter Ziffer 2 angegebenen Kinder oder während der angegebenen Erziehungszeiten

eine Präpositionalphrase mit *von* zur Agensnennung:

von einem Arbeitgeber mit Sitz im Ausland

und ein Lokaladverbial:

in die Bundesrepublik Deutschland

Die Ermittlung dieser Grobstruktur erfolgt mithilfe der oben besprochenen Verschiebe- und Austauschproben. Dazu muss der Fragesatz in einen Aussagesatz umgeformt werden, sodass eine Satzgliedposition vor dem finiten Verb entsteht, in die potenzielle Satzglieder verschoben werden können. Also nicht *Waren Sie ...*, sondern *Sie waren ...*

Das Ergebnis der Satzgliedanalyse von Satz 1 ist in folgender Tabelle zusammengefasst:

43 Satzglieder von Satz 1 der Satzreihe

Subjekt	finites Verb	Temporal-adverbial	Präpositional-objekt mit *von* zur Agens-nennung	Lokal-adverbial	infiniter Teil des Prädikats
Sie	waren	unmittelbar vor der Geburt eines der unter Ziffer 2 angegebenen Kinder oder während der angegebenen Erziehungszeiten	von einem Arbeitgeber mit Sitz im Ausland	in die Bundesrepublik Deutschland	entsandt.
Wer	war	wann	von wem	wohin	entsandt?

Bei **Satz 2** handelt es sich um eine Prädikativkonstruktion mit *waren* als Kopulaverb und dem Adjektiv *tätig* als Prädikativ. Das Prädikat von Satz 2 ist somit *waren tätig*. Das Subjekt ist, wie oben schon erwähnt, das Personalpronomen *Sie*.

Weitere Satzglieder von Satz 2 sind:

ein Modaladverbial in Form einer komplexen Präpositionalphrase:

im Rahmen Ihrer im Ausland ausgeübten selbstständigen Erwerbstätigkeit ein Temporaladverbial in Form einer Präpositionalphrase:

für eine begrenzte Zeit

und ein Lokaladverbial ebenfalls in Form einer Präpositionalphrase:

in Deutschland

44 Satzglieder von Satz 2 der Satzreihe

Subjekt	finites Verb	Modaladverbial	Temporal-adverbial	Lokal-adverbial	Prädikativ
Sie	waren	im Rahmen Ihrer im Ausland ausgeübten selbstständigen Erwerbstätigkeit	für eine begrenzte Zeit	in Deutschland	tätig.
Wer	war	wie	wie lange	wo	tätig?

Nun zur Binnenanalyse der Satzglieder:

Analyse der Präpositionalphrase mit *von* zur Agensnennung in Satz 1:

von einem Arbeitgeber mit Sitz im Ausland

Es handelt sich um eine komplexe Präpositionalphrase mit der Präposition *von* und dem lexikalischen Kern *Arbeitgeber.* Dieses Nomen ist wiederum durch eine postnominale Präpositionalphrase *(mit Sitz im Ausland)* attribuiert. Dieses Attribut besteht aus der Präpositionalphrase *mit Sitz,* die den nominalen Kern enthält, und einer weiteren Präpositionalphrase *(im Ausland),* die das Nomen *Sitz* modifiziert.

Die hierarchische Struktur dieser Phrase kann wie folgt skizziert werden:

[von einem Arbeitgeber

[mit Sitz

[im Ausland]]]

Analyse des Temporaladverbials von Satz 1:

unmittelbar vor der Geburt eines der unter Ziffer 2 angegebenen Kinder oder während der angegebenen Erziehungszeiten

Es handelt sich um zwei durch *oder* koordinierte Präpositionalphrasen, nämlich

1. unmittelbar vor der Geburt eines der unter Ziffer 2 angegebenen Kinder

und

2. während der angegebenen Erziehungszeiten

Zu 1: Hier finden wir als Kern die Präpositionalphrase *vor der Geburt,* mit der Gradpartikel *unmittelbar* vor der Präposition. *Unmittelbar* ist in diesem Kontext eindeutig eine Partikel und kein Adjektiv, da es direkt vor der Präposition steht, nur mit der gesamten Präpositionalphrase verschiebbar und nicht flektierbar ist. *Unmittelbar* könnte durch *genau* oder *exakt* ersetzt werden und hat die Aufgabe, die durch die Präposition ausgedrückte temporale Relation genauer zu fokussieren (nicht *irgendwann vor der Geburt,* sondern *unmittelbar vor der Geburt*).

Die Präpositionalphrase enthält außerdem das postnominale Genitivattribut *eines der unter Ziffer 2 angegebenen Kinder.* Die Phrase *eines der unter Ziffer 2 angegebenen Kinder* ist eine komplexe Nominalphrase mit dem Indefinitpronomen *eines* in der Bedeutung von *irgendeines* als Kern und der komplexen Nominalphrase im Genitiv *(der unter Ziffer 2 angegebenen Kinder)* als Attribut. Diese Nominalphrase besteht aus dem Kern *Kinder* und dem zugehörigen Artikel *der* sowie einem pränominalen Attribut, das wiederum aus dem adjektivisch verwendeten Partizip *angegebenen* und der Präpositionalphrase *unter Ziffer 2* besteht. (Die Präpositionalphrase wird hier nicht weiter analysiert.)

Zur Übersicht seien wesentliche Aspekte der Struktur dieser sehr komplexen Phrase noch einmal wiedergegeben:

```
[[unmittelbar] vor der Geburt

                         [eines
                               [der                              Kinder]]]
                                  [[unter Ziffer 2] angegebenen]
```

Zu 2: Hier handelt es sich um eine Präpositionalphrase mit der Präposition *während* und der folgenden Nominalphrase mit dem Kern *Erziehungszeiten,* dem bestimmten Artikel *der* und dem pränominalen Attribut *angegebenen,* wodurch das pränominale Attribut zu *Kinder* noch einmal aufgegriffen wird.

Analyse des Lokaladverbials in Satz 1:

in die Bundesrepublik Deutschland

Hier liegt eine Präpositionalphrase mit dem Kern *Bundesrepublik Deutschland* (der intern eine Appositionsstruktur aufweist, auf die hier jedoch nicht eingegangen wird) und der Präposition *in* vor.

Analyse des Modaladverbials in Satz 2:

im Rahmen Ihrer im Ausland ausgeübten selbstständigen Erwerbstätigkeit

Es handelt sich um eine komplexe Präpositionalphrase, die durch die Präpositionalphrase *im Rahmen* eingeleitet wird. Diese Phrase ist als Wortgruppe verfestigt und wird wie eine einfache Präposition – hier vergleichbar mit *bei* – verwendet, weshalb man in solchen Fällen auch von sekundären Präpositionen spricht. Diese Präpositionalphrase *(im Rahmen)* regiert den Genitiv der Nominalphrase *Ihrer im Ausland ausgeübten selbstständigen Erwerbstätigkeit*. Letztere enthält den Kern *Erwerbstätigkeit* mit dem Artikelwort (Possessivartikel) *Ihrer* und zwei pränominalen Attributen, nämlich der Partizipialkonstruktion *im Ausland ausgeübten* (attributiv verwendetes Partizip *ausgeübt* und modifizierende Präpositionalphrase *im Ausland*) und dem Adjektiv *selbstständigen*.

Die Strukturskizze dieses Satzglieds hat folgende Gestalt:

[im Rahmen [Ihrer Erwerbstätigkeit]]
[[im Ausland] ausgeübten] [selbstständigen]

Analyse des Temporaladverbials in Satz 2:

für eine begrenzte Zeit

Es handelt sich um eine Präpositionalphrase mit der Präposition *für*, dem Kern *Zeit* mit dem unbestimmten Artikel *eine* und dem pränominalen Partizipialattribut *begrenzte*.

Analyse des Lokaladverbials in Satz 2:

in Deutschland

Hier liegt eine einfache Präpositionalphrase mit der Präposition *in* und dem Eigennamen *Deutschland* vor.

2.12 Übungsaufgaben

Ü-1 Ermitteln und bestimmen Sie die Prädikate und die Subjekte der folgenden Sätze (Haupt- und Nebensätze)! Nennen und erläutern Sie die Testverfahren, die Sie hierbei anwenden!

1-1 Von der »Verantwortung für die Schönheit der Stadt« sprach der Berliner Stadtentwicklungssenator Peter Strieder bei der Eröffnung einer Ausstellung, in der die Zwischenbilanz einer einjährigen Arbeit mit dem »Planwerk Innenstadt« vorgestellt wurde.

1-2 Noch vor Jahren wäre das Wort von der Schönheit der Stadt ein Tabubruch und Nachweis höchster Inkompetenz gewesen.

1-3 Schließlich galt Stadtplanung als eine Art höherer Sozialpolitik, die die Einwohner-Bedürfnisse nach Verkehr, Sicherheit, Licht, Luft und Sonne funktional und DIN-Norm-gerecht umsetzen muss.

(aus: Klaus Hartung: Berliner Wende. In: Die Zeit, Nr. 7, 5. Februar 1998, S. 40).

Ü-2 Bestimmen Sie im folgenden Beispielsatz die syntaktische Funktion der aufgeführten Wortgruppen!

Der Zeitaufwand für das Erstellen einer wissenschaftlichen Arbeit kann unter Umständen in einem umgekehrten Verhältnis zu ihrem Nutzen stehen.

2-1 Der Zeitaufwand für das Erstellen einer wissenschaftlichen Arbeit
2-2 unter Umständen
2-3 in einem umgekehrten Verhältnis zu ihrem Nutzen
2-4 für das Erstellen einer wissenschaftlichen Arbeit
2-5 einer wissenschaftlichen Arbeit
2-6 zu ihrem Nutzen

Ü-3 Bestimmen Sie die sprachliche Form und die syntaktische Funktion der unterstrichenen Passagen!

3-1 Der Kriminalbeamte glaubt <u>nur die Hälfte</u>.
3-2 Sie glaubt nicht <u>an Ufos</u>.
3-3 Der Zeuge glaubt, <u>dass die Aufnahme echt ist</u>.
3-4 Sie glaubt <u>ihm</u> nicht mehr.
3-5 <u>Im Garten</u> stehen auch drei Nussbäume.
3-6 Auf der Bank <u>im Garten</u> sitzt man nicht gerade bequem.
3-7 Sonntags treffen wir uns zum Federballspielen <u>im Garten</u>.
3-8 Sie fing den Fisch mit <u>bloßen</u> Händen.
3-9 Sie will <u>bloß</u> spielen.
3-10 Was ist <u>bloß</u> mit dir los!
3-11 Nach drei Tagen vergeblichen Wartens liegen die Nerven <u>bloß</u>.

Ü-4 Welche strukturellen Ambiguitäten sind in folgenden Sätzen zu finden und wie kann man sie auflösen?

4-1 Sieh ihn dir ruhig an!
4-2 Die Gäste verließen uns gekränkt.
4-3 Das Töten der Wölfe war schrecklich.
4-4 Susi winkt der Frau mit dem Taschentuch.
4-5 Auf dem Teich schwammen schwarze Schwäne und Enten.

Ü-5 Wieso wirken die folgenden Sätze inakzeptabel?

5-1 Sie rechnet mit dem Taschenrechner und mit seiner Hilfe.
5-2 Er kam aus Liebe und Paris.

3 Stellung der Satzglieder im Satz

Immer schön der Reihe nach …

Wörter und Satzglieder müssen in Sätzen in bestimmter Weise ›auf die Reihe gebracht‹ werden; für einige Elemente gibt es im Deutschen feste Stellungsregeln, für andere bestimmte Tendenzen. Man nennt diesen grammatischen Teilbereich auch Topologie.

3.1 Topologisches Grundschema

Im Deutschen geht man praktischerweise von einem Grundschema aus, das sich am besten an der häufigsten Satzart, dem Deklarativsatz (auch: Aussagesatz), zeigen lässt.

1 Topologisches Grundschema

Vorfeld	finites Verb	Mittelfeld	infinite Teile des Prädikats	Nachfeld
Der Student	hat	seiner Freundin rote Rosen	geschenkt,	weil sie Geburtstag hatte.
Am Abend	holte	er sie zum Essen	ab.	

Sie sehen, dass das Prädikat, wenn es mehrere Teile hat (das finite Verb und infinite Teile wie z. B. ein Partizip), in Distanzstellung steht: Es bildet eine Klammer. Durch diese sogenannte Satzklammer werden im einfachen Satz drei Stellungsfelder konstituiert: Vorfeld, Mittelfeld und Nachfeld. Wir besprechen im Folgenden diese einzelnen Bestandteile genauer.

! Die Teile der Satzklammer gehören selbst keinem der Stellungsfelder an, sie konstituieren diese ja erst.

3.2 Satzklammer

Die Satzklammer, das typische und hervorstechende Merkmal der Stellung im Deutschen, wird von den Prädikatsteilen gebildet; sie wird vom finiten Verb eröffnet, die infiniten Teile des Prädikats schließen die Klammer. Man spricht hier von klammeröffnenden und klammerschließenden Elementen oder auch von linker und rechter Satzklammer. Die Satzklammer kann von verschiedenen Elementen gebildet werden, z. B.:

2 Verschiedene Satzklammern

Vorfeld	linke Satzklammer	Mittelfeld	rechte Satzklammer	Nachfeld	Klammertypen
Am Abend	holte	er sie zum Essen	ab,	um ihr Examen zu feiern.	**Partikelverb**
Er	wollte	sie in ein teures Restaurant	einladen.		**Modalverb + Infinitiv**
Sie	hatte	sich dafür extra schick	gemacht.		**Tempusform**
Im Restaurant	wurden	sie vom Ober an ihren Tisch	geführt.		**Passivform**
Die Vorspeisen	waren	in der ganzen Stadt	berühmt.		**Prädikatsverband**
Den ganzen Abend	spielte	ein kleines Orchester Tango.			**(offene Satzklammer)**

Sie sehen, dass das finite Verb als linkes, klammeröffnendes Element ein Vollverb, ein Modalverb, ein Hilfsverb oder ein Kopulaverb sein kann; die klammerschließenden Elemente (rechte Satzklammer) sind z. B. Verbpartikeln (wie *ab, an, ein* ...), Infinitive, Partizipien oder auch Adjektive, Nomina oder Präpositionalphrasen (bei Prädikativen und Funktionsverbgefügen). Das letzte Beispiel oben zeigt eine sogenannte offene Satzklammer: Die Position der rechten Satzklammer ist nicht besetzt; das Prädikat besteht nur aus einem Element, nämlich dem finiten Verb. Die (virtuelle) Position der rechten Satzklammer kann man aber sichtbar machen, indem man zum Test eine mehrteilige Verbform bildet, etwa Perfekt oder Futur, z. B.: *Den ganzen Abend **hat** ein kleines Orchester Tango **gespielt.*** und nicht: **Den ganzen Abend **hat gespielt** ein kleines Orchester Tango.*

! Bei einer offenen Satzklammer bildet man mit einem Umformtest eine mehrteilige Verbform und kann so die (virtuelle) Position der rechten Satzklammer sichtbar machen und damit die Grenze zwischen Mittelfeld und Nachfeld bestimmen.

Wenn ein Prädikat aus mehr als zwei Teilen besteht, finden sich alle weiteren Bestandteile in der Position des klammerschließenden Elements, bilden also gemeinsam die rechte Satzklammer.

3 Satzklammern mit mehreren Teilen

Vorfeld	linke Satzklammer	Mittelfeld	rechte Satzklammer	Nachfeld
Er	brachte	Wein	mit.	
Er	wollte	Wein	mitbringen.	
Er	hatte	Wein	mitbringen wollen.	

Auch in Nebensätzen (siehe genauer Kap. 4.3.4) spricht man von einer Satzklammer. Sie wird dort gebildet von der einleitenden Subjunktion und dem Prädikat – das in diesem Fall mit allen seinen Teilen am Ende des Satzes steht.

4 Satzklammern im Nebensatz

	Subjunktion: klammeröffnend		Prädikat: klammerschließend
Ich habe ihn angerufen,	weil	ich ihn an unser Treffen	erinnern wollte.
Wir kommen rechtzeitig,	wenn	auf der Autobahn kein Stau	ist.
Wir haben vereinbart,	dass	ich mich vorher noch einmal	melde.

! Die linke Satzklammer wird also in Hauptsätzen vom finiten Verb oder in Nebensätzen von einer Subjunktion gebildet.

Manche unterscheiden hier terminologisch und sprechen für die einfachen Hauptsätze von einer Verbklammer oder Verbalklammer und nur bei Nebensätzen von Satzklammer.

3.3 Satzarten und Stellung des finiten Verbs

Die Stellung des finiten Verbs im Satz gibt die wichtigste Information über die Art von Sätzen. Einige Beispiele für verschiedene Satzarten (siehe genauer Kap. 4.2):

5 Satzarten und Stellung des finiten Verbs

Vorfeld	linke Satzklammer: finites Verb	Mittelfeld	rechte Satzklammer	Nachfeld	Satzart
Meine Freundin	**ist**	gestern nach Paris	gefahren.		**Deklarativsatz**
Gestern	**reiste**	sie	ab	in die Ferien.	**Deklarativsatz**
	Ist	sie mit dem Zug	gefahren?		**Entscheidungsfrage**
Mit wem	**fährt**	sie?			**Ergänzungsfrage**
	Fahr	ihr doch einfach	nach!		**Imperativsatz**
	Wird	die dann Augen	machen!		**Exklamativsatz**
	Hätte	ich doch bloß	mitfahren können!		**Optativsatz**

i Es ist gleichgültig, ob das finite Verb ein Hilfsverb, Modalverb oder Vollverb darstellt. Was einzig und allein zählt, ist das Vorhandensein eines flektierten Verbbestandteils und dessen Stellung im Satz.

3.4 Vorfeld

Das Vorfeld ist die Position vor dem finiten Verb eines Satzes, also vor der linken Satzklammer. Für die Besetzung des Vorfelds gelten im Deutschen relativ feste Regeln – je nach Satzart (siehe oben) muss es besetzt sein oder nicht. Wenn es besetzt sein muss, etwa im Deklarativsatz, dann darf genau ein Satzglied im Vorfeld stehen (vgl. aber S. 197). Wie dieses formal aussieht und welche syntaktische Funktion es hat, ist wiederum im Deutschen relativ offen. Einige Beispiele:

6 Vorfeldbesetzungen

Vorfeld			linke Satzklammer	Mittelfeld	rechte Satzklammer
formale Kategorie	**syntaktische Funktion**				
Eigenname	**Subjekt**	Eva	gewinnt	den Pokal.	
Personalpronomen	**Subjekt**	Sie	hat	einmal einen Pokal	gewonnen.
Nominalphrase	**Subjekt**	Meine beste Freundin	gewinnt	den Pokal.	
Nominalphrase	**Objekt**	Den Pokal	hat	wie immer Eva	gewonnen.
Adverb	**(Temporal-) Adverbial**	Gestern	hat	Eva den Pokal	gewonnen.
Präpositionalphrase	**(Lokal-) Adverbial**	In Düsseldorf	hat	Eva einmal einen Pokal	gewonnen.
konjunktionaler Nebensatz	**(Kausal-) Adverbial**	Weil sie viel wagt,	gewinnt	sie immer wieder.	
satzwertige Infinitivkonstruktion	**(Final-) Adverbial**	Um zu gewinnen,	wagt	sie viel.	

Die Übersicht zeigt, dass die Position vor dem finiten Verb, also das Vorfeld, mit ganz unterschiedlichen sprachlichen Elementen gefüllt sein kann: Formal kann es sich um ein Wort, eine Phrase oder auch um Nebensätze handeln – aber alle diese Formen stellen genau ein Satzglied dar.

Was die syntaktische Funktion betrifft, so handelt es sich zwar häufig um das Subjekt, aber dies ist im Deutschen, das im Unterschied etwa zum Englischen eine relativ freie Wortstellung hat, keineswegs die Regel. Wie die Beispiele oben zeigen, steht auch oft ein Adverbial im Vorfeld. Darüber hinaus finden sich gelegentlich auch Objekte im Vorfeld.

Wenn das Subjekt nicht im Vorfeld steht, sondern dem Prädikat im Mittelfeld folgt, spricht man auch von **Inversion.**

> **!** Mit der sogenannten Verbzweitstellung (V 2) im Deutschen meint man die zweite ›strukturelle‹ Position: Das finite Verb steht nach dem ersten Satzglied.
> Man meint nicht das zweite Wort!

3.5 Mittelfeld

Das Mittelfeld bezeichnet die Position zwischen den beiden Teilen der Satzklammer. Die Besetzung des Mittelfeldes ist relativ frei; es muss nicht besetzt sein, die Anzahl der Satzglieder im Mittelfeld hängt von den kommunikativen Erfordernissen und von der Verständlichkeit ab. So finden sich z. B. Nebensätze aus Gründen der Verständlichkeit kaum im Mittelfeld. Einige Beispiele:

7 Mittelfeldbesetzungen

Vorfeld	linke Satzklammer	Mittelfeld	rechte Satzklammer	Nachfeld
Sie	hat	ihm den ganzen Abend aus ihrer bewegten Jugend, die sie in aller Herren Länder verbracht hat,	erzählt.	
Er	hat	diesen Geschichten aufmerksam	zugehört.	
Die	konnte		erzählen!	

Bei einer offenen Satzklammer endet das Mittelfeld an der Stelle, an der eine rechte Satzklammer stehen würde. Dies kann man, wie bereits in Kap. 3.2 ausgeführt, durch den Umformtest herausfinden, bei dem man das Verb mehrteilig macht (z. B. durch Bilden einer Perfektform):

> Sie **erzählt** ihm den ganzen Abend von ihrer Arbeit, um sich Luft zu machen.

Umformtest (etwa mit Perfektform):

> Sie **(hat)** ihm den ganzen Abend von ihrer Arbeit **(erzählt),** um sich Luft zu machen.

Durch den Umformtest ergibt sich die Position der rechten Satzklammer, und damit kann man das Ende des Mittelfelds bestimmen: Es endet bei ›Arbeit‹.

Die Abfolge der Satzglieder im Mittelfeld erfolgt nach verschiedenen Tendenzen, deren Zusammenwirken relativ komplex ist. Einige Hinweise:

8 Abfolge der Satzglieder im Mittelfeld

		Mittelfeld	
Pronomen vor Nominalphrasen	Er hat	ihr die Rose	gegeben.
		sie der Frau	
Bekanntes vor Neuem	Er hat	der Frau eine Rose	gegeben.
		die Rose einer Frau	
kurze Satzglieder vor längeren	Er bat	die Frau um eine Antwort.	
	Sie gingen	dann schnell zum Standesamt.	

3.6 Nachfeld

Das Nachfeld ist die Stelle nach der rechten Satzklammer, also nach den infiniten Teilen des Prädikats. Dies ist insbesondere der Platz für umfangreiche Satzglieder, vor allem Nebensätze, aber auch für präzisierende Zusatzinformationen. Oft ist das Nachfeld auch unbesetzt.

9 Nachfeldbesetzungen

	linke SK	Mittelfeld	rechte SK	Nachfeld	
Er	hat	sie schließlich	gefragt,	weil er nicht mehr warten wollte.	**Nebensatz**
Er	wollte	von ihr	wissen,	wie sie sich entscheiden würde.	**Nebensatz**
Er	hat	ihr die Rosen	gegeben,	fünfzig rote Rosen.	**Präzisierung**
Er	wollte	sie	ansprechen,	seine Traumfrau.	**Präzisierung**

i Wenn Satzglieder, die normalerweise im Mittelfeld stehen (etwa Objekte oder Adverbiale), in das Nachfeld gestellt werden, spricht man von **Ausklammerung**, z. B.: *Ich habe ihn eingeladen **zu uns**.*

3.7 Informationsgliederung durch die Stellung

Im Vorangegangenen haben wir formale Kriterien beschrieben, die die Stellung im Satz regeln. Ein zweites wichtiges Kriterium, das für die Abfolge von Elementen im Satz, besonders für die konkrete Besetzung der einzelnen Stellungsfelder, bestimmend ist, ist die Informationsverteilung. Hier muss man unterscheiden zwischen alter, bekannter Information und neuer Information; man nennt dies Thema und Rhema.

Grundsätzlich gilt:

i Die Informationsstruktur des Satzes ist so aufgebaut, dass in der Regel das **Thema,** d.h. die alte, bekannte Information, am Satzanfang steht und das **Rhema,** d.h. die neue Information, zum Satzende hin. Auch aus diesem Grund steht häufig das Subjekt, das meist das Thema bildet, am Satzanfang.

Um Informationen besonders hervorzuheben, kann man sie entweder betonen oder in eine andere als die Normalstellung bringen, z.B.:

10 Möglichkeiten der Hervorhebung durch Umstellung

hervorgehobene Information	
Objekt	10-1 **Den Pokal** hat wie immer Eva gewonnen.
Subjekt	10-2 Es hat auch dieses Jahr den Pokal **die schnellste Frau** gewonnen.
Prädikatsteil	10-3 **Gewonnen** hat wie immer die schnellste Frau.

Im Beispielsatz 10-1 ist das Vorfeld mit dem Akkusativobjekt eher ungewöhnlich besetzt, dieses wird damit also durch seine Stellung hervorgehoben, genauso wie in 10-3 der infinite Teil des Prädikats. In 10-2 soll das Subjekt hervorgehoben werden; das erreicht man am besten, indem man es in eine – für das Subjekt – ungewöhnliche Position ins Mittelfeld rückt. Das Vorfeld ist hier mit dem unauffälligen, thematischen Vorfeld-*es* besetzt.

3.8 Analyse eines Textbeispiels

11 Analysebeispiel

11-1 Wer die späten Wochen des Herbstes abwartet und an typischen Novembertagen, wenn die schwächelnde Sonne noch einmal den hartnäckigen Nebel verdrängt, loszieht in die Natur, wird reichlich belohnt. 11-2 In einer Welt der Wunder findet sich der Wanderer dann wieder: 11-3 Der Wald hat Feuer gefangen. 11-4 Das vertrocknende Laub der Buchen brennt in dunklem Rot, das der Ahornbäume in hellem Gelb. 11-5 Dazwischen leuchten andere Blätter in allen Brauntönen, durchsetzt von den schwarz-grünen Flecken der Fichten und anderer Nadelbäume. 11-6 Verstärkt wird der Herbstzauber noch durch Millionen von Tautröpfchen, die wie blitzende Diamanten das Laub besetzen und sich erst in der Mittagssonne in Luft auflösen.

(aus: Matthias Busch: Die schönsten Spritztouren, München, 2004, S.52)

Wir wollen die einzelnen Sätze dieses Textes der Reihe nach hinsichtlich ihrer Stellung analysieren und auffällige Erscheinungen kommentieren. Alle Sätze dieses Textes sind Deklarativsätze und weisen das finite Verb an der zweiten Position auf. Nun zum ersten Satz:

Vorfeld	linke SK	Mittelfeld	rechte SK	Nachfeld
11-1 Wer die späten Wochen des Herbstes abwartet und an typischen Novembertagen, wenn die schwächelnde Sonne noch einmal den hartnäckigen Nebel verdrängt, loszieht in die Natur,	wird	reichlich	belohnt.	

Es ist unschwer zu sehen, dass in 11-1 eine außergewöhnlich komplexe Besetzung des Vorfelds vorliegt; die Satzklammer wird von einem mehrteiligen Prädikat, einer Passivform, gebildet. Das Mittelfeld ist nur mit einem Adjektiv in der Funktion eines Modaladverbials besetzt. Im Vorfeld findet sich ein sogenannter freier Relativsatz *wer ... loszieht in die Natur,* in den ein Konditionalsatz eingebettet ist. Alles zusammen bildet ein Satzglied – nämlich das Subjekt. Von der Stellung her bilden – auf einer hierarchisch untergeordneten Ebene der Analyse – auch Nebensätze Satzklammern mit Stellungsfeldern. Mehr zur Analyse komplexer Sätze erfahren Sie in Kap. 4.

Vorfeld	linke SK	Mittelfeld	rechte SK	Nachfeld
11-2 In einer Welt der Wunder	findet	sich der Wanderer dann	wieder:	

Satz 11-2 enthält mit *wiederfinden* ein trennbares Partikelverb, das hier die Satzklammer bildet. Im Vorfeld steht eine Präpositionalphrase in der Funktion eines Lokaladverbials; dies stellt neben der Besetzung mit dem Subjekt ebenfalls eine übliche Vorfeldbesetzung dar. Hier handelt es sich um neue Information, die – auch durch diese Stellung – hervorgehoben wird. Das Mittelfeld enthält nun das Reflexivpronomen *sich,* das Subjekt in Form einer Nominalphrase und ein Adverb als Temporaladverbial; damit zeigt die Besetzung des Mittelfelds hier die üblichen Abfolgeregeln: Pronomen ganz am Anfang des Mittelfelds, ebenso das Subjekt; Adverbiale folgen ihnen.

Vorfeld	linke SK	Mittelfeld	rechte SK	Nachfeld
11-3 Der Wald	hat	Feuer	gefangen.	

Mit **11-3** liegt ein einfacher Deklarativsatz vor: Die Satzklammer wird gebildet von einer analytischen Tempusform, das Vorfeld ist mit einer einfachen Nominalphrase in der Funktion des Subjekts besetzt, ein Akkusativobjekt steht im Mittelfeld, das aber recht untypisch ist, weil es formal und semantisch nicht variabel ist (z. B.: *der Wald hat *ein Feuer / *großes Feuer gefangen*). Man könnte diesen Satz auch anders analysieren:

Vorfeld	linke SK	Mittelfeld	rechte SK	Nachfeld
11-3a Der Wald	hat		Feuer gefangen.	

In der alternativen Analyse **11-3a** wird *Feuer fangen* als eine feste idiomatische Verbverbindung angesehen; dies hat zur Folge, dass *Feuer* zur rechten Satzklammer gehört.

Vorfeld	linke SK	Mittelfeld	rechte SK	Nachfeld
11-4 Das vertrocknende Laub der Buchen	brennt	in dunklem Rot,		
das der Ahornbäume		in hellem Gelb.		

Satz **11-4** ist wiederum komplexer, wir gehen – das zeigt die vorgeschlagene Analyse – davon aus, dass es sich um zwei asyndetisch gereihte Deklarativsätze handelt, bei denen im zweiten Satz das finite Verb ausgelassen ist – aber problemlos ergänzt werden könnte *(das der Ahornbäume [brennt] in hellem Gelb)*. In beiden Sätzen finden wir das Subjekt (komplexe Nominalphrase mit Genitivattribut) im Vorfeld. Die Präpositionalphrasen (in der Funktion von Modaladverbialen) stehen im Mittelfeld. Es handelt sich um eine offene Satzklammer; ein Umformtest ergibt, dass eine rechte Satzklammer gegebenenfalls nach den beiden Präpositionalphrasen stehen würde (z. B.: *Das vertrocknende Laub der Buchen* ***wird*** *in dunklem Rot* ***brennen***).

Vorfeld	linke SK	Mittelfeld	rechte SK	Nachfeld
11-5 Dazwischen	leuchten	andere Blätter in allen Brauntönen,		durchsetzt von den schwarz-grünen Flecken der Fichten und anderer Nadelbäume.

Auch Satz 11-5 weist eine offene Satzklammer auf; mit einem Umformtest kann man die Satzklammer zweiteilig machen, z. B.: *Dazwischen* ***haben*** *andere Blätter in allen Brauntönen* ***geleuchtet,*** *durchsetzt von den ... Nadelbäume.* Durch diesen Test wird die mögliche Position einer rechten Satzklammer nach der Präpositionalphrase und vor der erweiterten Partizipialkonstruktion wahrscheinlich. Das Vorfeld ist hier wiederum von einem Adverb (als Lokaladverbial) besetzt, das Subjekt steht ganz am Anfang des Mittelfelds, gefolgt von einer Präpositionalphrase in der Funktion eines Modaladverbials.

Vorfeld	linke SK	Mittelfeld	rechte SK	Nachfeld
11-6 Verstärkt	wird	der Herbstzauber noch durch Millionen von Tautröpfchen,		die wie blitzende Diamanten das Laub besetzen und sich erst in der Mittagssonne in Luft auflösen.

Der letzte Satz 11-6 zeigt eine sehr interessante Stellungsvariante: Das Prädikat ist zweiteilig, eine Passivkonstruktion; allerdings nimmt der zweite Teil, das Partizip *verstärkt,* nicht wie üblich die Position der rechten Satzklammer ein – diese bleibt leer –, sondern besetzt das Vorfeld. Dies ist eine sehr ungewöhnliche Stellung, die – eben weil sie so selten vorkommt – ausgezeichnet dazu dient, den infiniten Verbteil zu fokussieren und hervorzuheben. Im Mittelfeld finden wir unter anderem das Subjekt; die Position des koordinierten und deshalb besonders komplexen Relativsatzes (Mittelfeld oder Nachfeld?) kann man wiederum durch einen Umformtest bestimmen; hier muss man allerdings eine Besetzung für das Vorfeld konstruieren, um den zweiten Prädikatsteil aus dem Vorfeld an seine übliche Stelle zu setzen, also etwa: *es/dann wird der Herbstzauber noch durch Millionen von Tautröpfchen verstärkt, die ...* Dieser Test zeigt, dass die Position des Relativsatzes im Nachfeld die wahrscheinlichere ist.

3.9 Übungsaufgaben

12 Analysebeispiel

12-1 Nur einige hundert Meter die Alpenstraße weiter südlich, kurz hinter dem historischen Gasthaus Mauthäusl, zweigt links bei einer Brücke der schöne Weg zur Höllenbachalm ab. 12-2 In angenehmen 40 bis 50 Minuten ist die von Mitte Mai an geöffnete Alm in mäßiger Steigung zu erreichen. 12-3 Wieder zurück am Mauthäusl lohnt sich eine Einkehr zur Stärkung und weiteren Erkenntnis. 12-4 Schließlich haben dort die Salzfahrer und Holzfuhrleute schon seit 1650 Quartier bezogen, als sich das stattliche Haus zu einem Knotenpunkt des Verkehrs an der »Salzstraße« entwickelte. 12-5 Am gleichen Platz steht heute ein moderner Gasthof, dessen Spezialität ein Schmankerlpfandl nach Art der Salzfahrer mit (...) Fleisch vom Schwein und Rind oder auch vom Geflügel und Fisch ist. 12-6 Täglich wird eine andere Variante serviert. 12-7 Direkt am Gasthof befindet sich auch einer der Einstiege in die wildromantische Weißbachschlucht. 12-8 Insgesamt ist eine Strecke von rund fünf Kilometern begehbar, für die man etwa eineinhalb Stunden Zeit braucht. 12-9 Hoch in den Himmel ragen die schattigen, auch im Hochsommer nass triefenden Wände. 12-10 Holztreppen und Steige führen sicher an den Felsstürzen und wuchtigen Abwaschungen des Gesteins entlang.

(aus: Matthias Busch: Die schönsten Spritztouren. München 2004, S. 62 f.)

Ü-1a Bestimmen Sie im Analysebeispiel 12 die Stellung (Satzklammer und Stellungsfelder) für alle Hauptsätze!

Ü-1b Zeigen und begründen Sie für die Sätze 12-3, 12-5, 12-7 und 12-9, wo die Grenze zwischen Mittelfeld und Nachfeld anzusetzen ist!

Ü-1c Betrachten Sie die Besetzungen der jeweiligen Vorfelder genauer: Versuchen Sie zu begründen, warum andere Satzglieder als das Subjekt im Vorfeld stehen (besonders bei 12-3, 12-5, 12-6 und 12-7)!

Ü-1d Betrachten Sie die Position der Subjekte: Welche Effekte (z. B. im Hinblick auf die Informationsgliederung) werden durch die gewählte Position erzielt (etwa in 12-1, 12-5, 12-7, 12-9)?

4 Satz

Das Bekannte überhaupt ist darum,
weil es bekannt ist, nicht erkannt.
Hegel

4.1 Was ist ein Satz?

Um einen einheitlichen Satzbegriff haben sich Sprachwissenschaftler bislang vergeblich bemüht. Es gibt ihn nicht.

Dennoch haben wir eine klare Vorstellung von dem, was ein Satz ist:

Sätze weisen im Normalfall mindestens ein Subjekt und ein Prädikat, d. h. ein finites Verb, auf. Wichtiger als das Subjekt scheint das Prädikat zu sein. Denn es gibt Sätze ohne Subjekt, aber mit einem finiten Verb als Prädikat, wie z. B. die Aufforderungssätze: *Geh! Geht!*

! Eine Konstruktion ist dann ein Satz, wenn sie mindestens **ein finites Verb** hat.

Es gibt eine unendliche Anzahl von Sätzen. Sie sind aber mit endlichen Mitteln produziert. Die Mittel, die Bausteine und Regeln für die Satzproduktion, sind begrenzt und können daher gut beschrieben werden.

Im Folgenden interessieren uns zwei zentrale Punkte der **Satzanalyse:**
- der kommunikative Aspekt von Sätzen, die Satzarten (4.2), und
- der strukturell-funktionale Aspekt von Sätzen: Hier gehen wir der Frage nach, welche formalen, semantischen und funktionalen Unterschiede zwischen Sätzen bestehen (4.3).

Schließlich soll anhand eines Beispiels ein komplexer Satz des Deutschen analysiert werden (4.4).

4.2 Satzarten

Je nach Sprechabsicht und Satzform können bestimmte Satzarten unterschieden werden. Wir gehen von fünf Satzarten aus, und zwar dem

- Deklarativsatz (Aussagesatz, Assertionssatz, Konstativsatz)
- Interrogativsatz (Fragesatz)
  - mit Entscheidungsfrage (*Ja/Nein*-Frage, Satzfrage)
  - mit Ergänzungsfrage (*w*-Frage, Satzgliedfrage)
- Imperativsatz (Aufforderungssatz)
- Exklamativsatz (Ausrufesatz)
- Optativsatz (Desiderativsatz, Wunschsatz)

Es gelingt uns sehr oft, aufgrund unseres intuitiven Sprachwissens die Satzart eines Satzes zu bestimmen, und wohl jeder kennt den Unterschied zwischen einem Fragesatz und einem Aussagesatz.

Hier sollen Sätze **aufgrund bestimmter formaler Kriterien** bestimmten Satzarten zugeordnet werden. Als entscheidende Kriterien gelten:

- die Verbstellung, d. h. die Position des finiten Verbs im Satz
- die Intonation in der gesprochenen Sprache
- das Satzzeichen in der geschriebenen Sprache
- der Modus des finiten Verbs
- das Vorhandensein von Interrogativpronomina oder -adverbien
- das Vorhandensein spezifischer Modalpartikeln

Der **Position des finiten Verbs** kommt bei der Bestimmung der Satzarten eine wichtige Rolle zu. Wir unterscheiden:

- V2 = Verbzweitstellung (»Kernsatz«)
- V1 = Verberststellung (»Stirnsatz«)
- VL = Verbletztstellung (»Spannsatz«)

Die einzelnen **Verbstellungstypen** werden in jeweils einer Übersicht entsprechend ihrem Auftreten den fünf **Satzarten** zugeordnet und anhand von Beispielen erläutert:

1 Satzarten mit V2-Stellung

Stellung des finiten Verbs im Satz	In welcher Satzart kommt sie vor?	Beispiele
Verbzweitstellung (= V2) d. h., das finite Verb steht an zweiter Stelle hinter einem Satzglied, das im Vorfeld steht	Deklarativsatz	Sie reist gern. Gestern ist sie abgereist.
	Interrogativsatz	Ergänzungsfrage: Wann reist sie ab? Mit wem verreist sie?
	Exklamativsatz	Die ist aber frech!

Nur der **Deklarativsatz** wird nahezu ausnahmslos durch V2-Stellung gekennzeichnet. Bei **Interrogativ-** und **Exklamativsätzen** finden sich neben der V2-Stellung auch V1- und VL-Stellung, wie Sie den nachfolgenden Übersichten entnehmen können. Manchmal werden auch Imperativsätze wie *Du (,) mach das endlich!* als Sätze mit V2-Stellung charakterisiert, was allerdings umstritten ist.

i **Vielleicht haben Sie unter den Interrogativsätzen auch Sätze wie *Sie reist heute ab?* vermisst?**

Sie sind der Form nach Deklarativsätze und werden deshalb auch als solche betrachtet. Im alltäglichen Sprachgebrauch können Sie aber grundsätzlich alle Deklarativsätze in der Funktion von Entscheidungsfragen verwenden, nämlich dann, wenn Sie Intonation und Satzzeichen von Interrogativsätzen auf diese übertragen.

2 Satzarten mit V1-Stellung

Stellung des finiten Verbs im Satz	In welcher Satzart kommt sie vor?	Beispiele
Verberststellung (= V1)	Imperativsatz	Geh jetzt!
	Interrogativsatz	Entscheidungsfrage: Haben Sie verstanden?
	Exklamativsatz	Ist die aber frech!
	Optativsatz	Wäre es doch schon so weit!

Nur der **Imperativsatz** wird immer durch V1-Stellung gekennzeichnet. **Interrogativ-** und **Exklamativsätze** sind hingegen bei allen drei Verbstellungstypen vertreten, und **Optativsätze** haben neben der V1-Stellung auch VL-Stellung, siehe hierzu die Beispiele in (3):

3 Satzarten mit VL-Stellung

Stellung des finiten Verbs im Satz	In welcher Satzart kommt sie vor?	Beispiele
Verbletztstellung (= VL)	Optativsatz	Wenn es doch schon so weit wäre!
	Exklamativsatz	Dass du so leichtgläubig bist! Wie laut das wieder ist!
	Interrogativsatz	Entscheidungsfrage: Ob sie heute wohl abreist?
		Ergänzungsfrage: Wann sie wohl ankommt?

Optativ-, **Exklamativ-** und **Interrogativsätze** mit **Verbletztstellung** haben entweder eine einleitende unterordnende Konjunktion, d. h. eine Subjunktion, oder ein *w*-Fragewort.

Wie Sie bereits gesehen haben, spielt bei der Bestimmung der Satzart die Stellung des finiten Verbs im Satz eine entscheidende Rolle. Sie ist aber nicht allein ausschlaggebend, da jede der drei Positionen des finiten Verbs einer Reihe von Satzarten zugewiesen werden kann.

Damit Sie die **Satzart** bestimmen können, beachten Sie die folgenden Regeln:

!

- Suchen Sie das finite Verb des Satzes!
- Betrachten Sie die Stellung des finiten Verbs im Satz!
- Beachten Sie das Satzzeichen (Punkt, Frage- oder Ausrufezeichen am Schluss)!

Ergänzend können noch weitere Regeln aufgestellt werden:

- Imperativsätze sind morphologisch immer durch eine finite Verbform im Imperativ markiert.
- In Optativsätzen steht das finite Verb immer im Konjunktiv.
- Ergänzungsfragen haben stets *w*-Elemente (Interrogativpronomina oder -adverbien).
- Optativ- und Exklamativsätze weisen in der Regel bestimmte Modalpartikeln wie *aber, doch, ja* u. a. auf.

4.3 Der komplexe Satz

Bisher standen **einfache Sätze,** die nur **ein finites Verb** haben, im Mittelpunkt.

Normalerweise sind aber Sätze wesentlich umfangreicher und weisen in den meisten Fällen ein Geflecht von Nebenordnungen und Unterordnungen auf.

Betrachten Sie hierzu den Textanfang des Romans »Das Parfum«:

4 Beispiel zur Satzkomplexität

4-1 Im achtzehnten Jahrhundert lebte in Frankreich ein Mann, der zu den genialsten und abscheulichsten Gestalten dieser an genialen und abscheulichen Gestalten nicht armen Epoche gehörte. 4-2 Seine Geschichte soll hier erzählt werden. 4-3 Er hieß Jean Baptiste Grenouille, und wenn sein Name im Gegensatz zu den Namen anderer genialer Scheusale, wie etwa de Sades, Saint Justs, Fouchés, Bonapartes usw., heute in Vergessenheit geraten ist, so sicher nicht deshalb, weil Grenouille diesen berühmteren Finstermännern an Selbstüberhebung, Menschenverachtung, Immortalität, kurz an Gottlosigkeit nachgestanden hätte, sondern weil sich sein Genie und sein einziger Ehrgeiz auf ein Gebiet beschränkte, welches in der Geschichte keine Spuren hinterlässt: auf das flüchtige Reich der Gerüche.

(aus: Patrick Süskind: Das Parfum. Die Geschichte eines Mörders. Zürich 1985, S. 5)

Nicht auszudenken, wenn nur einfache Sätze den Beginn des Romans prägten! Funktion und Wirkung des Textanfangs, Stil und Kolorit der Einführung in den Roman wären vollkommen andere.

5 Analyse von Beispiel (4)

Nur Satz 4-2 *Seine Geschichte soll hier erzählt werden* ist mit nur **einem** finiten Verb *(soll)* ein **einfacher Satz.**

Der Einleitungssatz 4-1 zählt **zwei** finite Verben *(lebte, gehörte),*

Satz 4-3 – er reicht von *Er hieß* bis zu *Reich der Gerüche* – sogar **fünf** *(hieß, (geraten) ist, (nachgestanden) hätte, beschränkte, hinterlässt).*

Bei Satz 4-1 und 4-3 handelt es sich um **komplexe Sätze.**

! Ein **komplexer Satz** ist ein Satzgebilde, das entweder **mehr als ein finites Verb** oder neben dem finiten Verb eine oder mehrere satzwertige Infinitiv- oder Partizipialkonstruktionen aufweist. (Satzwertig ist eine Infinitiv- oder Partizipialkonstruktion dann, wenn sie in einen Nebensatz umgeformt werden kann.)

4.3.1 Satzgefüge oder Satzreihe

In einem komplexen Satz können die einzelnen Teilsätze auf hierarchisch gleicher Ebene angeordnet, also neben- oder gleichgeordnet sein. Sie können aber auch auf hierarchisch unterschiedlichen Ebenen angeordnet sein, sodass Teilsätze einem übergeordneten Satz untergeordnet sind. Dies ist immer dann der Fall, wenn z.B. von einem Hauptsatz ein oder mehrere Nebensätze (bzw. satzwertige Infinitiv- und Partizipialkonstruktionen) abhängen.

! Man spricht von einer **parataktischen Satzstruktur** oder **Satzreihe,** wenn die einzelnen Teilsätze neben- oder gleichgeordnet sind, und von einer **hypotaktischen Satzstruktur** oder einem **Satzgefüge,** wenn ein oder mehrere Teilsätze einem übergeordneten Satz untergeordnet sind, d.h. strukturell von diesem abhängen. Beide Strukturen können in einem Satz nebeneinander vorkommen.

Ein Hinweis: Selbst wenn Sie nicht wissen, wie man Haupt- und Nebensätze voneinander unterscheidet oder gleichgeordnete Teilsätze von untergeordneten Teilsätzen trennt, sollten Sie bereits in diesem Kapitel erste Eindrücke von Unterschieden in der Satzorganisation sammeln.

Falls Sie auf das Grundlagenwissen zu Haupt- und Nebensätzen nicht verzichten möchten, verweisen wir auf den Abschnitt 4.3.2.

6 Beispiel für eine parataktische Satzstruktur

6-1 Es war einmal ein König, 6-2 der hatte eine Frau, 6-3 die war die schönste auf der Welt 6-4 und hatte Haare von purem Gold; 6-5 sie hatten auch eine Tochter miteinander, 6-6 die war so schön wie ihre Mutter, 6-7 und ihre Haare waren ebenso golden.

(aus: Allerlei-Rauh. In: Märchen der Gebrüder Grimm. Zürich 1985, S.234)

7 Analyse von Beispiel (6)

In diesem Beispiel erkennen Sie sofort den prototypischen Anfang eines Märchens: *Es war einmal.* Bei Beispiel 6 handelt es sich um **einen komplexen Satz**, der sich in mehrere Teilsätze gliedern lässt. Die Teilsätze des Textanfangs sind gleichwertig nebeneinander gestellt. Jeder Teilsatz könnte für sich alleine stehen, keiner ist **strukturell** von einem anderen Teilsatz abhängig. Es sind **Hauptsätze,** die **parataktisch** aneinandergereiht sind, d.h. eine **Satzreihe** bilden.

Sie könnten nun Folgendes einwenden: Einige dieser Teilsätze ergäben für sich keinen Sinn, wenn sie alleine stünden. Denn Sie verstehen Teilsatz 6-2 nicht in vollem Umfang, wenn Sie nicht wissen, worauf sich *der* in *der hatte eine Frau* bezieht. Gleiches gilt für *die* in 6-3, *sie* in 6-5, *die* in 6-6 sowie *ihre* in 6-6 und 6-7.

Es stimmt zwar, dass Demonstrativ- und Personalpronomina sowie Possessivartikel lediglich auf ein Bezugsobjekt verweisen, das bedeutungstragend ist, so etwa *der* in 6-2 auf den *König*. **Die Teilsätze sind aber in syntaktischer Hinsicht autonom,** da sie über alle notwendigen Satzglieder, nämlich ein finites Verb, ein Subjekt und weitere vom Verb geforderte Objekte, verfügen.

Der Teilsatz 6-4: *und hatte Haare von purem Gold* enthält jedoch kein Subjekt. Es liegt dennoch ein vollständiger Teilsatz mit V2-Stellung des finiten Verbs vor, weil aus Gründen der Textverknüpfung auf eine Wiederholung des Subjekts *die* verzichtet wird (man spricht davon, dass das Subjekt elliptisch ist). Der Wegfall des Subjekts behindert die Kommunikation aus dem Grund nicht, weil man in einer Satzreihe das zuletzt genannte Subjekt so lange automatisch ergänzt, bis ein neues genannt wird.

Zwei der Teilsätze (6-4 und 6-7) werden durch die nebenordnende Konjunktion *und* miteinander verbunden. Sind nebenordnende Konjunktionen vorhanden, spricht man von einer **syndetischen Verbindung** der entsprechenden Teilsätze, fehlen diese, so sind die Teilsätze **asyndetisch** miteinander verknüpft (6-2, 6-3, 6-5, 6-6).

Die Feststellung, ob eine Satzreihe oder ein Satzgefüge vorliegt, wird allein aufgrund formaler Kriterien getroffen. Der Inhalt der Sätze spielt dabei keine Rolle.

8 Beispiel für eine hypotaktische Satzstruktur

8-1 Kant hat den Begriff vom »Ding an sich« im Grunde deshalb eingeführt, 8-2 weil er hervorheben wollte, 8-3 dass es eine Wirklichkeit gibt, 8-4 die vom erkennenden Bewusstsein völlig unabhängig ist.

(aus: Edo Pivcevic: Von Husserl zu Sartre. München 1972, S. 19)

9 Analyse von Beispiel (8)

In Beispiel 8 liegt **ein komplexer Satz** vor, der die Struktur eines **Satzgefüges (Hypotaxe)** aufweist. In ihm hängt von einem Hauptsatz 8-1 ein *weil*-Satz 8-2 ab. Der nachfolgende *dass*-Satz 8-3 ist vom vorausgehenden *weil*-Satz abhängig, der nachfolgende, mit dem Relativpronomen *die* eingeleitete Nebensatz 8-4 von einem Bezugsausdruck *(eine Wirklichkeit)* des übergeordneten *dass*-Satzes. Das Vorhandensein zweier Subjunktionen *(weil, dass)* und eines Relativpronomens *(die)* zeigt an, dass eine hypotaktische Satzstruktur vorliegt. Hinzu kommt die VL-Stellung in den Nebensätzen.

Entscheidend ist, dass Sie Folgendes verstehen: In diesem Textbeispiel gibt es Teilsätze, die nicht für sich alleine stehen können, weil sie von übergeordneten Teilsätzen abhängig sind. Recht häufig ist eine Mischung aus Nebenordnung und Unterordnung zu verzeichnen. Komplexe Satzperioden zu verstehen, ist nur dann möglich, wenn man das Geflecht aus parataktischen und hypotaktischen Strukturen entwirren kann.

10 **Beispiel für eine komplexe Satzperiode**

10-1 Wenn die schöne Jahreszeit ihrem Namen Ehre macht 10-2 und das Tirili der Vögel mich zeitig wecken konnte, 10-3 weil ich den vorigen Tag zur rechten Stunde beendigte, 10-4 gehe ich gern schon vor der ersten Mahlzeit und ohne Hut auf eine halbe Stunde ins Freie, in die Allee vorm Hause oder auch in die weiteren Anlagen, 10-5 um von der jungen Morgenluft einige Züge zu tun und, 10-6 bevor die Arbeit mich hinnimmt, 10-7 an den Freuden der reinen Frühe ein wenig teilzuhaben.

(aus: Thomas Mann: Herr und Hund. In: Ders.: Die Erzählungen. Frankfurt am Main 1960, 1974, zitiert nach Ausgabe 1986, S. 585)

11 **Analyse von Beispiel (10)**

In Beispiel 10 liegt eine **komplexe Satzperiode** mit einer Mischung aus Nebenordnung und Unterordnung vor, in der die hypotaktische Satzstruktur überwiegt. Der übergeordnete Teilsatz, von dem weitere Teilsätze abhängen, ist der Hauptsatz 10-4. Ihm geht ein *wenn*-Satz (10-1 und 10-2) voraus, von dem (genauer: von dessen zweitem Teil; 10-2) ein *weil*-Satz 10-3 abhängig ist. Nach dem Hauptsatz folgt eine satzwertige Infinitivkonstruktion (10-5 und 10-7), in die ein *bevor*-Satz 10-6 eingebettet ist. Der *bevor*-Satz hängt dabei von Teilsatz 10-7 ab.

Das Vorhandensein von Subjunktionen *(wenn, weil, bevor)* oder der Infinitivkonjunktion *um* mit Infinitivpartikel *zu* und die VL-Stellungen der finiten Verben deuten grundsätzlich auf eine hypotaktische Satzorganisation hin.

Obwohl die hypotaktische Satzstruktur dominiert, existieren – auf hierarchisch unterer Ebene – innerhalb des *wenn*-Satzes (10-1 und 10-2) und der satzwertigen Infinitivkonstruktion (10-5 und 10-7) parataktische Anordnungen der Teilsätze, die **innerhalb** des *wenn*-Satzes und der Infinitivkonstruktion nebengeordnet sind und deren Gleichrangigkeit durch die nebenordnende Konjunktion *und* zusätzlich markiert wird.

In komplexen Sätzen der gehobenen Schriftsprache ist das Nebeneinander von parataktischer und hypotaktischer Textorganisation nicht selten. Allerdings bilden Satzperioden mit ausgeprägter Hypotaxe, wie sie bei Autoren wie Thomas Mann zu finden sind, in der modernen Literatur eher die Ausnahme. Es sind häufig stilistische Gründe, die dazu führen, einen tendenziell parataktischen oder hypotaktischen Stil zu pflegen. Im Allgemeinen kann man feststellen, dass die Parataxe der Mündlichkeit näher steht und die Hypotaxe der Schriftlichkeit.

Es gibt also strukturelle Unterschiede zwischen Parataxe und Hypotaxe. Gibt es auch inhaltliche? Grundsätzlich kann gesagt werden: Der Informationsgehalt bleibt weitgehend gewahrt, wenn eine parataktische Satzstruktur in eine hypotaktische überführt wird.

12 **Beispiele der Umformung von Parataxe zur Hypotaxe**

12-1 Sie kommt nicht, sie ist krank.
12-2 Sie kommt nicht, sie ist nämlich krank.
12-3 Sie kommt nicht, weil sie krank ist.
12-4 Sie ist krank, trotzdem kommt sie zur Arbeit.
12-5 Obwohl sie krank ist, kommt sie (trotzdem) zur Arbeit.

13 **Analyse der Beispiele (12)**

Parataktische Satzstrukturen liegen in den Beispielen 12-1, 12-2 und 12-4 vor, hypotaktische in den Beispielen 12-3 und 12-5. Die besonderen Kennzeichen der Parataxe sind die strukturelle Gleichrangigkeit der Teilsätze, die Kennzeichen der Hypotaxe das Vorhandensein eines übergeordneten Teilsatzes und eines abhängigen Nebensatzes, der wie in 12-3 und 12-5 mit einer Subjunktion *(weil, obwohl)* eingeleitet wird und VL-Stellung des finiten Verbs aufweist.

Das logische Verhältnis der beiden Teilsätze zueinander, d.h., in welcher semantischen Beziehung die einzelnen Teilsätze zueinander stehen, wird in der parataktischen Struktur entweder aus dem Erfahrungswissen konstruiert (12-1) oder durch verdeutlichende nebenordnende Konjunktionen oder Konjunktionaladverbien (*nämlich* 12-2 und *trotzdem* 12-4) angezeigt.

In der hypotaktischen Struktur wird das logische Verhältnis der Teilsätze in der Regel durch die Bedeutung der Subjunktion angegeben: So gibt *weil* eine Begründung zu dem im übergeordneten Teilsatz gebotenen Sachverhalt an und *obwohl* eine Einräumung oder einen Vorbehalt, sodass in 12-3 ein kausales und in 12-5 ein konzessives Verhältnis zum übergeordneten Teilsatz besteht.

Das logische Verhältnis parataktisch gereihter Teilsätze zueinander muss häufig aus dem Kontext erschlossen werden. Dies fällt uns deshalb nicht schwer, weil wir bestimmte Erwartungshaltungen haben, die uns bei der Erschließung des logischen Verhältnisses der Sätze zueinander helfen. Wenn jemand den Satz *Sie kommt nicht* äußert, so ist die Wahrscheinlichkeit, dass ein Grund für das Nichterscheinen einer Person im Sinne von *sie ist krank* oder *sie hat keine Zeit* usw. gegeben wird, sehr hoch.

i In der **parataktischen Satzorganisation** werden die Informationen wie Perlen auf einer Schnur aneinandergereiht.
In der **hypotaktischen Satzorganisation** entsteht ein hierarchisches Gebilde aus Über- und Unterordnung, das eine Reliefstruktur erkennen lässt.

Im Folgenden werden wir die parataktische Satzstruktur nicht weiter verfolgen, sondern uns ausschließlich den hypotaktischen Satzstrukturen und den verschiedenen Möglichkeiten der Unterordnung im Deutschen zuwenden.
Für die Beschreibung komplexer Satzgefüge ist die Unterscheidung von Haupt-

und Nebensätzen von entscheidender Bedeutung. Bevor wir Ihnen Kriterien an die Hand geben, um den Unterschied zwischen Haupt- und Nebensätzen in Zweifelsfällen zu erkennen, möchten wir Sie auf die recht problematische Terminologie aufmerksam machen.

4.3.2 Hauptsatz und Nebensatz

Es gibt wohl niemanden, der keine intuitive Vorstellung davon hätte, was ein typischer Hauptsatz (= HS) und was ein typischer Nebensatz (= NS) ist. Sie wissen zum Beispiel, dass **Nebensätze von Hauptsätzen abhängig sind** und nicht umgekehrt. Ein solches Wissen ist wichtig! – Und dennoch sind die alltagssprachlichen Begriffe »Hauptsatz« und »Nebensatz« aus sprachwissenschaftlicher Sicht nicht richtig.

Für die Abschaffung der alten Terminologie gibt es mehrere Gründe: Der wichtigste ist der, dass mit den alten Bezeichnungen die Vorstellung verbunden ist, im Hauptsatz werde nur Wichtiges, die Hauptinformation, geboten, während Nebensätze nur Nebeninformationen enthielten.

Wenn Sie meinen, dies sei immer der Fall, dann irren Sie sich. Es verhält sich tatsächlich anders. Nämlich: Nebensätze nehmen zwar nicht immer, aber doch recht häufig die Funktion obligatorischer Satzglieder ein, ohne die der Hauptsatz in grammatischer Hinsicht unvollständig wäre. Erst durch die obligatorischen Satzglieder, die formal als Nebensatz realisiert werden können, wird eine Aussage vollständig. Hierzu die folgenden Beispiele:

14 Beispiel eines einfachen Satzes

Sie gewann einen Pokal.

15 Analyse von Beispiel (14)

= einfacher Satz, da ein finites Verb *(gewann)*

= Deklarativsatz

= Hauptsatz mit finitem Verb *gewann*, Subjekt *sie* und Objekt *einen Pokal*

16 Beispiel eines komplexen Satzes mit einem Nebensatz

Wer wagt, gewinnt.

17 Analyse von Beispiel (16)

= komplexer Satz, da zwei finite Verben *(wagt, gewinnt)*

= Deklarativsatz

= Hauptsatz *gewinnt* und Nebensatz *wer wagt* als Subjektsatz zu *gewinnt:*

›x (= wer wagt) gewinnt‹

18 Beispiel eines komplexen Satzes mit zwei Nebensätzen

Was ich nicht verstehen kann, ist, dass der Hauptsatz nur aus einem Wort besteht.

19 Analyse von Beispiel (18)

= komplexer Satz, da drei finite Verben *(kann, ist, besteht)*

= Deklarativsatz

= Hauptsatz *ist* mit Nebensatz *was ich nicht verstehen kann* als Subjektsatz zu *ist* und Nebensatz *dass der Hauptsatz nur aus einem Wort besteht* als Prädikativ: ›x (= was ich nicht verstehen kann) ist y (= dass der Hauptsatz nur aus einem Wort besteht)‹.

Aus den Beispielen 16 und 18 wird leicht erkennbar, dass die sogenannten **Hauptsätze** *(*gewinnt, *ist)* in grammatischer Hinsicht nicht vollständig sind, d. h. keine vollständigen Informationen bieten *(Wer gewinnt? Wer/was ist was/so?).*

Nebensätze können, wie Sie den Beispielen entnehmen können, wichtige syntaktische Funktionen im Gesamtsatz übernehmen, auf die nicht verzichtet werden kann: so etwa die Rolle des Subjekts zum übergeordneten Satz in Beispiel 16 und 18 oder die des Prädikativs des übergeordneten Satzes in Beispiel 18.

Hieraus ergibt sich die folgende terminologische Präzisierung:

! **Hauptsätze** werden in der Regel **Trägersätze** oder **Matrixsätze** genannt, wenn von ihnen Nebensätze abhängen.
Nebensätze werden dann als **Konstituentensätze** (d. h. Subjekt-, Prädikativ- oder Objektsätze) bezeichnet, wenn sie die Funktion von obligatorischen Satzgliedern zum Trägersatz einnehmen.

Gibt es mehrere Nebensätze in einem komplexen Satz, dann bestehen unter ihnen meist Abhängigkeitsverhältnisse, sodass der eine Nebensatz direkt von einem übergeordneten Nebensatz und indirekt vom Hauptsatz abhängig ist.

! Auch **Nebensätze** können **Trägersätze** oder **Matrixsätze** sein, wenn von ihnen mindestens ein weiterer Nebensatz abhängig ist.
Dieser Nebensatz steht hierarchisch unter dem ihm übergeordneten Nebensatz, der wiederum hierarchisch unter einem übergeordneten Hauptsatz stehen kann.

20 **Beispiel eines komplexen Satzes mit komplexer Abhängigkeitsstruktur**

Wer alles wagt, damit er gewinnt, verdient Respekt.

21 **Analyse von Beispiel (20)**

Zunächst die **formale Beschreibung des Satzes,** bei dem es sich um einen Deklarativsatz handelt:

= komplexer Satz, da drei finite Verben *(wagt, gewinnt, verdient)*

= Hauptsatz *verdient Respekt* ist Trägersatz zum Nebensatz 1 (NS 1) *wer alles wagt,* der seinerseits wiederum Trägersatz des Nebensatzes 2 (NS 2) *damit er gewinnt* ist. Denn der abhängige Teilsatz *damit er gewinnt* ist vom abhängigen Teilsatz *wer alles wagt* abhängig.

Im folgenden Schema sollen die Abhängigkeitsverhältnisse **mit funktionaler Bestimmung zentraler Satzglieder** vorgestellt werden:

HS	=	(x) *verdient Respekt*
x	=	*Wer alles wagt, damit er gewinnt (verdient Respekt).*
	=	komplexer Subjektsatz zum Verb *verdienen*

Frage: **Wieso gehört der Teilsatz *damit er gewinnt* zu x, also zum Subjekt?**

Antwort: Weil er in funktionaler Hinsicht von *wer alles wagt* abhängig ist, denn *wer alles wagt* ist Trägersatz zu *damit er gewinnt,* und in inhaltlicher Hinsicht gibt *damit er gewinnt* die Absicht und den Zweck an, wozu jemand *alles wagt.*
Das heißt: *Wer alles wagt, damit er gewinnt* bildet als Ganzes den Subjektsatz zu *verdient Respekt.* **Auf einer hierarchisch niedrigeren Ebene** ist aber *damit er gewinnt* finaler Adverbialsatz zu *wer alles wagt.*

Die hierarchischen Verhältnisse können in einem dreistufigen Diagramm abgebildet werden:

22 **Formale und funktionale Satzanalyse im hierarchisch gestuften Modell**

<table>
<tr><td>Stufe 1</td><td>HS</td><td></td><td></td><td>x</td><td></td><td>verdient Respekt.</td></tr>
<tr><td>Stufe 2</td><td>NS 1</td><td rowspan="2">= x komplexer Subjektsatz zu HS</td><td></td><td>Wer alles wagt,</td><td>wozu?</td><td></td></tr>
<tr><td>Stufe 3</td><td>NS 2</td><td>= wozu? Adverbialsatz zu NS 1</td><td></td><td>damit er gewinnt,</td><td></td></tr>
</table>

Eine andere Form der Darstellung könnte folgendermaßen aussehen. Die Zahlen am Rand geben die jeweilige hierarchische Ebene an:

Stufe 1			**verdient Respekt.**
Stufe 2	**Wer alles wagt,**		
Stufe 3		**damit er gewinnt,**	

Im gegenwärtigen Deutsch werden mehrfache Unterordnungen von Nebensätzen eher vermieden:

- Dass ein Nebensatz von einem anderen Nebensatz und dieser wiederum von einem Hauptsatz abhängt, ist normal.
- Dass aber ein Nebensatz von einem anderen Nebensatz und dieser wiederum von einem weiteren Nebensatz abhängt, der dann von einem Hauptsatz abhängt, ist schon eher selten.
  Vgl. z. B. *Wer alles wagt* **(NS 1),** *damit er gewinnt* **(NS 2),** *weil er gewinnen will* **(NS 3),** *verdient Respekt* **(HS).**

Zurück zu »Hauptsatz« und »Nebensatz«:
Obwohl, wie wir gerade gezeigt haben, die Termini »Hauptsatz« und »Nebensatz« problematisch sind, werden wir sie im Folgenden dennoch verwenden, weil es sich um eingebürgerte Bezeichnungen handelt.

4.3.3 Wie können Hauptsätze und Nebensätze voneinander unterschieden werden?

Aus den vorangegangenen Erläuterungen wissen Sie, dass in Hauptsätzen nicht immer die besonders wichtigen Informationen stehen müssen, sodass dieses Kriterium für die Unterscheidung von Haupt- und Nebensatz nicht angewendet werden kann.

Auch das Kriterium, dass ein Hauptsatz immer alleine stehen kann, der Nebensatz hingegen nicht, taugt nur bedingt. Der Hauptsatz in Beispiel 20 *verdient Respekt* kann z. B. nicht alleine stehen, da ihm das notwendige Subjekt fehlt.

Im Folgenden werden wir die Unterscheidung von Haupt- und Nebensätzen am Prototyp der Satzarten, d. h. an **Deklarativsätzen**, erklären.

Haupt- und Nebensatz lassen sich am eindeutigsten durch die unterschiedliche Stellung des finiten Verbs im Satz bestimmen. Dieses Kriterium wird nicht nur bei der Unterscheidung der einzelnen Satzarten angewandt, sondern ist auch das hilfreichste bei der Unterscheidung von Haupt- und Nebensätzen.

Es gibt eine Grundregel, die bei **Deklarativsätzen** gilt:

> ! Im **Hauptsatz** steht **das finite Verb** in **Verbzweitstellung** (**V2**, d.h. an zweiter Position hinter einem nicht verbalen Satzglied).
> Im **Nebensatz** steht **das finite Verb** in der Regel in **Verbletztstellung** (**VL**). In diesen Fällen ist der Nebensatz in der Regel mit einer Subjunktion oder einem Relativpronomen eingeleitet.

4.3.4 Konjunktionale Nebensätze mit Verbletztstellung

Die häufigsten mit einer Subjunktion eingeleiteten Nebensätze im Deutschen sind die *dass*-Sätze, die in der Regel als Subjekt- oder Objektsätze gebraucht werden. Unter den Adverbialsätzen sind u.a. temporale *als*-Sätze und konditionale *wenn*-Sätze hochfrequent.

Die Normalstellung von Nebensätzen im komplexen Satz

Nebensätze treten meist im **Nachfeld** des übergeordneten Satzes auf. Innerhalb des Nebensatzes steht das finite Verb in **VL-Stellung.**

23 Konjunktionale Nebensätze mit VL-Stellung

Hauptsatz = Trägersatz		Nebensatz im Nachfeld des HS		
23-1	Ich habe gemerkt,	dass	Eva den Pokal	gewinnen möchte.
23-2	Ich glaube fest daran,	dass	Eva	gewinnt.

Die mit der Subjunktion *dass* eingeleiteten **Nebensätze** stehen **im Nachfeld des Hauptsatzes,** d.h. nach dem klammerschließenden Element des Hauptsatzes.

- In 23-1 wird die Satzklammer des Hauptsatzes durch *gemerkt* geschlossen.
- In 23-2 ist zwar kein klammerschließendes Element im HS vorhanden, aber durch Umformung des finiten Verbs in eine zweiteilige Verbform kann die mögliche Position der rechten Satzklammer im Hauptsatz ermittelt werden. Vgl. hierzu:

24 Umformung des finiten Verbs von Beispiel (23-2) ins Perfekt

Ich **glaube** fest daran, dass ...
→ Ich **habe** fest daran **geglaubt**, dass ...

25 Analyse von Beispiel (24)

Nebensätze können auch dann im Nachfeld stehen, wenn keine sichtbare Satzklammer vorhanden ist. Durch den Umformtest eines finiten Verbs in eine zweiteilige Verbform, wie z.B. in das Perfekt *ich glaube* → *ich habe geglaubt,* wird die Satzklammer im Hauptsatz sichtbar. Der sich daran anschließende Nebensatz steht somit im Nachfeld.

Wenn Nebensätze im Nachfeld stehen, spricht man von **Extraposition.** Die Extraposition von Nebensätzen erfolgt ausschließlich aus kommunikativ-pragmatischen Gründen. Denn: Würden Nebensätze in das Mittelfeld des Trägersatzes eingebettet, hätten wir unübersichtliche **Schachtelsätze,** die kaum mehr verständlich sind.

Die Klammerstruktur von Nebensätzen

Die Subjunktion dient als klammeröffnendes und der Verbalkomplex (23-1) bzw. das finite Verb (23-2) als klammerschließendes Element. Im Unterschied zum Hauptsatz sind im konjunktionalen Nebensatz immer klammeröffnende und klammerschließende Elemente vorhanden.
Das finite Verb bzw. der Verbalkomplex weist **VL-Stellung** auf, selbst dann, wenn das Verb anscheinend an zweiter Position steht. Der Ergänzungstest zeigt, dass auch bei scheinbaren Abweichungen VL-Stellung des finiten Verbs vorliegt:

26 **Ergänzung eines Satzglieds im Nebensatz von Beispiel (23–2)**
Ich glaube fest daran, dass Eva *gewinnt.*
→ ... dass Eva **den Pokal** *gewinnt.*

27 **Analyse von Beispiel (26)**
Im Nebensatz *dass Eva gewinnt* sieht es nur so aus, als ob *gewinnt* in V2-Stellung nach dem Subjekt *Eva* steht. Die Ergänzung des Nebensatzes um ein Akkusativobjekt, wie z.B. *den Pokal,* zeigt, dass *gewinnt* in VL-Stellung steht.

i In der gesprochenen Sprache kommt *weil* häufig mit V2-Stellung vor: *Sie kommt sicher nicht, weil sie sah gestern schon krank aus.* Hier erfolgt im *weil*-Satz die Begründung der Annahme, dass sie nicht komme, aber keine Erklärung eines Sachverhalts.

Besondere Stellungen innerhalb von Nebensätzen

Sind Nebensätze ausgeklammert, spricht man von **Extraposition.** Sind einzelne Satzglieder, die in der Regel Adverb- oder Präpositionalphrasen darstellen, ausgeklammert, spricht man von **Ausklammerung** (siehe 3.6). Die Ausklammerung von Satzgliedern in Nebensätzen kommt sehr häufig vor. In diesen Fällen steht das finite Verb nicht an der letztmöglichen Position im Satz. Vergleichen Sie die folgenden Beispiele:

28 **Konjunktionale Nebensätze mit VL-Stellung und Ausklammerung**

Hauptsatz = Trägersatz		Nebensatz im Nachfeld des HS			
28-1	Ich hoffe noch immer,	dass	Eva	gewinnt	trotz der starken Konkurrenz.
28-2	Ich war dabei,	als	Eva den Pokal	gewann	damals in Düsseldorf.

Die Nebensätze der Beispiele 28-1 und 28-2 stehen **im Nachfeld des jeweiligen Hauptsatzes (Extraposition).** Die fehlende Satzklammer kann durch Umformung des finiten Verbs in eine analytische Verbform sichtbar gemacht werden: *Ich hoffe noch immer → Ich habe (noch) immer gehofft, dass... Ich war dabei → Ich bin dabei gewesen, als ...*

Der Unterschied zu den Beispielsätzen 23-1 und 23-2 besteht darin, dass hinter dem klammerschließenden Element des Nebensatzes, also **im Nachfeld des Nebensatzes,** noch weitere Satzglieder stehen: so in Beispiel 28-1 ein Konzessivadverbial *(trotz der starken Konkurrenz)* und in Beispiel 28-2 ein Temporal- *(damals)* und Lokaladverbial *(in Düsseldorf).*

Obwohl das finite Verb nicht an der letztmöglichen Position steht, spricht man auch hier von der **VL-Stellung des finiten Verbs.** Denn bei Umstellung der ausgeklammerten Satzglieder in die Klammerstruktur des Nebensatzes, z. B.

> Ich hoffe noch immer, dass Eva **gewinnt** trotz der starken Konkurrenz.
> → ..., dass Eva trotz der starken Konkurrenz **gewinnt**

wird die VL-Stellung des finiten Verbs im Nebensatz sichtbar.

Die Stellung von Nebensätzen im Vorfeld

Alle in 23 und 28 angeführten konjunktionalen Nebensätze können statt im **Nachfeld** des Trägersatzes auch im **Vorfeld** stehen:

29 **Konjunktionale Nebensätze im Vorfeld des HS**

Nebensatz im Vorfeld des HS		Hauptsatz = Trägersatz
29-1	Dass Eva den Pokal gewinnen möchte,	habe ich gemerkt.
29-2	Dass Eva gewinnt,	(daran) glaube ich fest.
29-3	Dass Eva gewinnt trotz der starken Konkurrenz,	(darauf) hoffe ich noch immer.
29-4	Als Eva den Pokal gewann damals in Düsseldorf,	war ich dabei.

Die Stellung der Nebensätze im Vorfeld des Trägersatzes hat zur Konsequenz, dass im Trägersatz das Prädikat vor dem Subjekt steht, wenn es sich beim Nebensatz nicht um einen Subjektsatz handelt. Das Subjekt rückt dann ins Mittelfeld des Trägersatzes. Die V2-Stellung muss eingehalten werden, d.h., nur ein Satzglied – hier der Nebensatz – darf vor dem finiten Verb stehen.

Die Vorfeldbesetzung von Nebensätzen ist zur Stellung im Nachfeld nicht immer bedeutungsgleich. Es machen sich Unterschiede in der Verteilung von alter und neuer Information, also in der **Thema-Rhema-Struktur**, bemerkbar.

30 Beispiele zur Thema-Rhema-Struktur

30-1 Ich war dabei, **als Eva den Pokal gewann damals in Düsseldorf.**

30-2 **Als Eva den Pokal gewann damals in Düsseldorf,** war ich dabei.

31 Analyse der Beispiele (30):

In 30-1 steht der *als*-Satz im **Nachfeld.** In diesem Satz ist *als Eva den Pokal gewann damals in Düsseldorf* die neue Information, das Rhema, und *ich war dabei* das Thema.

In 30-2 steht der *als*-Satz im **Vorfeld.** Die Verteilung von alter und neuer Information im Satz kehrt sich geradezu um: Nun bildet *als Eva den Pokal gewann damals in Düsseldorf* das Thema, die alte Information, gegenüber dem Trägersatz *war ich dabei,* der zum Rhema wird.

Auch die Ausklammerung von Satzgliedern im **Nebensatz** führt zu einer Rhematisierung des Inhalts, d.h., Zeit- und Ortsangabe werden zur neuen Information. Innerhalb des Nebensatzes *als Eva den Pokal gewann damals in Düsseldorf* signalisiert die Ausklammerung *damals in Düsseldorf* eine neue Information (das Rhema).

Die Stellung von Nebensätzen im Mittelfeld

Neben der Stellung konjunktionaler Nebensätze im **Nachfeld** und **Vorfeld** können sie auch im **Mittelfeld des Trägersatzes** stehen. Da diese Stellung zwar vorkommt, aber aus kommunikativen Gründen eher vermieden wird, soll sie nur an zwei Beispielen aufgezeigt werden.

32 Konjunktionale Nebensätze im Mittelfeld des HS

32-1 Ich war, **als Eva den Pokal gewann,** dabei.

32-2 * Ich habe, **dass Eva den Pokal gewinnen möchte,** gemerkt.

Ich habe das, (nämlich) **dass Eva den Pokal gewinnen möchte,** gemerkt.

33 Analyse der Beispiele (32)

In 32-1 ist der *als*-Satz – gleichsam parenthetisch – in den Trägersatz eingebettet. In der gesprochenen Sprache wird der Einschub durch Pause abgehoben. Die Mittelfeldstellung des temporalen Nebensatzes ist hier unproblematisch.

In 32-2 ist der *dass*-Satz in den Trägersatz eingebettet. Die Stellung des mit *dass* eingeleiteten Objektsatzes im Mittelfeld führt zu einem inakzeptablen Satz (mit * gekennzeichnet).

Erst dann, wenn man ein Demonstrativpronomen *(das)* und gegebenenfalls ein Konjunktionaladverb, z. B. *nämlich*, einfügt, wird der Satz akzeptabel.

Zur funktionalen Analyse von Nebensätzen

Wie alle Sätze enthalten auch Nebensätze eine Proposition, d. h. eine Aussage. So ist die Aussage des *als*-Satzes aus Beispiel 32–1, dass es eine *Eva* gibt, die *damals in Düsseldorf den Pokal gewann*. Dennoch ist die Tatsache, dass Nebensätze von dem ihnen übergeordneten Satz abhängig sind, von entscheidender Bedeutung. Denn wie Sie bereits aus dem Kapitel über Satzglieder wissen, fungieren Nebensätze als Satzglieder zu ihrem Trägersatz oder sie fungieren als Attribute zu Bezugswörtern aus dem Trägersatz.

! Da Nebensätze stets von einem Trägersatz abhängen, sind die Beziehungen zu diesem besonders eng:
Nebensätze und **satzwertige Infinitiv-** und **Partizipialkonstruktionen** sind in der Regel keine autonomen Konstruktionen, die alleine für sich stehen können.
Sie erfüllen vielmehr die **Funktion eines Satzgliedes** zum Trägersatz oder die **Funktion eines Attributs** zu einem nicht verbalen Satzglied des Trägersatzes.

Die Nebensätze in unseren Beispielsätzen haben die folgenden syntaktischen Funktionen:

34 Zur syntaktischen Funktion konjunktionaler Nebensätze

Hauptsatz = Trägersatz		**konjunktionaler Nebensatz**	**Frage**	**syntaktische Funktion**
34-1	Ich habe gemerkt,	dass Eva den Pokal gewinnen möchte.	Was habe ich gemerkt?	**= Objektsatz** für ein Akkusativobjekt
34-2	Ich glaube fest daran,	dass Eva gewinnt.	Woran glaube ich fest?	**= Objektsatz** für ein Präpositionalobjekt
34-3	Ich hoffe noch immer,	dass Eva gewinnt trotz der starken Konkurrenz.	Worauf hoffe ich noch immer?	**= Objektsatz** für ein Präpositionalobjekt

34-4	Ich war dabei,	als Eva den Pokal gewann damals in Düsseldorf.	Bei welcher Gelegenheit war ich dabei?	= temporaler **Adverbialsatz**
34-5	Ich war an dem Tag dabei,	als Eva den Pokal gewann damals in Düsseldorf.	An welchem Tag war ich dabei?	= **Attributsatz** zu *an dem Tag*

Um die syntaktische Funktion von Nebensätzen bestimmen zu können, ist der **Fragetest** eine zuverlässige Methode. In den Beispielsätzen 34-1 bis 34-3 ist der Trägersatz unvollständig, sodass sich fast von selbst die Frage nach obligatorischen Satzgliedern aufdrängt:

- Was habe ich gemerkt?
- Woran glaube ich fest?
- Worauf hoffe ich noch immer?

Die syntaktische Funktion des Nebensatzes ist in allen drei Fällen die eines Objektsatzes. Das Fragepronomen oder Frageadverb erlaubt eine genauere Differenzierung des Objektsatzes in die verschiedenen Objektklassen:

- *Wen* oder *was?* fragt nach einem Akkusativobjekt,
- Pronominaladverbien wie *woran?* oder *worauf?* nach Präpositionalobjekten.

Daneben kommen Nebensätze in der Funktion eines Subjektsatzes und gelegentlich auch eines Prädikativsatzes vor (siehe unten).

In 34-4 ist der Hauptsatz an und für sich autonom, da keine notwendigen Satzglieder fehlen. Im Nebensatz werden lediglich die Umstände angeführt, die eine genauere zeitliche Festlegung des *Dabeiseins* erlauben. Die Angabe des zeitlichen Rahmens im *als*-Satz erfolgt aus kommunikativen Gründen, rein strukturell betrachtet ist sie nicht notwendig. Der *als*-Satz bezieht sich auf den gesamten Trägersatz.

Aus Beispiel 34-5 wird deutlich, dass der *als*-Satz ein nicht verbales Satzglied des Trägersatzes, nämlich *an dem Tag*, semantisch spezifiziert. Der *als*-Satz bezieht sich nur auf einen Bezugsausdruck des Trägersatzes.

Obwohl die Nebensätze 34-4 und 34-5 völlig identisch sind, besteht doch ein großer struktureller Unterschied, der sich in der jeweiligen Abhängigkeit vom Trägersatz zeigt:

- In 34-4 wird durch den *als*-Satz der zeitliche Rahmen des Trägersatzes spezifiziert: *Ich war dabei. Und dies geschah, als Eva den Pokal gewann damals in Düsseldorf* = **temporaler Adverbialsatz.**
- In 34-5 erfolgt die zeitliche Spezifizierung des Satzgliedes *an dem Tag*, näm-

lich *an dem Tag, als Eva den Pokal gewann damals in Düsseldorf* = **Attributsatz.**

i An dieser Stelle müssen wir auf einen wichtigen **Unterschied zwischen Satzreihen und Satzgefügen** aufmerksam machen. Blättern Sie bitte zurück:
In 12-3 haben wir ein **Satzgefüge:** *Sie kommt nicht, weil sie krank ist.* In diesem Satzgefüge ist der *weil*-Satz ein Satzglied, und zwar kausaler Adverbialsatz (auf die Frage *warum?*) zum Trägersatz *sie kommt nicht.* Die **Satzreihe** 12-2 *Sie kommt nicht, sie ist nämlich krank* ist nahezu bedeutungsidentisch zu 12-3 und dennoch besteht ein großer struktureller Unterschied. Auch wenn *sie ist nämlich krank* die Begründung für *sie kommt nicht* liefert, so handelt es sich bei *sie ist nämlich krank* **nicht um ein** von *sie kommt nicht* abhängiges **Satzglied,** sondern **um einen autonomen Hauptsatz,** der – im Konjunktionaladverb *nämlich* sichtbar – einen kausalen Nebensinn aufweist.

! Nur bei **struktureller Abhängigkeit** können Teilsätze als Satzglieder oder Attribute klassifiziert werden.

Zurück zu den Satzgefügen und ihren Besonderheiten: Ein wichtiges Element im komplexen Satz muss noch erläutert werden, das **Korrelat.**

Was sind Korrelate und welche Funktion haben sie?

Vielleicht haben Sie es selbst schon gemerkt? Im übergeordneten Satz können Pronomina (Personal- oder Demonstrativpronomina) und Adverbien bzw. Pronominaladverbien auftreten, die auf den Nebensatz **verweisen.** Man spricht von **Korrelaten,** vgl. hierzu:

35 Beispiel eines komplexen Satzes mit Korrelat

Ich habe fest *daran* geglaubt, dass Eva gewinnt.

36 Analyse von Beispiel (35):

Das Korrelat *daran* ersetzt als Proform (= Ersatzform) den gesamten Nebensatz *dass Eva gewinnt.*
Da die Proform *daran* der Wortart Pronominaladverb angehört, ist sie ein Indiz dafür, dass es sich bei dem Nebensatz um einen Objektsatz in der Funktion eines Präpositionalobjektes handelt.
Die Frage aus 35 lautet: *Woran habe ich fest geglaubt?*

Antwort: *Dar**an**, dass Eva gewinnt.* ***An** das, dass Eva gewinnt.*

Das Korrelat *daran* steht im Mittelfeld an der Stelle des Trägersatzes, an der normalerweise das entsprechende Satzglied stehen müsste.

Es hat vorauszeigende Verweisfunktion, da der Nebensatz erst im Nachfeld folgt.

Korrelate haben also die folgenden Eigenschaften:

1. Sie stellen die Proform des Nebensatzes dar und haben selbst keinen Satzgliedstatus.
2. Ihre morphologische Realisierung als Pronomen, Adverb oder Pronominaladverb gibt Aufschluss über die syntaktische Funktion des Nebensatzes als Subjekt-, Objekt- oder Adverbialsatz.
3. Sie besetzen im Trägersatz genau die Position, die das Satzglied (oder Attribut) normalerweise einnähme. Sie zeigen also an, wo das Satzglied (oder Attribut) eigentlich platziert sein müsste, wenn es nicht, was bei Nebensätzen die Regel ist, außerhalb der Klammerstruktur stünde.
4. Sie können obligatorisch oder fakultativ sein.
5. Sie haben Verweisfunktion; in der Regel sind sie vorausverweisend.
6. Es gibt auch rückverweisende Korrelate auf den davor genannten Nebensatz.

4.3.5 Relativsätze

Neben den konjunktionalen *dass*-Sätzen oder Temporalsätzen sind auch Relativsätze sehr häufig. Sie stimmen mit den konjunktionalen Nebensätzen darin überein, dass sie das finite Verb in **VL-Stellung** aufweisen. Ein großer struktureller Unterschied besteht darin, dass sie mit einem **Relativpronomen** (oder einem **Relativadverb**) eingeleitet sind.

Ein **prototypischer Relativsatz** hat die folgende Struktur:

37 Relativsätze mit VL-Stellung

Hauptsatz		**Relativsatz im Nachfeld des HS**		
		linke Satzklammer		**rechte Satzklammer**
37-1	Ich kenne **die Frau,**	**die**	den Pokal	gewinnen möchte.
37-2	Ich habe **das Hotel** gefunden,	in **dem**	der Wettbewerb	ausgetragen wird.
37-3	Ich habe **das Hotel** aufgesucht,	in **dessen** Foyer	der Wettbewerb	ausgetragen wird.

37-4	Ich traf sie **an dem Ort,**	**wo**	sie kurz darauf am Wettbewerb	teilnahm.

Der prototypische Relativsatz steht im Nachfeld des übergeordneten Satzes. Er wird mit einem Relativpronomen (37-1, 37-2, 37-3) oder Relativadverb (37-4) eingeleitet. Es handelt sich dabei um *d-* oder *w-*Elemente. Die Relativsätze (37-1 bis 37-4) sind Attributsätze, da sie ein nicht verbales Satzglied des Trägersatzes näher bestimmen.

! Die **Relativpronomina** (bzw. **Relativadverbien**) sind in Relativsätzen die klammeröffnenden Elemente, sie bilden also die linke Satzklammer. Zugleich haben sie im Relativsatz Satzgliedfunktion oder sie sind Teil eines Satzglieds (Attribut).

So gesehen, ist in 37-1 das **Relativpronomen *die*** in **topologischer Hinsicht klammeröffnendes Element** des Relativsatzes.

Das Relativpronomen *die* bezieht sich **rückverweisend** (anaphorisch) auf das nicht verbale Satzglied des Trägersatzes, *die Frau,* die das Akkusativobjekt zum finiten Verb *kennen* darstellt.

Das Relativpronomen ist hingegen im Nominativ Singular Femininum gebraucht und erfüllt im Relativsatz **die syntaktische Funktion** des **Subjekts** (*Wer möchte den Pokal gewinnen? die* als Proform für *die Frau*).

Der gesamte Relativsatz hängt von einem nicht verbalen Satzglied des Trägersatzes ab und ist daher **Attributsatz** zum Bezugsausdruck *(die Frau).*

Auch die Relativsätze von 37-2 bis 37-4 sind Attributsätze zu Bezugsausdrücken der Trägersätze.

Die Relativpronomina kommen in 37-2 bis 37-3 in Präpositionalphrasen vor, die die folgende syntaktische Funktion haben:

Die klammeröffnende Präpositionalphrase *in dem* ist im Relativsatz von 37-2 Lokaladverbial.

In 37-3 bildet *in dessen Foyer* topologisch die linke Satzklammer und ist funktional Lokaladverbial. Bei *dessen* handelt es sich funktional um ein pränominales Genitivattribut zu *(in) Foyer.* Das Relativpronomen *dessen* bezieht sich dabei auf das Akkusativobjekt *das Hotel* des Trägersatzes.

In 37-4 dient klammeröffnendes *wo* im Relativsatz als Lokaladverbial.

An der **Doppelfunktion** der Relativpronomina als klammeröffnende Elemente einerseits und als Satzglieder oder Attribute andererseits haben manche Wissenschaftler Anstoß genommen. Deswegen gibt es zu der oben skizzierten Auffassung einen alternativen Analysevorschlag. Er sieht folgendermaßen aus:

i Relativsätze werden als Sätze mit **einer nach links geöffneten Satzklammer** gewertet. Die Relativpronomina gelten nicht mehr länger als klammeröffnende Elemente, sondern gehören dem **Vorfeld** des Relativsatzes an. Die linke Satzklammer bleibt nach dieser Anschauung bei Relativsätzen unbesetzt.

Egal welcher Anschauung Sie folgen: Entscheidend ist, dass Sie Relativpronomina einerseits als rückverweisende Elemente auf den Trägersatz und andererseits als Satzglieder (oder Attribute) des Relativsatzes erfassen.

Spezialfälle: freie und weiterführende Relativsätze

Die freien und weiterführenden Relativsätze zeichnen sich dadurch aus, dass ein Bezugswort im übergeordneten Satz fehlt. Sie werden in der Regel durch *w*-Elemente eingeleitet.

38 **Freie und weiterführende Relativsätze mit VL-Stellung**

Hauptsatz		Relativsatz im Nachfeld des HS		
		linke Satzklammer		**rechte Satzklammer**
38-1	Eva ist gelungen,	**wovon**	sie immer	geträumt hatte.
38-2	Eva gewann den Pokal,	**was**	keiner für möglich	gehalten hatte.

Der Relativsatz *wovon sie immer geträumt hatte* in 38-1 referiert auf ein nicht realisiertes (elliptisches) *das* im Hauptsatz, das leicht ergänzt werden kann: *Eva ist* ***das*** *gelungen, ...* Das Relativadverb *wovon* bezieht sich auf das hinzugedachte Pronomen.

Syntaktisch gesehen, erfüllt der Relativsatz die Funktion eines Subjektsatzes zum Trägersatz.

Während der Relativsatz als Ganzes das Subjekt darstellt, dessen Platzhalter im Trägersatz hinzugedachtes *das* ist, erfüllt das Relativadverb *wovon* im Relativsatz die Funktion eines Präpositionalobjekts zu *träumen*.

Die Funktion des Relativadverbs im Relativsatz muss deutlich von der Funktion des gesamten Relativsatzes im Trägersatz unterschieden werden.

Relativsätze, deren Bezugswort im übergeordneten Satz fehlt, werden **freie Relativsätze** genannt. Sie können die Funktion von Subjekt-, Prädikativ-, Objekt- oder Adverbialsätzen einnehmen.

Ein anderer Fall liegt in 38-2 vor: Dort bezieht sich der Relativsatz auf den ganzen Inhalt des Trägersatzes, ohne dass ein bestimmtes Bezugswort gefunden werden kann. Der Relativsatz *was niemand für möglich gehalten hatte* bildet eine Art Kommentar zum Trägersatz *Eva gewann den Pokal.*

Relativsätze ohne Bezugswort im übergeordneten Satz, die sich auf den gesamten Satz beziehen und außerdem einen weiterführenden Gedanken zum Inhalt haben, werden **weiterführende Relativsätze** genannt.
Sie werden **funktional** als **Adverbialsätze** klassifiziert.

4.3.6 Indirekte Fragesätze

Interrogativsätze können in indirekte Fragesätze umgewandelt werden. Sie sind dann von einem Verb des Sagens und Meinens abhängig:

39 Indirekte Fragesätze mit VL-Stellung

Hauptsatz		indirekter Fragesatz im Nachfeld des HS
39-1	Uwe weiß,	**wer** den Pokal in Düsseldorf gewinnen wird.
39-2	Uwe wird Eva sagen,	**wie** sie den Pokal gewinnen könnte.
39-3	Ich frage mich,	**ob** Eva gewinnen wird.

Es gibt **zwei Typen** von indirekten Fragesätzen:
1. Den indirekten Fragesätzen, die mit einem **Interrogativpronomen** oder **-adverb** eingeleitet sind (39-1, 39-2), liegen **Ergänzungsfragen** zugrunde:

Wer wird den Pokal in Düsseldorf gewinnen?
Wie könnte sie den Pokal gewinnen?

In 39-1 ist der indirekte Fragesatz Objektsatz (Akkusativobjekt) zu *wissen;* das Interrogativpronomen *wer* fungiert im abhängigen Fragesatz als Subjekt.

Der indirekte Fragesatz in 39-2 ist Objektsatz (Akkusativobjekt) zu *sagen;* das Interrogativadverb *wie* hat im abhängigen Fragesatz die Funktion eines Modaladverbials.

i Da die **Interrogativpronomina** und **-adverbien** zugleich **klammeröffnende Elemente** als auch **Satzglieder** im abhängigen Fragesatz darstellen, verhalten sie sich topologisch wie die einleitenden Elemente von Relativsätzen.

Die Frage, **ob in einem Satz ein Relativsatz oder ein indirekter Fragesatz vorliegt,** ist in manchen Fällen nicht einfach zu beantworten. Im vorliegenden Fall hilft eine semantische Interpretation: Auf die Frage, *wer den Pokal beim Wettbewerb in Düsseldorf gewinnen wird,* weiß *Uwe* die Antwort.

2. Den indirekten Fragesätzen, die mit der **Subjunktion *ob*** eingeleitet sind (39-3), liegen **Entscheidungsfragen** zugrunde: *Wird Eva gewinnen?* Der indirekte Fragesatz ist hier Objektsatz zu *sich fragen.*

4.3.7 Uneingeleitete Konditionalsätze

Es gibt Nebensätze, die kein einleitendes Element haben. Das finite Verb tritt dann in Verberststellung auf. Es handelt sich dabei in der Regel um Konditional- oder Bedingungssätze. Meist steht der Nebensatz im Vorfeld des Trägersatzes, manchmal auch danach:

40 **Uneingeleitete Nebensätze mit V1-Stellung im Vorfeld des HS**

uneingeleiteter Konditionalsatz im Vorfeld des HS		Hauptsatz = Trägersatz
40-1	Unterstützen wir Eva nicht,	(dann) verliert sie den Wettkampf.
40-2	Würden wir sie aber unterstützen,	(dann) hätte sie ein leichtes Spiel.
40-3	Hätten wir sie unterstützt,	(so) hätte sie vermutlich gewonnen.

Die uneingeleiteten Nebensätze weisen das finite Verb in V1-Stellung auf; in 40-1 ist die rechte Satzklammer leer; in 40-2 und 40-3 ist die Satzklammer im Nebensatz realisiert.

Der Hauptsatz hat V2-Stellung, obwohl zwischen der rechten Satzklammer des Nebensatzes und dem finiten Verb ein Adverb *dann* oder *so* stehen kann. Diese Adverbien, die nach Konditionalsätzen sehr häufig auftreten, stellen keine eigenen Satzglieder dar, sondern fungieren als Korrelate (bzw. Resumptive) für den vorausgehenden Nebensatz (siehe oben).

Woran erkennen Sie, dass ein uneingeleiteter Satz mit V1-Stellung ein Nebensatz ist?

Immer dann, wenn Sie einen uneingeleiteten Nebensatz, wie z. B. *Unterstützen wir Eva nicht,* in einen konditionalen *wenn-* oder *falls*-Satz umformen können: *Wenn wir Eva nicht unterstützen / Falls wir Eva nicht unterstützen, (dann) verliert sie den Wettkampf.* Durch den Umformtest wird deutlich, dass der Nebensatz die Funktion eines Bedingungssatzes, d. h. eines Konditionaladverbials, erfüllt.

4.3.8 Uneingeleitete Nebensätze mit V2-Stellung

Uneingeleitete Nebensätze mit V2-Stellung werden manchmal auch als abhängige Hauptsätze bezeichnet.

41 Uneingeleitete Nebensätze mit V2-Stellung

Hauptsatz = Trägersatz		Nebensatz mit V2-Stellung im Nachfeld des HS
41-1	Ich denke,	Eva hat gute Chancen auf den Sieg.
41-2	Sie hat bis gestern geglaubt,	sie sei nicht zu besiegen.
41-3	Sie sagte zu Uwe,	sie und niemand sonst hole den Pokal.

Die im Nachfeld stehenden Nebensätze verhalten sich wie Hauptsätze mit V2-Stellung und mit einem Satzglied im Vorfeld, das in den Beispielsätzen 41-1 bis 41-3 als Subjekt fungiert.

Obwohl die Sätze die formale Struktur von Hauptsätzen haben, beweist der Umformtest, dass sie sich wie Nebensätze verhalten:

> Ich denke, Eva hat gute Chancen auf den Sieg. →
> Ich denke, dass Eva gute Chancen auf den Sieg hat.

Es handelt sich also um V2-Sätze, die im Unterschied zu typischen Hauptsätzen **das Merkmal der Abhängigkeit** aufweisen.

Aufgrund ihrer Abhängigkeit von Trägersätzen erfüllen die Nebensätze Satzgliedfunktion. Sie können als Objektsätze (Präpositional- bzw. Akkusativobjekt) klassifiziert werden, denn sie geben an, ***woran** ich **denke*** (41-1), ***woran** sie bis gestern **geglaubt** hat* (41-2), ***was** sie zu Uwe **sagte*** (41-3).

! **Nebensätze mit V2-Stellung** hängen meist von Verben des Sagens und Meinens ab. Viele dieser Strukturen fallen in den Bereich der **indirekten Rede.**

Indirekte Rede

Direkte Rede kann in **indirekte Rede** umgeformt werden. Dies geschieht in der Regel dann, wenn ein Sprecher einem anderen berichtet, was ein Dritter gesagt hat. Vergleichen Sie die folgenden Beispiele:

42 Beispiele mit direkter und indirekter Rede

42-1 Eva sagte zu Uwe: »**Ich** und niemand sonst holt den Pokal.«
42-2 Eva sagte zu Uwe, dass **sie** und niemand sonst den Pokal **hole**.
42-3 Eva sagte zu Uwe, dass **sie** und niemand sonst den Pokal **holt**.
42-4 Eva sagte zu Uwe, **sie** und niemand sonst **hole** den Pokal.
42-5 Eva sagte zu Uwe, **sie** und niemand sonst **holt** den Pokal.

43 Analyse der Beispiele (42)

Bei der Umsetzung der direkten Rede in 42-1 in die indirekte Rede (42-2 bis 42-5) erfolgt die Transformation eines formal selbstständigen Hauptsatzes mit V2-Stellung entweder in einen mit *dass* konjunktional eingeleiteten Nebensatz mit VL-Stellung (42-2, 42-3) oder in einen uneingeleiteten Nebensatz mit V2-Stellung (»abhängiger Hauptsatz«; 42-4, 42-5). In allen Fällen wird das Personalpronomen (*ich* → *sie*) angepasst.

In 42-2 signalisiert der mit *dass* eingeleitete Nebensatz und der Konjunktiv I *hole*, dass ein Zitat der direkten Rede in die indirekte Rede umgesetzt worden ist. Der Konjunktiv I wird bereits recht häufig – und dies nicht nur in informellen Texten und in der gesprochenen Sprache – durch den Indikativ (42-3) ersetzt.

In 42-4 ist die Markierung des indirekten Zitats durch den Konjunktiv I *hole* angezeigt, der bereits ebenfalls häufig durch den Indikativ (42-5) ersetzt wird.

Der Konjunktiv II (auch in der Form *würde/würden* + Infinitiv) steht vor allem dann, wenn die Formen des Konjunktivs I mit den Indikativformen in der indirekten Rede zusammenfallen und eine (vom Sprecher oder Schreiber gewünschte) deutliche Markierung des Konjunktivs nicht mehr gewährleistet wäre.

4.3.9 Satzwertige Infinitiv- und Partizipialkonstruktionen

Satzwertige Infinitiv- und Partizipialkonstruktionen sind dadurch gekennzeichnet, dass sie kein Verb in finiter Form aufweisen.

Infinitiv- und Partizipialkonstruktionen sind dann als **satzwertig** zu werten, wenn sie in Nebensätze umgeformt werden können. In Infinitiv- und Partizipialkonstruktionen bleibt die Subjektposition unbesetzt. Die Stellungsfelder infiniter Konstruktionen werden im Allgemeinen nicht bestimmt.

44 Satzwertige Infinitivkonstruktion im Nachfeld des HS

Hauptsatz = Trägersatz	satzwertige Infinitivkonstruktion im Nachfeld des HS
Eva investierte alles,	um den Wettbewerb zu gewinnen.

Die satzwertige Infinitivkonstruktion, die die Infinitivkonjunktion *um* mit Infinitivpartikel *zu* aufweist, kann in einen mit der Subjunktion *damit* eingeleiteten Nebensatz umgeformt werden:

Eva investierte alles, damit sie den Wettbewerb gewinnt.

Syntaktisch erfüllt sie die Funktion eines finalen Adverbialsatzes zum Hauptsatz:

Eva investierte dafür / zu dem Zweck (= um den Wettbewerb zu gewinnen, damit sie den Wettbewerb gewinnt) alles.

45 Satzwertige Partizipialkonstruktionen im Vorfeld des HS

	Satzwertige Partizipialkonstruktion im Vorfeld des HS	Hauptsatz = Trägersatz
45-1	Ihre Freizeit opfernd,	bereitete sich Eva auf den Wettbewerb vor.
45-2	In Düsseldorf angekommen,	hatte Eva nur noch den Sieg vor Augen.

Beispiel 45-1 weist mit *opfernd* ein **Partizip I** auf. Die Partizipialkonstruktion kann in einen *indem*-Nebensatz umgeformt werden:

Indem Eva ihre Freizeit opferte, bereitete sie sich auf den Wettbewerb vor.

Sie erfüllt die Funktion eines modalen Adverbialsatzes zum Trägersatz.

Beispiel 45-2 weist mit *angekommen* ein **Partizip II** auf. Die Partizipialkonstruktion kann in einen *nachdem*-Nebensatz umgeformt werden:

Nachdem Eva in Düsseldorf angekommen war, hatte sie nur noch den Sieg vor Augen.

Es handelt sich hier um einen temporalen Adverbialsatz zum Trägersatz.

4.3.10 Die syntaktischen Funktionen von Nebensätzen und satzwertigen Konstruktionen

Aus den vorherigen Kapiteln wurde ersichtlich, dass Nebensätze und satzwertige Konstruktionen als Satzglieder oder Attribute zum Trägersatz oder einem nicht verbalen Satzglied des Trägersatzes klassifiziert werden.

Im Folgenden soll eine Übersicht über potenzielle Funktionen der Nebensätze und satzwertigen Konstruktionen geboten werden.

46 Nebensätze und satzwertige Konstruktionen und ihre syntaktischen Funktionen

syntaktische Funktion		Beispiele	Umformtest
Nebensatz als Subjektsatz		Den Sieg davonzutragen ist ein schönes Gefühl.	Das ist ein schönes Gefühl.
		Dass sie gewonnen hat, ist ihr größter Erfolg.	Das ist ihr größter Erfolg.
Nebensatz als Prädikativsatz		Sie will bleiben, wie sie immer war.	Sie will so/das bleiben.
Nebensatz als Objektsatz	für ein Akkusativobjekt	Sie weiß, dass es ein großer Erfolg war.	Sie weiß das.
	für ein Genitivobjekt	Man beschuldigte sie, zu ehrgeizig zu sein.	Man beschuldigte sie dessen.
	für ein Präpositionalobjekt	Sie hat sich lange damit beschäftigt, ob sie am Wettbewerb teilnehmen sollte.	Sie hat sich lange damit beschäftigt.
Nebensatz als Adverbialsatz	temporal	Nachdem sie sich vorbereitet hatte, fühlte sie sich sicher.	Danach fühlte sie sich sicher.
	lokal	Sie wohnte, wo sie immer wohnte.	Sie wohnte dort.
	modal	Sie bereitete sich vor, als ob es um alles ginge.	Sie bereitete sich so vor.
	kausal	Weil sie sich vorbereiten wollte, zog sie aufs Land.	Deswegen zog sie aufs Land.
	final	Um sich vorzubereiten, zog sie aufs Land.	Zu diesem Zweck zog sie aufs Land.
	konditional	Wäre sie vorbereitet gewesen, hätte sie sich nicht unsicher gefühlt.	Unter der Bedingung hätte sie sich nicht unsicher gefühlt.

syntaktische Funktion		Beispiele	Umformtest
Nebensatz als Adverbialsatz	konsekutiv	Sie zog aufs Land, sodass sie sich in Ruhe vorbereiten konnte.	–
	konzessiv	Obwohl sie sich intensiv vorbereitete, fühlte sie sich unsicher.	Trotzdem/dennoch fühlte sie sich unsicher.
Nebensatz als Attributsatz		Der Wettbewerb, der in Düsseldorf stattfindet, begeistert viele.	–

4.4 Wie analysiert man komplexe Sätze?

Anhand eines Beispiels aus der wissenschaftlichen Fachprosa wollen wir Ihnen am Ende des Kapitels aufzeigen, welche Aussagen Sie aus grammatischer Sicht zur Struktur des nachfolgenden Satzes machen können.

Wenn Sie die vorausgehenden Kapitel aufmerksam verfolgt haben, müssten Sie in der Lage sein, die Struktur des Satzes »wie eine Nuss zu knacken«.

Hier folgt zunächst einmal der Satz:

47 Analysebeispiel

Wenn Wahrheit nicht als Selbstzweck, sondern als Mittel für etwas bestimmt werden soll, ist nicht nur die Rede von Mittel und Zweck zu klären, sondern auch anzugeben, in welchem Zusammenhang welche Zwecke angenommen werden, zu deren Erreichung Wahrheit ein Mittel sein soll.

(aus: Peter Janich: Was ist Wahrheit? Eine philosophische Einführung. München 1996, S. 97)

Es handelt sich um einen **Aussagesatz,** der insbesondere durch die Interpunktion (Punkt) und – beim Vorlesen des Satzes – durch die fallende Intonation am Schluss ausgewiesen ist. Der Satzbau ist **komplex,** da mehrere finite Verben *(soll, ist, werden, soll)* vorhanden sind.

Eine schwierige Frage ist die, **ob und auf welcher hierarchischen Ebene im komplexen Satz eine Satzreihe oder ein Satzgefüge vorliegt.**

Wenn Sie den Satz genau betrachten, dann merken Sie, dass er sowohl parataktische als auch hypotaktische Teilsatzstrukturen aufweist. In diesem Punkt stimmt er mit der in Beispiel 10 erörterten Satzperiode von Thomas Mann überein.

Die oberste hierarchische Ebene bildet der Hauptsatz als Trägersatz der gesamten Konstruktion. In der Satzorganisation des Hauptsatzes können wir Folgendes beobachten:

HS ist nicht nur die Rede von Mittel und Zweck zu klären, sondern auch anzugeben

1. Es handelt sich eigentlich um zwei Hauptsätze, denn im zweiten Hauptsatz bleibt *ist* lediglich aus stilistischen Gründen ausgespart. Die volle Form, ohne Ellipse von *ist*, lautet: *ist nicht nur die Rede von Mittel und Zweck zu klären, sondern* ***ist*** *auch anzugeben.*
2. Die beiden Hauptsätze sind mit der zweigliedrigen kopulativen Konjunktion *nicht nur ... sondern auch* verbunden: *ist* ***nicht nur*** *die Rede von Mittel und Zweck zu klären,* ***sondern auch*** *anzugeben.*

Auf der **obersten hierarchischen Ebene** handelt es sich um eine **Satzreihe.** Die beiden durch die zweiteilige Konjunktion verbundenen Satzteile weisen in sich aber hypotaktische Satzstrukturen auf, da von ihnen Nebensätze abhängen, sodass auf **hierarchisch niederer Ebene** auch **Satzgefüge** vorhanden sind. Insgesamt können wir mit Fug und Recht behaupten, eine komplex strukturierte Satzperiode vor uns zu haben.

Um die Frage zu beantworten, auf welcher hierarchischen Ebene welche Satzorganisation vorliegt, muss der Satz als Ganzes in Haupt- und Nebensätze unter Beachtung der Konjunktionen und Subjunktionen gegliedert werden. Möglicherweise hilft Ihnen hierbei die folgende Anordnung:

48 Geschachtelte Anordnung der hierarchisch geordneten Satzstruktur

NS 1	Wenn Wahrheit nicht als Selbstzweck, sondern als Mittel für etwas bestimmt werden soll,
HS 1	ist nicht nur die Rede von Mittel und Zweck zu klären,
HS 2	sondern auch anzugeben,
NS 2	in welchem Zusammenhang welche Zwecke angenommen werden,
NS 3	zu deren Erreichung Wahrheit ein Mittel sein soll.

Im Folgenden wollen wir die einzelnen Teilsätze nach ihren **formalen Merkmalen** beschreiben. Wir gehen dabei zunächst auf signifikante **Stellungseigenschaften** ein.

49 Zur Topologie des Beispielsatzes (47)

	Vorfeld			linke Satz-klammer	Mittel-feld	rechte Satz-klammer	Nachfeld					
	linke Satz-klammer	Mittel-feld	rechte Satz-klammer				linke Satz-klammer	Mittel-feld	rechte Satz-klammer	Nachfeld		
										linke Satz klammer	Mittel-feld	rechte Satz-klammer
NS 1	Wenn	Wahrheit nicht als Selbst-zweck, son-dern als Mittel für etwas	be-stimmt werden soll,									
HS 1				ist	nicht nur die Rede von Mittel und Zweck	zu klären,						
HS 2	(Vorfeldellipse)			(ist)	auch	anzuge-ben,						
NS 2							in welchem Zusam-menhang	welche Zwecke	ange-nommen werden,			
NS 3										zu deren Errei-chung	Wahr-heit	ein Mittel sein soll.

Anhand der Übersicht können die jeweiligen klammerschließenden und klammeröffnenden Elemente innerhalb der einzelnen Teilsätze gut erkannt werden. Gleiches gilt für die Stellung der einzelnen Nebensätze im Vorfeld bzw. im Nachfeld der entsprechenden Hauptsätze bzw. im Nachfeld eines übergeordneten Nebensatzes als Trägersatz. Da NS 2 im Nachfeld des HS 2 steht und NS 3 im Nachfeld von NS 2, kann man von **Extraposition** der beiden Nebensätze sprechen.

In formaler Hinsicht können weitere Aussagen getroffen werden:

HS 1	Es liegt V2-Stellung des finiten Verbs vor, da der *wenn*-Satz im Vorfeld die Funktion eines Satzglieds zu HS 1 einnimmt.
NS 1 *wenn*-Satz	Es handelt sich um einen **konjunktional eingeleiteten Nebensatz.** Die Subjunktion könnte durch *falls* ersetzt werden, sodass *wenn* in konditionaler (und nicht in temporaler) Bedeutung gebraucht ist.
NS 2	Das klammeröffnende Element des NS 2 bildet die Präpositionalphrase *in welchem Zusammenhang*. Es stellt sich die Frage nach dem Status des Pronomens *welchem*, das als Relativ- oder Interrogativpronomen verwendet werden kann. **Handelt es sich bei dem Nebensatz *in welchem Zusammenhang welche Zwecke angenommen werden* um einen Relativsatz oder indirekten Fragesatz?** Da der Nebensatz von einem Verb des Sagens *(anzugeben)* abhängt und da er in eine direkte Frage umgeformt werden kann *(In welchem Zusammenhang werden welche Zwecke angenommen?)*, gehen wir von einem **indirekten Fragesatz** aus. Das Besondere an diesem indirekten Fragesatz ist, dass es zwei Phrasen mit *w*-Elementen gibt, die in beiden Fällen Interrogativpronomina darstellen. *In welchem Zusammenhang* fungiert nur deshalb als klammeröffnendes Element, weil es vor dem Satzglied *welche Zwecke* steht. Man könnte sich den indirekten Fragesatz auch folgendermaßen denken: *welche Zwecke in welchem Zusammenhang angenommen werden.* Der Unterschied besteht in der Informationsstruktur: In unserem Beispielsatz sind *welche Zwecke* die neue Information, das Rhema, und *in welchem Zusammenhang* das Thema, bei Umstellung aber verkehren sich Thema und Rhema.
NS 3	Das klammeröffnende Element des NS 3 bildet die Präpositionalphrase *zu deren Erreichung*. Sie beinhaltet das Relativpro-

nomen *deren*, im Genitiv Plural Maskulinum, das auf den Bezugsausdruck *welche Zwecke* referiert. Der Nebensatz *zu deren Erreichung Wahrheit ein Mittel sein soll* ist ein **Relativsatz,** der sich auf den Bezugsausdruck *welche Zwecke* bezieht.
Da der Nebensatz von einem Bezugsausdruck eines übergeordneten Nebensatzes abhängt, handelt es sich um einen Nebensatz, der hierarchisch auf einer niedrigeren Stufe als NS 2 angeordnet ist.

Neben der **formalen Beschreibung** ist die **funktionale Bestimmung** der einzelnen Nebensätze als Satzglieder oder Satzgliedteile zu ihren entsprechenden Trägersätzen von großer Bedeutung.

Vergegenwärtigen wir uns die hierarchischen Verhältnisse im Satz auf der Grundlage des folgenden Diagramms:

50 Hierarchische Gliederung des Beispielsatzes (47) im Diagramm

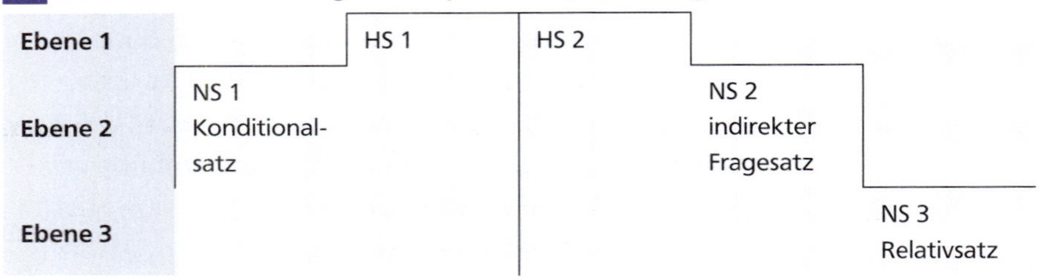

Zur Bestimmung der syntaktischen Funktion der Nebensätze hilft am besten der Umformtest (siehe 2.2), denn ein Satzglied lässt sich durch ein Wort oder eine Phrase ersetzen.

51 Umformtest zur Bestimmung der syntaktischen Funktion der Nebensätze

51-1 **Unter der Bedingung** (= Wenn Wahrheit nicht als Selbstzweck, sondern als Mittel für etwas bestimmt werden soll) ist nicht nur die Rede von Mittel und Zweck zu klären,

51-2 sondern auch **das** (= in welchem Zusammenhang welche Zwecke angenommen werden, zu deren Erreichung Wahrheit ein Mittel sein soll) anzugeben.

51-3 ... sondern auch anzugeben, in welchem Zusammenhang **diese** Zwecke (= zu deren Erreichung Wahrheit ein Mittel sein soll) angenommen werden.

52 Analyse der syntaktischen Funktion der Nebensätze

Auf der Grundlage des Umformtests in 51-1 (»unter der Bedingung«) wird ersichtlich, dass der *wenn*-Satz die syntaktische Funktion eines **konditionalen Adverbialsatzes zu HS 1** erfüllt.

Aus 51-2 wird erkennbar, dass das **Subjekt** zu **HS 2** durch **NS 2** und **NS 3** *in welchem ... werden, zu deren Erreichung ... sein soll* zum Ausdruck gebracht wird.

Da sich das Subjekt zu HS 2 aus zwei Nebensätzen bildet, muss nach der spezifischen Funktion von NS 3 gefragt werden. NS 3 ist zum einen zusammen mit NS 2 Subjekt von HS 2 (in 51-2) und alleine **Attributsatz** zu ***welche Zwecke* in NS 2** (in 51-3).

Die Analyse des komplexen Satzes ist noch nicht fertig. Wir haben bisher den Gesamtsatz nach formalen, funktionalen und topologischen Kriterien klassifiziert. Was fehlt, ist die **syntaktische Feinanalyse der einzelnen Teilsätze,** die wir im Folgenden nachholen möchten.

Es fällt auf, dass der Satz aus einem Text der wissenschaftlichen Fachprosa durch Passivkonstruktionen (so in NS 1 und NS 2) geprägt ist. In den Hauptsätzen ist darüber hinaus eine modale Passivumschreibung *(ist zu klären, ist anzugeben* in der Bedeutung *muss geklärt werden, muss angegeben werden)* zu finden.

Die modale Bedeutung zur Kennzeichnung einer Verpflichtung kommt auch im Modalverb *soll* in NS 1 und NS 3 zum Ausdruck.

Zu **HS 1**

ist zu klären	= **formal:** modale Passivumschreibung (in der Bedeutung: *muss geklärt werden*), gebildet aus dem Modalitätsverb *ist,* der Infinitivpartikel *zu* und dem infiniten Vollverb *klären* = **funktional:** Prädikat

Das infinite Vollverb im Aktiv *(klären)* hat zwei Mitspieler (x klärt y), d.h. ein Subjekt und ein Akkusativobjekt.

Im Passiv, auch in der modalen Passivumschreibung, wird das Akkusativobjekt zum Subjekt. Das Subjekt des Aktivsatzes könnte in eine Präpositionalphrase mit *von* umgesetzt werden. Im Beispielsatz wird aber aus kommunikativen Gründen auf die Nennung des Trägers der Verbalhandlung verzichtet.

die Rede von Mittel und Zweck	= **formal:** komplexe Nominalphrase = **funktional:** Subjekt
von Mittel und Zweck	= **formal:** komplexe Präpositionalphrase = **funktional:** postnominales Präpositionalattribut zu *(die) Rede*

Zu **NS 1** als konditionaler Adverbialsatz zu HS 1

bestimmt werden soll	= **formal:** Vorgangspassiv (mit infinitem Vollverb im Partizip II *bestimmt* und infinitem Hilfsverb *werden*) und Modalverb *soll* = **funktional:** Prädikat

Das Vollverb *bestimmen* im Aktiv wird dreiwertig gebraucht: *x bestimmt y als z* mit x als Subjekt, y als Akkusativobjekt und *(als)* z als Prädikatsnomen (Gleichsetzungsakkusativ). Wegen der Passivkonstruktion liegt das Akkusativobjekt des Aktivsatzes als Subjekt vor und der Gleichsetzungsakkusativ wird zum Gleichsetzungsnominativ (auf die Frage *als wer oder was soll etwas bestimmt werden?*).

Wahrheit = **formal:** Nominalphrase
= **funktional:** Subjekt

nicht als Selbstzweck, sondern als Mittel für etwas

Die komplexe Wortgruppe (die zwei mit Konjunktion eingeleitete Phrasen aufweist) wird in der Analyse **als ein Satzglied** aufgefasst, weil sie die Antwort auf die Frage gibt: *Als was soll Wahrheit bestimmt werden?*

Der **Gleichsetzungsnominativ** *Selbstzweck* und *Mittel für etwas* ist mit der vergleichenden Konjunktion *als* angeschlossen.

Er besteht daher aus zwei mit *als* eingeleiteten Konjunktionalphrasen, deren erste durch die Negationspartikel *nicht* negiert und die zweite durch die adversative Konjunktion *sondern* angeschlossen ist.

für etwas = **formal:** Präpositionalphrase
= **funktional:** postnominales Präpositionalattribut zu *(als) Mittel*

HS 2 besteht nur aus *anzugeben*. Da *ist* elliptisch ist, liegt auch hier eine modale Passivumschreibung (in der Bedeutung *muss angegeben werden*) vor (gebildet aus dem Modalitätsverb *ist* und dem infiniten Vollverb *anzugeben* mit integrierter Infinitivpartikel *zu*).

= **funktional:** Prädikat

Das Vollverb im Aktiv (*angeben;* x gibt y (z) an) weist in der modalen Passivumschreibung die Umsetzung des Akkusativobjekts zum Subjekt auf.

NS 2 und **NS 3** sind Subjekt zu *ist anzugeben*

NS 2 als Teil des Subjekts zu HS 2

angenommen werden = **formal:** Vorgangspassiv (mit infinitem Vollverb im Partizip II *angenommen* und infinitem Hilfsverb *werden*)
= **funktional:** Prädikat

Das Vollverb im Aktiv (*annehmen*; x nimmt y an) weist im Passiv die übliche Umsetzung des Akkusativobjekts zum Subjekt auf.

welche Zwecke

Da wir NS 3 als Attributsatz zu *welche Zwecke* bestimmt haben, gehört zum Satzglied *welche Zwecke* der Attributsatz mit dazu. Der Umstelltest *Welche Zwecke, zu deren Erreichung Wahrheit ein Mittel sein soll, werden in welchem Zusammenhang angenommen?* ist, obwohl er stilistisch nicht elegant ist, grammatisch möglich.

Das zu analysierende Satzglied lautet also:

welche Zwecke, zu deren Erreichung Wahrheit ein Mittel sein soll
= **formal:** komplexe Nominalphrase (*welche* ist Interrogativpronomen)
= **funktional:** Subjekt

in welchem Zusammenhang = **formal:** Präpositionalphrase (mit *welchem* als Interrogativpronomen)
= **funktional:** Lokaladverbial *(wo?)*

NS 3 als Teil des Subjekts zu HS 2 und Attributsatz zu *welche Zwecke*

sein soll = **formal:** Verbalkomplex (mit infinitem Kopulaverb *sein* und Modalverb *soll*)
= **funktional:** Prädikat

Wahrheit = **formal:** Nominalphrase
= **funktional:** Subjekt

ein Mittel = **formal:** Nominalphrase
= **funktional:** Prädikativ (Gleichsetzungsnominativ)

zu deren Erreichung = **formal:** Präpositionalphrase
= **funktional:** Finaladverbial *(wofür?)*

Die Präpositionalphrase *zu deren Erreichung*, die im NS 3 als Finaladverbial fungiert, enthält mit dem Relativpronomen *deren* das Bezugselement zum Kern

Zwecke. Hinsichtlich seiner Form (Genitiv Plural Maskulinum) ist es mit dem folgenden Substantiv *Erreichung* (Dativ Singular Femininum) nicht kongruent.

deren = **formal:** Pronominalphrase
= **funktional:** pränominales Genitivattribut zu *(zu) Erreichung*

4.5 Übungsaufgaben

Übung 1: Satzarten

Analysebeispiel 1

1-1 Was für ein schöner Tag ist das heute! 1-2 Hatte es gestern nicht noch geregnet? 1-3 Genießt endlich den Sonnenschein und lasst es euch gut gehen! 1-4 Wenn sich Eva doch endlich melden würde! 1-5 Dass sie immer so unpünktlich ist! 1-6 Die traut sich was! 1-7 Wäre sie doch schon hier! 1-8 Dann könnten wir endlich losgehen. 1-9 Rufst du sie noch einmal an? 1-10 Gib mir mal schnell ihre Telefonnummer! 1-11 Dass immer ich alles machen muss! 1-12 Eva, wann kommst du?

Ü-1a Bestimmen Sie in den Beispielen 1-1 bis 1-12 die Stellung des finiten Verbs!

Ü-1b Geben Sie zu den Beispielen 1-1 bis 1-12 die entsprechende Satzart an!

Ü-1c Nennen Sie die signifikanten Kriterien, die für Sie bei der Bestimmung der Satzarten in den obigen Beispielen eine Rolle gespielt haben!

Übung 2: Einfacher und komplexer Satz

Analysebeispiel 2

Josip mag nicht mehr denken. Er sieht forschend nach den Wegen. Es kommt niemand. Er lacht. Er hat jetzt seine kleinen Freuden. Er ist schon ein Mann, aber es macht ihm noch immer Vergnügen, die platten Steine aus dem Sand zu suchen. Er geht bedächtig im feuchten, nachgebenden Sand. Er wiegt den Stein prüfend in den Händen; dann schwingt er, sich beugend, den Arm, und in schwirrendem Flug saust das übermütige Stück über die Wellen, springt auf und weiter und springt wieder auf. Dreimal. Wenn er es öfter macht, springen die Steine aber achtmal auf. Sie dürfen nur nicht plump sein.

(aus: Ingeborg Bachmann: Die Fähre. In: Sämtliche Erzählungen. München 1978, S. 11)

Ü-2a Trennen Sie im Beispiel 2 die einfachen Sätze von den komplexen Sätzen!

Ü-2b Welcher Abschnitt entspricht nicht der gängigen Definition von Sätzen?

Ü-2c Unterscheiden Sie innerhalb der komplexen Sätze zwischen Satzreihen und Satzgefügen!

Ü-2d Welche nebenordnenden Konjunktionen und Subjunktionen sind in welcher Funktion gebraucht?

Übung 3: Haupt- und Nebensätze

Analysebeispiel 3

Sie fand die alte Frau immer öfter am Fenster, wenn sie kam, und sie saßen nicht mehr beisammen, wenn Franziska kam, um den Sherry zu trinken und kleines Gebäck zu knabbern, und es ging also weiter mit diesen Hunden, während zugleich doch Schwerhörigkeit zuzunehmen begann, und Franziska war ratlos, denn es musste doch etwas geschehen, und Leo, dem sie zwar alles fernhielt, würde eines Tages auch nicht darum herumkommen, sich mit seiner Mutter beschäftigen zu müssen.

(aus: Ingeborg Bachmann: Das Gebell. In: Sämtliche Erzählungen. München 1978, S. 385)

Ü-3a Trennen Sie nach formalen Kriterien (Stellung des finiten Verbs, Vorhandensein von Subjunktionen etc.) im komplexen Satz 3 Hauptsätze von den Nebensätzen!

Ü-3b Um welche Nebensätze handelt es sich? Bieten Sie eine formale Beschreibung und ermitteln Sie ihre syntaktische Funktion!

Ü-3c Bestimmen Sie alle Temporaladverbiale, die sich im obigen Analysebeispiel finden lassen! Benutzen Sie in Zweifelsfällen ein Nachschlagewerk Ihrer Wahl!

Übung 4: Besondere Nebensätze

Analysebeispiel 4

4-1 Und eines Morgens wacht er auf, an einem Tag, den er vergessen wird, und liegt plötzlich da, ohne sich erheben zu können, getroffen von harten Lichtstrahlen und entblößt jeder Waffe und jeden Muts für den neuen Tag.

4-2 Wäre ich nicht in die Bücher getaucht, in Geschichten und Legenden, in die Zeitungen, die Nachrichten, wäre nicht alles Mitteilbare aufgewachsen in mir, wäre ich ein Nichts, eine Versammlung unverstandener Vorkommnisse.

(aus: Ingeborg Bachmann: Das dreißigste Jahr. In: Sämtliche Erzählungen. München 1978, S. 94 und 103)

Ü-4a Beschreiben Sie die Nebensätze und satzwertigen Konstruktionen in Beispiel 4-1. Aufgrund welcher Kriterien können Sie Konstruktionen als satzwertig bestimmen?

Ü-4b Ermitteln Sie die jeweiligen Abhängigkeitsverhältnisse in 4-1 und geben Sie die syntaktische Funktion der Nebensätze und satzwertigen Konstruktionen an!

Ü-4c Beschreiben Sie nach formalen Kriterien Haupt- und Nebensätze in Beispiel 4-2. Welche syntaktische Funktion haben die Nebensätze?

Übung 5: Vollständige Satzanalyse

Analysebeispiel 5

5-1 Einmal ward die Königin krank, 5-2 und als sie fühlte, 5-3 dass sie sterben müsse, 5-4 rief sie den König 5-5 und bat ihn, 5-6 er möge nach ihrem Tod doch niemand heirathen, 5-7 der nicht eben so schön wäre wie sie 5-8 und eben so goldne Haare hätte; 5-9 und nachdem ihr der König das versprochen hatte, 5-10 starb sie.

(aus: Allerlei-Rauh. In: Märchen der Gebrüder Grimm. Zürich 1985, S. 234)

Ü-5a Beschreiben Sie die Gesamtstruktur des Satzes 5-1 bis 5-10 unter Einbezug sämtlicher Nebensätze und geben Sie die Stellung der finiten Verben an!

Ü-5b Bieten Sie eine topologische Analyse des Gesamtsatzes nach Beispiel 49!

Ü-5c Bestimmen Sie die syntaktische Funktion der Nebensätze!

Ü-5d Bieten Sie eine syntaktische Feinanalyse aller Teilsätze mit Bestimmung der Satzglieder und Attribute!

5 Grammatik wozu?

Freiheit ist die Einsicht in die Notwendigkeit.
Hegel

5.1 Was dieses Kapitel soll und wie es zu gebrauchen ist

Vom Sinn grammatischen Wissens

Grammatik gilt als das unverrückbare, obligatorische **Grundgerüst der Sprache.** Sie wird oft als eine Art Zwangsjacke gesehen, in die man sich unter Verlust des eigenen Ausdruckswillens fügen muss, wenn man nicht fehlerhaftes Deutsch riskieren möchte. Für die meisten Schülerinnen und Schüler und auch die meisten übrigen Sprecherinnen und Sprecher ist die Grammatik ein Hassobjekt, das nutzlose und willkürliche Regeln enthält, die zwar in der Schule erlernt werden müssen, aber am besten schnell wieder vergessen werden.

Wir wollen in diesem Kapitel zeigen, dass dies eine sehr betrübliche Fehleinschätzung ist, und bitten Sie, uns durch die folgenden kurzen Überlegungen zu begleiten. Als kompetente Sprecherinnen und Sprecher des Deutschen beherrschen Sie Ihre Sprache, ohne auch nur darüber nachzudenken. Zum Beispiel erkennen Sie automatisch, dass ein Satz wie

> *Sie probiert ein neue Kleid

falsch ist, und in Sekundenbruchteilen können Sie ihn korrigieren, ohne überlegen zu müssen. Dennoch besteht ein Unterschied zwischen unbewusstem Können und bewusstem Kennen. **Nur wenn Sie wissen, was Sie über Ihre Sprache wissen, können Sie souverän mit ihr umgehen.** Und als Studierende müssen Sie das (ebenso wie später im Berufsalltag). Sie müssen sprachlich komplexe Texte mit hoher Informationsdichte nicht nur lesen, sondern auch verstehen und wiedergeben. Sie müssen Argumente und Thesen kritisch analysieren und kommentieren. Sie müssen Ihre eigenen Gedanken und Ideen überzeugend formulieren – im Gespräch ebenso wie in der Schrift. Dazu brauchen Sie **auch** Grammatikwissen!

Die Grammatik und die bewusste und aktive Beherrschung ihrer zentralen Gesetzmäßigkeiten machen die Sprache erst zu einem **flexiblen Instrument zum Ausdruck unserer Gedanken und Absichten.** Denn: Sprachliche Kommunikation ist – dies ist so trivial wie grundlegend – zeichenbasiert, wobei jedes Zeichen eine arbiträre Zuordnung von Form und Inhalt ist. Weiterhin ist jeder Text eine Auswahl, eine bewusste Entscheidung für eine bestimmte Art, Menge und Anordnung der Sprachzeichen, die, wäre sie anders, eine andere Textbedeutung und eine andere Sprecherabsicht zum Ausdruck bringen würde.

Die Grammatik ist das **Perspektivierungs- und Justierungsinstrument,** mit dem es uns gelingt, diese Anordnung zu erreichen. Sie ermöglicht es uns, die Sprache auf unsere jeweiligen Absichten und auf unsere spezifische Situation hin zuzuspitzen und unsere Gedanken »auf die Reihe zu bringen«, d. h. sie aus ihrem mehrdimensionalen kognitiven Raum ins lineare Medium des Zeichengebrauchs (sei er mündlich oder schriftlich) zu übertragen.

Grammatische Informationen, wie z. B. die jeweils gewählte Satzstellung oder die Auswahl von Artikeln, Tempora und Modi, stellen keine überflüssigen Informationen dar, sondern sie verankern das Gesagte in der Sprechsituation, indem sie Referenz, d. h. den Verweis auf außersprachliche Gegenstände und Sachverhalte, und Situationsbezug herstellen; sie enthalten Hinweise zur inhaltlichen Gliederung der linearen Sprachkette und damit zum Sinn des Gesagten, und sie bringen den Blickwinkel der Sprecherin/des Sprechers zum Ausdruck, unter dem sie/er einen Sachverhalt darstellen will.

Wir können zwar unter bestimmten Umständen auf diese perspektivierenden Zeichen verzichten, zum Beispiel beim sogenannten Telegrammstil, doch gehen dadurch wichtige Informationen verloren, die, wenn sie nicht durch die Situation ergänzt werden, zu unverständlichen Äußerungen führen. Ein nicht erfundenes Beispiel hierfür ist eine Äußerung wie die unten stehende, die handschriftlich von einer nicht muttersprachlichen Putzfrau auf einem Zettel auf dem Küchentisch hinterlassen wurde.

> ???Dach Spinnen kann nicht.

Ohne Kontext ist diese Äußerung fast unverständlich. Allen Beteiligten in der Situation war jedoch völlig klar, was gemeint war, nämlich:

> Die Spinnweben unter dem Dach kann ich nicht entfernen
> (weil ich nicht so hoch hinaufkomme)
> (weil ich Angst vor Spinnen habe).

Ohne Grammatik gäbe es keine zuverlässige sprachliche Kommunikation. Daher wurde sie von den mittelalterlichen Grammatikern in den Kontext der

»ars obligatoria« gestellt und als notwendige, unverzichtbare Kunst betrachtet. Damit ist gemeint, dass deklaratives grammatisches Wissen und die Fähigkeit, dieses Wissen bewusst anzuwenden, kein Selbstzweck sind, sondern eine »Kunst«, die eine Voraussetzung der angemessenen sprachlichen Kommunikation darstellt.

Aufgabe der Beispielanalysen

Die folgenden Beispielanalysen sollen diesen Beweis führen. Sie sollen zeigen, dass und wie die Perspektivierungs- und Einordnungsleistung von grammatischen Zeichen im Text erreicht wird und wie Sie als Rezipient/-in eines Textes durch kundige und bewusste Analyse die hinter der getroffenen Auswahl stehenden Absichten erkennen und bewerten können. Umgekehrt ist Ihnen dieses Wissen natürlich auch bei der Produktion von Texten nützlich:

Je souveräner und reflektierter Sie die Kunst der notwendigen Auswahl beherrschen, desto mehr Freiheit haben Sie, durch Ihre Sprache genau das zu sagen, was Sie sagen wollen.

Es geht im Folgenden also darum, exemplarisch an einigen Originaltexten unterschiedlicher Herkunft, d.h. keineswegs nur an literarischen Texten, sondern auch an Texten aus der Alltagswelt, einige ausgewählte Effekte dieser Perspektivierungsfunktionen grammatischer Zeichen und Regeln nachzuvollziehen. Wichtig ist uns hierbei, zu zeigen, dass benennbare Effekte exakt auf bestimmte Elemente im Text zurückgeführt werden können. Die Wirkung eines Textes und die unterstellte Absicht seines Verfassers müssen also **nicht aus impressionistischen Anmutungen,** quasi »aus dem Bauch heraus«, abgeleitet werden, sondern sind **konkret aus den Sprachzeichen** – und zwar in besonderem Maße aus den grammatischen Sprachzeichen – herauszulesen.

Bitte beachten Sie auch, dass hier keine Wertung der stilistischen Qualität oder linguistischen Richtigkeit der Texte vorgenommen wird, sondern eine deskriptive (und hochgradig selektive) Analyse der Wirkung grammatischer Optionen. Dies hindert uns natürlich nicht, an bestimmten Stellen mehrere Alternativen zu diskutieren und gegebenenfalls auch die Frage zu stellen, ob eine von den Verfassern der Texte getroffene Wahl der Norm entspricht oder wirklich das leistet, was sie – vermutlich – leisten soll. Bevor wir mit den Analysen beginnen können, verdient ein weiterer Punkt Beachtung.

Kontexte und Textsorten

Jede sprachliche Äußerung ist in einen sprachlichen Kontext und in einen außersprachlichen Kontext eingebunden. Diese je individuelle Situierung sprachlicher Äußerungen bestimmt ihre Interpretation in einem großen Ausmaß. Das gilt in auffälliger Weise für die lexikalische Bedeutung von Wörtern, die auf Gegenstände und Sachverhalte verweisen. So sind die verschiedenen Interpretationsmöglichkeiten eines Substantivs wie *Maus* oder eines Verbs wie *gehen* vielfältig – beide Wörter sind hochgradig polysem, d. h. mehrdeutig. Innerhalb einer Äußerung ergibt sich jedoch durch die Wirkung des sprachlichen und außersprachlichen Kontexts eine meist eindeutige Entscheidung für eine bestimmte Lesart. Die folgenden Sätze zeigen, wie das Substantiv *Maus* durch den sprachlichen Kontext eine eindeutige Interpretation erhält:

> Ihre Großmutter konnte nicht verstehen, dass sie sich eine **Maus** im Käfig hielt und diese auch noch Luise nannte.
>
> → das Tier
>
> Diese **Maus** ist ergonomisch geformt und daher für lange Nutzungszeiten besser geeignet.
>
> → das Eingabegerät am PC

Für die Wirkung des außersprachlichen Kontexts zur Monosemierung (Vereindeutigung) des Verbs *gehen* stellen Sie sich bitte folgende Szenen vor.
Szene 1:

> Zwei Cafébesucher sitzen an einem Tisch und beobachten, wie eine dritte Person den Raum betritt, sich umsieht, einige Schritte in verschiedene Richtungen macht und sich dann wieder der Tür zuwendet. Eine der beiden sitzenden Personen sagt:
>
> > **Die geht wieder.**
> >
> > → sich von einem Punkt entfernen

Szene 2:

> Eine Person hält einer anderen eine Uhr hin und sagt:
>
> > **Die geht wieder.**
> >
> > → funktionieren

Auch grammatische Bedeutungen und Funktionen, wie wir sie im Laufe der letzten Kapitel besprochen haben, sind je nach Kontext unterschiedlich zu bewerten. So hat das Tempus »Präsens« in folgenden Textpassagen sehr unterschiedliche Bedeutungen.
Passage 1:

> Der letzte Ausscheidungslauf **beginnt.** Die Läufer **machen** sich fertig, **spucken** ein letztes Mal in den Sand und **laufen** los.
>
> > → aktuelles Präsens

Passage 2:

> Der Raubwürger **ist** eine fleischfressende einheimische Vogelart, die in verstädterter Umgebung auch Bratwürste und Frikadellen **aufnimmt.**
>
> → generisches Präsens

Passage 3:

> Wir befinden uns im Jahre 50 v. Chr. Ganz Gallien **ist** von den Römern besetzt ... ganz Gallien? Nein! Ein von unbeugsamen Galliern bevölkertes Dorf **hört** nicht **auf**, dem Eindringling Widerstand zu leisten.
>
> **(aus: René Goscinny und Albert Uderzo, Asterix. Der Gallier, Bd. 1. Berlin 1976, S. 3)**
>
> → historisches Präsens

In allen drei Passagen wird das Präsens verwendet, das jedoch in Abhängigkeit von der sprachlichen Umgebung in allen drei Fällen eine von den anderen deutlich verschiedene Bedeutung bzw. Funktion hat. Die erste Passage illustriert die Verwendung der grammatischen Form »Präsens« zum Ausdruck eines aktuellen Gegenwartsbezugs. Das beschriebene Ereignis wird durch das Präsens als im Augenblick des Sprechens stattfindend dargestellt. Das generische Präsens, das in der Beschreibung in Passage 2 eingesetzt wird, hat keinen spezifischen Gegenwartsbezug. Es beschreibt eine Situation bzw. ein Geschehen als zeitunabhängig und beliebig wiederkehrend. Dadurch wird die beschriebene Situation als allgemeingültiges Wissen präsentiert. Das sogenannte historische Präsens in der dritten Passage hat die Funktion, eine Erzählung lebendiger – eben »gegenwärtiger« – zu machen, indem es eindeutig als vergangen gekennzeichnete Ereignisse mit einem gegenwärtigen Zeitbezug versieht.

Die Mehrdeutigkeit und mehrfache Verwendbarkeit sprachlicher Zeichen (lexikalischer wie grammatischer) heißt jedoch nicht, dass Bedeutungen und Funktionen völlig beliebig den sprachlichen Ausdrücken zugewiesen werden könnten. Vielmehr verhält es sich so, dass jedes Sprachzeichen ein bestimmtes **Spektrum an Bedeutungsmöglichkeiten** hat, die dann jeweils im Verwendungszusammenhang – im Kontext – aktualisiert werden.

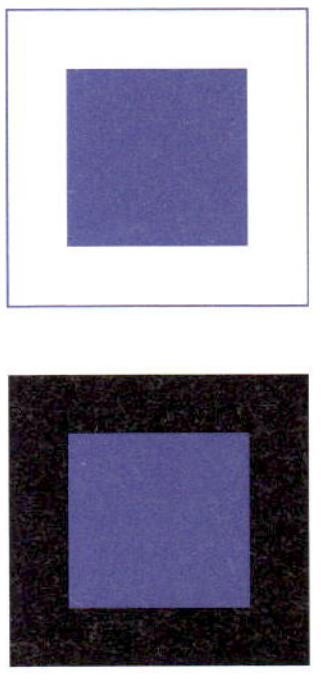

Aufgrund der Abhängigkeit vom Kontext wirkt also ein und dasselbe Zeichen im Rahmen seiner gegebenen Auswahlmöglichkeiten in verschiedenen Umgebungen unterschiedlich. Dies ist vergleichbar mit der Wirkung von Farben und Hintergründen. So wirkt ein blaues Quadrat vor einem weißen Hintergrund völlig anders als vor einem schwarzen, obwohl es sich jedes Mal um ein und dasselbe blaue Quadrat handelt.

Ein wichtiger Hintergrund für die Wirkung von Sprachzeichen ist die **Textsorte.** Eine Textsorte ist ein typisches, kulturell geprägtes und vermitteltes Textmuster für eine bestimmte Kommunikationssituation. Für den Gebrauch und die Gestaltung einer Textsorte gelten bestimmte kommunikative (und damit auch sprachliche) Regeln, die den Sprachteilnehmern geläufig sind (was – wie wir wissen – nicht bedeutet, dass sie ihnen auch bewusst sind). So können die meisten erwachsenen Sprecher des Deutschen ohne Weiteres ein Kochrezept von einem Gedicht, einen Zeitungsartikel von einer Gemeindeordnung, einen Werbetext von einer Gebrauchsanleitung unterscheiden. Schwieriger wird es, wenn die Eigenschaften und Merkmale genannt werden sollen, die ein Kochrezept zu einem Kochrezept und einen Zeitungsartikel zu einem Zeitungsartikel machen. Dabei sind die außersprachlichen Merkmale meist leichter zu benennen: Jeder weiß, wo ein Kochrezept normalerweise steht, wie es normalerweise aussieht und welche Inhalte (welche außersprachlichen Gegenstände) darin dargestellt werden.

Diese außersprachlichen Textsortenmerkmale, die Bestandteil unseres kulturellen Wissens sind, liefern wichtige Interpretationshinweise für die sprachlichen Mittel. So weiß man, dass in einem Kochrezept, eben weil es dieser Textsorte zugehört, das Präsens eine generische (und keine aktuelle oder historische) Funktion hat (z. B. *Der Kuchen ist fertig, wenn bei der Holzstäbchenprobe kein Teig hängen bleibt*).

Textsorten sind also so etwas wie standardisierte Kontexte und damit standardisierte Interpretationshinweise. Da ihre Gesamtzahl unbestimmt groß ist und über die Grundklassifikation keine Einmütigkeit herrscht, haben wir die Auswahl der Textsorten dieses Kapitels nicht textsortensystematisch, sondern aufgabenorientiert vorgenommen. Wir haben uns bemüht, auf kleinem Raum und mit nur drei Texten ein möglichst weites Spektrum zu bieten, das es erlaubt, eine große Anzahl von grammatischen Merkmalen in ihrer sinnkonstitutiven Funktion zu erläutern. Die Auswahl ist daher wie folgt:

- Text 1: ein journalistischer Text
- Text 2: ein lyrischer Text
- Text 3: ein Verwaltungstext

5.2 Journalistischer Text

Der hier analysierte Text ist der Beginn des Artikels »Das Konzept der Verantwortlichkeit. Laudatio auf den Hochschullehrer des Jahres, Werner Franke« von Ines Geipel, der in *Forschung & Lehre* 12 (2007), S. 729–731, erschienen ist. Um einen Eindruck von der Wirkung seiner Einbindung in die Textumgebung (Überschriften, Vorspann usw.) zu vermitteln, haben wir auf Seite 150 den Beginn des Textes als Faksimile abgedruckt. Hier folgt nun das für die Analyse aufbereitete Textsegment.

ABSCHNITT 1

1. Bad Saarow am 23.Oktober des Jahres: Im feinst sanierten brandenburgischen Kurort hat der Rotary-Club geladen.
2. In einem Hinterzimmer des gediegenen Spa-Hotels »Esplanade« in der Seestraße sitzen 24 Männer und vier Frauen.
3. Man trifft sich wöchentlich.
4. »Rotary ist selbstloses Dienen«, erklärt die Chefin des Clubs, eine taffe Westberlinerin.
5. Man würde hier vor allem viel für Kinder machen, sagt sie, »denn Kinder sind doch unsere Zukunft!«
6. Nach einem Vortrag über unbewältigte Nachwendephänomene im Osten dauert es keine fünf Minuten und ein Arzt des dortigen Klinikums kommt unmittelbar auf Professor Werner Franke zu sprechen.
7. Ob denn nicht endlich mal Schluss sein könne, fragt er sichtlich erregt, mit den DDR-Uraltklamotten.
8. Im Verhältnis zu heute sei Doping in der DDR doch eine völlig harmlose Geschichte gewesen.

ABSCHNITT 2

1. Ein imaginärer Werner Franke in Bad Saarow – das durfte nicht sonderlich verwundern.
2. Immerhin war er dort 1990 mittels eines pfiffigen Husarenstücks zu Unterlagen gekommen, die Aufschluss über das kriminelle DDR-Doping-System geben konnten und in ihrer Dimension zur historischen Hypothek des deutschen Sports wurden.
3. Franke selbst in einem Interview:
4. »1990 sollte ich im Auftrag des Wissenschaftsrates dabei helfen, die Wissenschaftsinstitute der DDR zu evaluieren.
5. Ich wusste, dass es einige Doktorarbeiten zum Staatsdoping geben musste.
6. Ich habe zu meiner Frau gesagt:
7. ›Wir müssen nach Bad Saarow‹.
8. Dort befand sich die Militärmedizinische Akademie der Nationalen Volksarmee.
9. Ich habe dann von einem General-Arzt die Zugangsberechtigung zur Einsicht in geheime Doktorarbeiten bekommen.
10. Der Nachrichtendienst funktionierte noch.
11. Aber es ging dann, dank einiger Bluffs.«

ABSCHNITT 3

1. Die Materialien von Bad Saarow wurden ein Markstein deutscher Sportgeschichte.
2. Mit ihrer Hilfe war es zum ersten Mal möglich, das System des kriminellen Pharmaziesports als Struktur sichtbar zu machen.
3. Im Miniland DDR hatte man 1974 in einer Art ideologischen Größenwahns den

Das Konzept der Verantwortlichkeit

Laudatio auf den Hochschullehrer des Jahres, Werner Franke

| Ines Geipel | **Die Aufklärung krimineller Dopingmachenschaften – ob in der früheren DDR oder im Westen – ist wohl ohne Werner Franke kaum vorstellbar. Unerschrocken und der Wahrheit verpflichtet setzt sich der national und international renommierte Zellbiologe für die Opfer des Dopings ein und gibt nicht eher nach, bis die Verantwortlichen zur Rechenschaft gezogen werden. Der Deutsche Hochschulverband würdigt dieses außerordentliche Engagement mit dem Preis „Hochschullehrer des Jahres".**

Bad Saarow am 23. Oktober des Jahres: Im feinst sanierten, brandenburgischen Kurort hat der Rotary-Club geladen. In einem Hinterzimmer des gediegenen Spa-Hotels „Esplanade" in der Seestraße sitzen 24 Männer und vier Frauen. Man trifft sich wöchentlich. „Rotary ist selbstloses Dienen", erklärt die Chefin des Clubs, eine taffe Westberlinerin. Man würde hier vor allem viel für Kinder machen, sagt sie, „denn Kinder sind doch unsere Zukunft!" Nach meinem Vortrag über unbewältigte Nachwendephänomene im Osten dauert es keine fünf Minuten und ein Arzt des dortigen Klinikums kommt unmittelbar auf Professor Werner Franke zu sprechen. Ob denn nicht endlich mal Schluss sein könne, fragt er sichtlich erregt, mit den DDR-Uraltklamotten. Im Verhältnis zu heute sei Doping in der DDR doch eine völlig harmlose Geschichte gewesen.

Ein imaginärer Werner Franke in Bad Saarow – das durfte nicht sonderlich verwundern. Immerhin war er dort 1990 mittels eines pfiffigen Husarenstücks zu Unterlagen gekommen, die Aufschluss über das kriminelle DDR-Doping-System geben konnten und in ihrer Dimension zur historischen Hypothek des deutschen Sports wurden. Franke selbst in einem Interview: „1990 sollte ich im Auftrag des Wissenschaftsrates dabei helfen, die Wissenschaftsinstitute der DDR zu evaluieren. Ich wusste, dass es einige Doktorarbeiten zum Staatsdoping geben musste. Ich habe zu meiner Frau gesagt: „Wir müssen nach Bad Saarow". Dort befand sich die Militärmedizinische Akademie der Nationalen Volksarmee. Ich habe dann von einem General-Arzt die Zugangsberechtigung zur Einsicht in geheime Doktorarbeiten bekommen. Der Nachrichtendienst funktionierte noch. Aber es ging dann, dank einiger Bluffs."

»Die Märkte verschmolzen, das Know-how begegnete sich, die Personage blieb die alte.«

Die Materialien von Bad Saarow wurden ein Markstein deutscher Sportgeschichte. Mit ihrer Hilfe war es zum ersten Mal möglich, das System des kriminellen Pharmaziesports als Struktur sichtbar zu machen. Im Miniland DDR hatte man 1974 in einer Art ideologischen Größenwahns den konspirativen Staatsplan 14.25 beschlossen und damit nicht nur jede Menge Goldmedaillen, sondern auch etliche Hundert Geschädigte zunächst kaltschnäuzig konzipiert und dann erbarmungslos produziert. Als 1991 das von Brigitte Berendonk und Werner Franke gemeinsam geschriebene Buch „Doping-Dokumente. Von der Forschung zum Betrug" ans Licht der Öffentlichkeit kam, hätte man meinen können, der deutsche Sport nutzte dieses bald gewichtige Standardwerk, um sich von den in ihm beschriebenen Deformationen zu befreien. Wir wissen, dass es anders kam: Erstaunlich die Radikalität, mit der der Steroid-Sport Ende der achtziger Jahre durch die weltweite Blutdoping-Ära ergänzt wurde. Kalkül auch, mit welcher Hartleibigkeit das damalige Nationale Olympische Komitee und der Deutsche Sportbund jeglichen Satisfaktionsbedarf in Sachen vergiftetem ostdeutschen Sport umschifften. Das vereinte Sport-Programm nach 1989 fahndete intensivst nach „Vereinigungs-Effekten" und verneinte darin hartnäckig jeglichen Bruch: Die Märkte verschmolzen, das Know-how begegnete sich, die Menschenbilder gingen ineinander, die Personage blieb am liebsten die alte. Das Phänomen Doping ging mehr und mehr ins globale Blut über und bildete auf diesem Weg neuartige Metaboliten.

Während der Sport mehr und mehr ins Räudige abdriftete, fanden im Osten Deutschlands in den neunziger Jahren durch engagierteste Vorarbeit und Initiative von Professor Werner Franke zahlreiche Vernehmungen dopingbelasteter Funktionäre, Trainer und Ärzte statt. Die in der Folge um das Jahr 2000 stattgefundenen Prozesse – maßgeblich

AUTORIN: INES GEIPEL

Die Autorin war Leistungssportlerin der DDR und ist heute Schriftstellerin und Professorin an der Hochschule für Schauspielkunst „Ernst Busch" in Berlin. 1984 stellte sie den Weltrekord über 4 x 100 Meter auf. Ines Geipel war unwissentlich in das System des Staatsdoping einbezogen. Im Jahr 2000 war sie Nebenklägerin im Berliner Hauptprozess um das DDR-Staatsdoping.

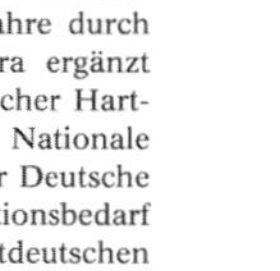

(aus: Ines Geipel: Das Konzept der Verantwortlichkeit. Laudatio auf den Hochschullehrer des Jahres, Werner Franke. In: Forschung & Lehre 12 (2007), S. 729–731)

konspirativen Staatsplan 14.25 beschlossen und damit nicht nur jede Menge Goldmedaillen, sondern auch etliche Hundert Geschädigte zunächst kaltschnäuzig konzipiert und dann erbarmungslos produziert.

4. Als 1991 das von Brigitte Berendonk und Werner Franke gemeinsam geschriebene Buch »Doping-Dokumente. Von der Forschung zum Betrug« ans Licht der Öffentlichkeit kam, hätte man meinen können, der deutsche Sport nutzte dieses bald gewichtige Standardwerk, um sich von den in ihm beschriebenen Deformationen zu befreien.
5. Wir wissen, dass es anders kam:
6. Erstaunlich die Radikalität, mit der der Steroid-Sport Ende der achtziger Jahre durch die weltweite Blutdoping-Ära ergänzt wurde.
7. Kalkül auch, mit welcher Hartleibigkeit das damalige Nationale Olympische Komitee und der Deutsche Sportbund jeglichen Satisfaktionsbedarf in Sachen vergiftetem ostdeutschen Sport umschifften.
8. Das vereinte Sport-Programm nach 1989 fahndete intensivst nach »Vereinigungs-Effekten« und verneinte darin hartnäckig jeglichen Bruch:
9. Die Märkte verschmolzen, das Know-how begegnete sich, die Menschenbilder gingen ineinander, die Personage blieb am liebsten die alte.
10. Das Phänomen Doping ging mehr und mehr ins globale Blut über und bildete auf diesem Weg neuartige Metaboliten.

ABSCHNITT 4

1. Während der Sport mehr und mehr ins Räudige abdriftete, fanden im Osten Deutschlands in den neunziger Jahren durch engagierteste Vorarbeit und Initiative von Professor Werner Franke zahlreiche Vernehmungen dopingbelasteter Funktionäre, Trainer und Ärzte statt.
2. Die in der Folge um das Jahr 2000 stattgefundenen Prozesse – maßgeblich der große Berliner Doping-Prozess gegen die beiden Drahtzieher des DDR-Zwangsdoping-Systems Manfred Ewald und Manfred Höppner – wären ohne ihn nie zustande gekommen.
3. Für die Geschädigten bedeuteten diese Prozesse vor allem, vor sich selbst anzuerkennen, was geschehen war.
4. Es ging darum, Geschichte, auch die eigene, zu ordnen und zuzuordnen, und es ging darum, Opfer und Täter dieses Systems endlich zu trennen.

ABSCHNITT 5

1. Noch heute sehe ich die Kinder der geschädigten Frauen vor mir, wie sie mit ungläubigen Augen im Moabiter Prozesssaal standen.
2. Ich kann diese Blicke nicht mehr vergessen.
3. Und noch heute höre ich die Stimme des medizinischen Gutachters, wie er zwei Prozesstage lang Nach- und Nebenwirkungen der verabreichten männlichen Steroide im weiblichen Körper auflistete, und rieche wie damals das Entsetzen der anderen Nebenklägerinnen um mich herum.
4. Entzogenes Wissen ist das schmerzhafteste Wissen, sagt Ingeborg Bachmann.

5.2.1 Einführung in die Analyse des journalistischen Textes

Informationen zum Text

Bei diesem Text handelt es sich um eine Laudatio in der Monatszeitschrift *Forschung & Lehre* 12, 2007. Deren Ziel ist es, auf anregende und unterhaltende Weise über wichtige Fakten und Ereignisse aus dem universitären und hochschulpolitischen Bereich zu berichten. Der im analysierten Beitrag gepflegte journalistische Stil bedient sich einer Mischung aus Reportage, Bericht, Interview und Reflexion. Wichtige inhaltliche Aspekte, die rahmendes Hintergrundwissen für die Analyse darstellen, sind folgende:

- Beschreibung der Leistung des Preisträgers und Herausstellung der Wichtigkeit, d. h. Würdigung und positive Wertschätzung (der Leistung) des Preisträgers. Diese ist – wie von einer Laudatio zu erwarten – die Hauptfunktion des Textes.
- Meinungskundgabe und Positionierung der Autorin, die, wie eine kurze biografische Notiz im Umfeld des Artikels erläutert, selbst Leistungssportlerin war und direkt von den berichteten Ereignissen betroffen ist.
- Beitrag zur Meinungsbildung der Rezipienten und Handlungsaufforderung an die Rezipienten, weiterhin gegen Sportdoping vorzugehen.

Der Text enthält einige markante Verwendungsweisen grammatischer Mittel, die dazu dienen, diese Funktionen zu realisieren, oder anders gewendet: Die oben beschriebenen Effekte bzw. Textfunktionen werden zu großen Anteilen durch die gezielte Auswahl spezifischer grammatischer Optionen, die zu bestimmten sprachlichen Effekten führen, erzeugt. Dies darf man sich jedoch **nicht als eine schlichte Eins-zu-eins-Entsprechung** vorstellen, bei der einer bestimmten Form ausschließlich und genau eine bestimmte Funktion zukäme.

Zur Funktion des Präsens im Text

Wie wir oben schon gesehen haben, hat das Präsens ein Spektrum von Bedeutungspotenzialen, die durch den sprachlichen und nicht sprachlichen Kontext konkretisiert (monosemiert) werden. Diese umgebenden Faktoren erzeugen den Hintergrund, auf dem eine bestimmte grammatische Form diese oder jene Funktion erhält (vgl. die Wirkung der Hintergründe auf das blaue Quadrat). Unabhängig von irgendwelchen aktuellen Hintergründen hat das Präsens zunächst nur die Grundbedeutung, dass der Zeitraum des dargestellten Sachverhalts den Zeitpunkt des Sprechens in irgendeiner Weise einschließt. Nicht mehr, nicht weniger. Dies unterscheidet das Präsens vom Präteritum, bei dem der Sprechzeitpunkt aus dem Zeitraum des dargestellten Sachverhalts explizit ausgeschlossen ist.

Vor dem Hintergrund einer als vergangen markierten Szene und eingebettet in Sätze mit Vergangenheitstempora jedoch wird deutlich, dass die Gegenwärtigkeit der im Präsens dargestellten Szene »nur« behauptet ist – die dargestellte Szene ist ja bereits, **wie im Text selbst gesagt wird**, vergangen. Damit wird eine der Bedeutungsvarianten des Präsens ausgelöst, nämlich die, die wir oben als »historisches Präsens« bezeichnet haben: Das Präsens in präteritaler Umgebung hebt die Szene als »gegenwärtig« aus dem Textumfeld heraus. Dies ist also die erste Stufe der Konkretisierung der Bedeutung des Präsens, auf deren Grundlage in einem weiteren Schritt die genaue Funktion dieser Textstelle ermittelt werden kann.

Im Textbeispiel lässt sich diese Funktion an den ersten Sätzen erläutern, die hier zur Verdeutlichung noch einmal abgedruckt sind (1-1 bedeutet »erster Absatz, erster Satz« usw.):

1-1 **Bad Saarow am 23. Oktober des Jahres:** Im feinst sanierten brandenburgischen Kurort hat der Rotary-Club geladen.
1-2 In einem Hinterzimmer des gediegenen Spa-Hotels »Esplanade« in der Seestraße **sitzen** 24 Männer und vier Frauen.
1-3 Man trifft sich wöchentlich.
1-4 »Rotary ist selbstloses Dienen«, **erklärt** die Chefin des Clubs, eine taffe Westberlinerin.

Das dargestellte Geschehen wird durch Orts- und Zeitangaben (Satz 1-1, fett gedruckt) eindeutig als – bezogen auf den Sprechzeitpunkt – in der Vergangenheit liegend lokalisiert, sodass wir von einer präteritalen Umgebung sprechen können. Das verwendete Tempus in den nächsten Sätzen ist jedoch das Präsens. Während das Präsens in Satz 1-3 als generisches Präsens zu lesen ist (Beschreibung einer regelmäßig wiederkehrenden Handlung), sind die Verwendungen des Präsens in 1-2 und 1-4 typische Fälle für das historische Präsens in seiner **Grundfunktion**, der Vergegenwärtigung vergangener Geschehnisse und Handlungen.

Wir können noch einen Schritt weitergehen und fragen, welche **spezifische Funktion** diese Vergegenwärtigung in diesem Text an dieser Stelle haben soll, also uns fragen, welche Absicht die Verfasserin mit der vergegenwärtigenden Setzung des Präsens verfolgt. Hierüber gibt der weitere Kontext Aufschluss. Im Rahmen einer Erzählung (z. B. eines Urlaubserlebnisses oder auch einer tradierten Narration wie eines Märchens) hätte die Setzung des Präsens in präteritaler Umgebung mit großer Wahrscheinlichkeit die Funktion der Erzeugung von Spannung. Im hier vorliegenden Text hingegen soll der Eindruck der Unmittelbarkeit erzeugt werden, wodurch das Geschehen in den Erfahrungsraum der Leser gerückt wird, sodass auf diese Weise innere Beteiligung bzw. Betroffenheit entsteht. Durch die Verwendung des historischen Präsens in 1-2 und 1-4 wird den Lesern der Standpunkt direkt an der Szene Beteiligter angeboten, woraus eine besondere Betroffenheit am dargestellten Geschehen resultieren kann.

Für die Verwendung des Präsens können wir also drei Bedeutungsschichten festlegen, die sich am genannten Beispiel folgendermaßen konkretisieren:

1. Grundbedeutung der grammatischen Kategorie Präsens: »Sprecherzeitpunkt eingeschlossen«
2. typische Bedeutungsvariante des Präsens in präteritaler Umgebung, »historisches Präsens«: »Vergegenwärtigung«
3. konkrete Verwendung des historischen Präsens mit spezifischer Textfunktion: »persönliche Betroffenheit«

Das heißt, nicht das Präsens an sich bringt Unmittelbarkeit zum Ausdruck. Es ist vielmehr so, dass die Grundfunktion des Präsens **zusammen** mit einem bestimmten sprachlichen Kontext in einem bestimmten Text (der entsprechend den Verfasserabsichten erzeugt wurde) die aktuelle Funktion des Präsens ergibt.

Denn (komplexe) Intentionen werden nicht durch ein isoliertes Kennzeichen ausgedrückt, sondern durch ein ganzes Netz von Markierungen, die sich gegenseitig beeinflussen und die sich wechselseitig zum Kontext werden. Bei aller Interdependenz und Kontextabhängigkeit bleibt jedoch die Tatsache bestehen, dass Intentionen an den verwendeten sprachlichen Zeichen selbst abzulesen sind. In der nun folgenden Detailanalyse des Mustertextes 1 konzentrieren wir uns auf folgende Aspekte, die in den nächsten Abschnitten ausführlicher besprochen werden:

- Markierung verschiedener Sprecher und Sprecherhaltungen
- Elemente der Reportage: Nähe und Direktheit
- Grammatische »Merkwürdigkeiten«

5.2.2 Markierung verschiedener Sprecher und Sprecherhaltungen

Wir beginnen mit einer auffälligen Erscheinung in diesem journalistischen Text, nämlich mit den zahlreichen Sprecherwechseln und mit den Wechseln der Standpunkte (Perspektiven) und persönlichen Haltungen zum Geschehen. Die durch die Wiedergabe von Redebeiträgen verschiedener Personen signalisierte Meinungsvielfalt (Polyphonie) betont einerseits, dass die Preiswürdigkeit des Preisträgers weithin anerkannt ist, was als textsortenkonstitutives Merkmal einer Laudatio gelten kann, andererseits wird auf diese Weise eine Schwarz-Weiß-Folie erzeugt (Doping vs. Kampf gegen das Doping), vor der sich wiederum der Preisträger als Kämpfer auf der richtigen Seite abhebt.

Wir werden untersuchen, wie diese Polyphonie (also der Zusammenklang der verschiedenen Meinungen, Perspektiven und Haltungen) durch grammatische

Mittel und die durch sie ausgedrückten Differenzierungen hergestellt wird. Besonders wichtig hierbei sind **die grammatischen Mittel zur Kennzeichnung direkter und indirekter Rede** und ihrer Mischformen, also bestimmte **Satzstrukturen**, bestimmte **Tempus-** und **Modusverwendungen** sowie **Verschiebungen in der Kategorie Person** (z. B. Wechsel zwischen erster und dritter Person). Diese grammatischen Elemente werden – unter anderem – zugleich gebraucht, um Wertungen einzelner Positionen oder Sprecherbeiträge vorzunehmen.

Perspektivierung in Satz 1-4 und 1-5

Ein Beispiel aus dem Text, das mehrere dieser Elemente kombiniert, ist der vierte und fünfte Satz im ersten Abschnitt, die hier erneut wiedergegeben sind:

1-4 »Rotary ist selbstloses Dienen«, erklärt die Chefin des Clubs, eine taffe Westberlinerin.
1-5 Man würde hier vor allem viel für Kinder machen, sagt sie, »denn Kinder sind doch unsere Zukunft!«

Der zitierten Passage gehen drei Sätze voraus, die der Situierung der Szene dienen. Es handelt sich um ein Clubtreffen, an dem die Autorin teilnimmt, um davon zu berichten und einzelne Personen zu interviewen. Genannt werden der Ort, die Zeit, die beteiligten Personen, der Anlass und die Häufigkeit dieser regelmäßig stattfindenden Versammlungen. Durch Art und Reihung der Nennung wird bereits hier eine kritische Haltung der Autorin zu solchen Veranstaltungen angedeutet. Dies soll uns jedoch zunächst nicht beschäftigen; wir widmen uns den Methoden der Redewiedergabe in den Sätzen 1-4 und 1-5.

Satz 1-4 beginnt mit der direkten Redewiedergabe der interviewten Präsidentin des Rotary-Clubs. Diese wird als **direktes Zitat** in Form eines **Nebensatzes mit V2-Stellung** dargeboten *(»Rotary ist selbstloses Dienen«)*, auf den der **redesituierende Trägersatz** folgt *(erklärt die Chefin des Clubs)*. Das hier verwendete Präsens *(erklärt)* ist ein **historisches Präsens**, das die Szene der Interviewsituation in die Gegenwart der Rezipienten transferiert und damit Nähe und Beteiligung ermöglicht.

Diese grammatischen Markierungen zur Redekennzeichnung und wertenden Einordnung werden durch semantische und stilistische Mittel verstärkt. Das **appositive Attribut** *(eine taffe Westberlinerin)* stellt eine Wertung der Gesprächspartnerin durch die Autorin dar, die durch die **Nachstellung** als neue Information besonders hervorgehoben wird. Die Verbindung der einer **gehobenen Stilschicht** zugehörigen Phrase *selbstloses Dienen* und des **umgangssprachlichen** Adjektivs *taff* (sowie des Substantivs *Chefin* anstelle der korrekten Bezeichnung *Präsidentin*) ergibt einen **semantischen Kontrast**, der den

Anspruch des Clubs und die gelebte Wirklichkeit als nicht übereinstimmend erscheinen lässt.

Dieser Kontrast wird verstärkt durch die Fortführung der Redewiedergabe in Satz 1-5, die nun zunächst in Form der **indirekten Rede** erfolgt, nämlich durch *Man würde hier vor allem viel für Kinder machen.* Die indirekte Rede ist, wie zu erwarten, gekennzeichnet durch den **Konjunktiv** *würde machen* anstelle des Indikativs Präsens *machen* und die **Verschiebung der Personenkategorie** des Subjekts zur indefiniten dritten Person *man* vom (vermutlich) zugrunde liegenden *wir.* Syntaktisch liegt auch hier ein **Nebensatz mit V2-Stellung** vor, auf den der die Redewiedergabe deutlich kennzeichnende **Trägersatz** *sagt sie* folgt. Dieser behält wie in 1-4 das **Präsens** bei. Darauf folgt, syntaktisch unverbunden, die Fortführung der Wiedergabe, nun als **direktes Zitat** *»denn Kinder sind doch unsere Zukunft!«.*

Diese Art der Redewiedergabe zielt auf eine lebhafte Beteiligung der Rezipienten und bringt eine deutliche Wertung der Haltung der Interviewten zum Ausdruck. **Dass dieser Effekt durch die gezielte Auswahl und Kombination der beschriebenen grammatischen und lexikalischen Mittel erzeugt wird,** lässt sich durch einen **Umformtest** ermitteln, der andere grammatische und lexikalische Formen wählt. Eine Option besteht darin, beide Sätze in einen komplexen Satz zusammenzufassen:

1-4a bis 1-5a Mit Bezug auf das Leitmotiv von Rotary, das selbstlose Dienen, betonte die Präsidentin des Clubs, eine im aktiven Berufsleben stehende Westberlinerin, dass man sich in diesem Club vor allem viel für Kinder einsetze, die doch unsere Zukunft seien.

Hier entsteht durch eine konsequente und »einförmige« Markierung der Redewiedergabe als **indirekte Rede im Konjunktiv** und durch eine systematische **syntaktische Unterordnung** ein völlig anderer Eindruck als im Original. Es wird distanziert von einem Interview berichtet. Dazu trägt auch die Wahl des **Präteritums des Verbs im Trägersatz** *(betonte)* und die **Vermeidung polarisierender Lexeme** (wie *taff* oder das in diesem Kontext leicht despektierliche *Chefin*) bei.

Durch die Umwandlung des ersten Teils von Satz 1-4, also des Nebensatzes mit V2-Stellung *(Rotary ist selbstloses Dienen)* in ein **Adverbial** in Form einer Präpositionalphrase *(Mit Bezug auf das Leitmotiv von Rotary, das selbstlose Dienen)* wird die hier gebotene Information als allseits bekanntes **Hintergrundwissen** dargestellt und nicht mehr dazu verwendet, den Kontrast zwischen »Schein« und »Sein« aufzubauen.

Bei der Wiedergabe der Situation durch die Umformung in 1-4a bis 1-5a liegt der Schwerpunkt also auf berichtender Distanz. Eine weitere Option, die einen gegenläufigen Effekt erzeugt, ist die folgende, die die beiden Sätze als eigenständige Sätze beibehält, aber sie in **1-4b** und **1-5b** umwandelt:

1-4b Die aus Westberlin stammende, energische Clubchefin erläutert: »Rotary ist selbstloses Dienen«.

1-5b »Wir machen hier vor allem viel für Kinder, denn Kinder sind doch unsere Zukunft.«

Allein durch die Umformung des gesamten Zitats in eine zusammenhängende Sequenz **direkter Rede**, durch den Verzicht auf den eingeschobenen Trägersatz in Satz **1-5b** und die **Voranstellung des Trägersatzes** (bei Beibehaltung des **Präsens**) sowie durch die nur leicht veränderte **Charakterisierung** der Interviewten ergibt sich der Eindruck lebhafter Direktheit und positiver Zustimmung.

Dieses Beispiel und die beiden Umformtests führen deutlich vor Augen, dass der Sinn und die mitgemeinten Nuancen eines Textes **wesentlich von der Wahl der syntaktischen und grammatischen Mittel (neben der Wortwahl) erzeugt werden.** Es lohnt sich in jedem Fall, über die Möglichkeiten der Wahl Bescheid zu wissen und die Kunst ihrer Anwendung zu beherrschen.

Zur Funktion des Konjunktivs

In den zentralen Passagen des Textes kommt der **Moduswahl** – also der Wahl des Indikativs oder einer Konjunktivform – beim Aufbau von Perspektiven und der Markierung der wiedergegebenen Rede anderer Personen eine entscheidende Rolle zu. Auch hier gilt es, zwischen verschiedenen Bedeutungs- bzw. Funktionsschichten zu unterscheiden, nämlich, wie oben schon für das Präsens erläutert, zwischen der Grundbedeutung der grammatischen Kategorie, ihren gebräuchlichen Bedeutungsvarianten in bestimmten typischen, d.h. stereotypischen Verwendungskonstellationen und einer konkreten, aktuellen, einmaligen Gebrauchsweise in einem spezifischen Text. Insbesondere der **Konjunktiv**, über dessen Funktion sehr unterschiedliche Auffassungen im Umlauf sind, verdient hier einige Aufmerksamkeit und – vor allem – eine sorgfältige Analyse. Dies soll exemplarisch und ohne Anspruch auf Vollständigkeit an einigen Beispielen illustriert werden.

Wie in Abschnitt 1.1.3 dargestellt, ist eine der Funktionen des Konjunktivs die Markierung der indirekten Rede. Hier kommen alle Formen des Konjunktivs (also Konjunktiv I, Konjunktiv II und die *würde*-Umschreibung) zum Einsatz. Die Frage nach den Bedingungen der Wahl einer der drei Formen ebenso wie die Frage nach eventuellen Bedeutungsunterschieden zwischen ihnen sind kontrovers diskutierte Gegenstände in der sprachwissenschaftlichen Forschung. Darauf kann im Rahmen dieses Buches nicht eingegangen werden. Es sei jedoch auf einen interessanten, wenn auch auf den ersten Blick minimalen

Funktionsunterschied zwischen dem Konjunktiv I und dem Konjunktiv II hingewiesen, der bei der Interpretation von Redewiedergaben im Mustertext an einigen Stellen bedeutsam ist. Wir betrachten hierzu folgende Sätze:

1-7 Ob denn nicht endlich mal Schluss sein <u>könne</u>, fragt er sichtlich erregt, mit den DDR-Uraltklamotten.

1-8 Im Verhältnis zu heute <u>sei</u> Doping in der DDR doch eine völlig harmlose Geschichte gewesen.

Hier wird der Konjunktiv I zur Markierung der indirekten Rede verwendet *(könne, sei)*. Syntaktisch liegt in 1-7 ein indirekter Fragesatz mit in die indirekte Rede eingeschobenem Trägersatz *(fragt er sichtlich erregt)* vor. In 1-8 wird die indirekte Rede im Konjunktiv I ohne Trägersatz in einem Hauptsatz weitergeführt. Der ursprüngliche Sprecher hat in beiden Sätzen mit Sicherheit Indikative verwendet (also *<u>Kann</u> denn nicht endlich mal Schluss sein mit den DDR-Uraltklamotten?* und *Im Vergleich zu heute <u>ist</u> Doping in der DDR doch eine völlig harmlose Geschichte gewesen.*). Der Konjunktiv I markiert die beiden Äußerungen als das Zitat einer indikativischen Aussage des ursprünglichen Sprechers, für dessen Inhalt die Verfasserin des Artikels nicht verantwortlich ist. Die aktuelle Sprecherin sagt also: »Nicht ich, sondern ein anderer hat das behauptet«, wobei es an dieser Stelle um die Darstellung der Meinung der »alten« Dopingbefürworter geht, von der sich die Verfasserin deutlich distanziert.

Wie aus Kapitel 1 bekannt, kann der Konjunktiv I in der indirekten Rede durch den Konjunktiv II oder die *würde*-Umschreibung ersetzt werden. Dabei gelten die verschiedenen Formen **im Bereich der indirekten Rede** als bedeutungsgleich. Es gibt jedoch einen kleinen, durchaus relevanten Unterschied zwischen ihnen: Nur durch den Konjunktiv I wird ausgedrückt, dass **in der direkten Rede** eine Aussage im **Indikativ** gemacht wurde. Weder die Ersetzung durch den Konjunktiv II noch durch die *würde*-Umschreibung bringen dies zum Ausdruck: Werden sie verwendet, so ist nicht ausgeschlossen, dass bereits in der direkten Rede ein Konjunktiv II oder eine *würde*-Umschreibung standen. Kurz: Die Verwendung des Konjunktivs I in der indirekten Rede ist eine eindeutigere Wiedergabe der Form des Zitats als die anderer Konjunktive. Sie differenziert die Position des aktuellen Sprechers von der des zitierten Sprechers eindeutiger als die Ersatzformen. Wir halten daher fest, dass in 1-7 und 1-8 der Konjunktiv I die Rede des zitierten Sprechers als ursprünglich indikativische Äußerung wiedergibt und sie zugleich unmissverständlich als Zitat und damit nicht als Aussage der Autorin markiert.

Die obige Diskussion hat demonstriert, dass und wie der behauptete Zusammenhang zwischen grammatischen Formen und ihrer Funktion für den ge-

samten Text gefunden, getestet und beschrieben werden kann. Auf diese Weise könnten wir den gesamten Textausschnitt bezüglich der Mittel und Wirkungen der Redewiedergabe und der Inszenierung der Polyphonie analysieren. Aus Platzgründen ist dies jedoch nicht möglich. Stattdessen geben die folgenden beiden Tabellen je eine zusammenhängende Passage wieder und benennen einige auffällige Erscheinungen in Kurzform, ohne Vollständigkeit anzustreben. Die Tabellen sind wie folgt zu lesen: Zunächst wird über die ganze Tabellenbreite die betreffende Textstelle zitiert. In der Zeile darunter folgt in drei Spalten die Benennung des relevanten Phänomens (z. B. »direktes Zitat«), der Hinweis auf die grammatischen Mittel, ihre Funktion und, in der letzten Spalte, ein weiterführender Kommentar. Aufgrund der bisher durchgeführten exemplarischen Analysen sollte es möglich sein, aus den in den Tabellen gebotenen kurzen Hinweisen weitergehende Folgerungen abzuleiten und auf ihrer Grundlage detaillierte Analysen der gebrauchten Mittel und ihrer Wirkung anzustellen.

1 Formen und Funktionen der Redewiedergabe, Teil I

Textausschnitt 2-3 **bis** 2-8: 2-3 Franke selbst in einem Interview: 2-4 »1990 sollte ich im Auftrag des Wissenschaftsrates dabei helfen, die Wissenschaftsinstitute der DDR zu evaluieren. 2-5 Ich wusste, dass es einige Doktorarbeiten zum Staatsdoping geben musste. 2-6 Ich habe zu meiner Frau gesagt: 2-7›Wir müssen nach Bad Saarow‹. 2-8 Dort befand sich die Militärmedizinische Akademie der Nationalen Volksarmee.«		
Beschreibung des Phänomens lange direkte Rede des Preisträgers mit darin eingebetteter Wiedergabe der eigenen Rede in einem vergangenen Kontext (Zitat im Zitat)	**gramm. Form u. Funktion** direktes Zitat eingeleitet mit syntaktisch verkürztem Trägersatz; *ich*-Perspektive, Präteritum in erzählenden Passagen, Perfekt in dramatisierenden Passagen; Redeeinbettung in direkter Rede im Indikativ Präsens	**Kommentar** Inszenierung des Preisträgers als Hauptdarsteller des Artikels; Lebendigkeit, Nähe durch direkten Kontakt zum Preisträger
Textausschnitt 2-6 Ich habe zu meiner Frau gesagt:		
Beschreibung des Phänomens Einleitung eines direkten Zitats in einem Zitat	**gramm. Form u. Funktion** Benennung des Sprechers und des Angesprochenen; dramatisierendes Perfekt	**Kommentar** Inszenierung des Preisträgers, Spannung
Textausschnitt 2-7 ›Wir müssen nach Bad Saarow‹		
Beschreibung des Phänomens wörtliches Zitat im wörtlichen Zitat	**gramm. Form u. Funktion** Indikativ Präsens; Subjekt *wir* benennt die Sprechpartner der eingebetteten Situation	**Kommentar** Darstellung des privaten Umfelds des Preisträgers erzeugt Nähe und Sympathie

Textausschnitt 2-8 Dort befand sich […] der Nationalen Volksarmee.		
Beschreibung des Phänomens Fortführung des Zitats auf erster Ebene, d.h. im Kontext des Interviews	**gramm. Form u. Funktion** Präteritum; berichtende bzw. erzählende Funktion	**Kommentar** Information über die Vorgeschichte aus erster Hand

2 Formen und Funktionen der Redewiedergabe, Teil II

Textausschnitt 3-5 **bis** 3-7**:** 3-5 Wir wissen, dass es anders kam: 3-6 Erstaunlich die Radikalität, mit der der Steroid-Sport Ende der achtziger Jahre durch die weltweite Blutdoping-Ära ergänzt wurde. 3-7 Kalkül auch, mit welcher Hartleibigkeit das damalige Nationale Olympische Komitee und der Deutsche Sportbund jeglichen Satisfaktionsbedarf in Sachen vergiftetem ostdeutschen Sport umschifften.		
Beschreibung des Phänomens Information über historische Ereignisse	**gramm. Form u. Funktion** siehe unten	**Kommentar** durch Evozierung eines gemeinsamen Wissenshintergrunds Solidarisierung von Autorin und Leserschaft

Textausschnitt 3-5 Wir wissen, dass es anders kam:		
Beschreibung des Phänomens Einleitungssatz zur Darstellung des »gemeinsamen« Wissens	**gramm. Form u. Funktion** *wir* als inklusiver Plural schließt Leser ein; Präsens des Verbs im Trägersatz verstärkt den Eindruck einer gemeinsamen Kommunikationssituation; Präteritum des eingebetteten Satzes stellt Aussage als bekanntes Faktum dar	**Kommentar** Erzeugung von Solidarität und Spannung

Textausschnitt 3-6 Erstaunlich die Radikalität, mit der der Steroid-Sport Ende der achtziger Jahre durch die weltweite Blutdoping-Ära ergänzt wurde.		
Beschreibung des Phänomens unvollständiger Satz, parallel konstruiert zu 3-7	**gramm. Form u. Funktion** Satzglied mit komplexem satzförmigem Attribut; kein Subjekt oder Träger der beschriebenen Wahrnehmungen bzw. Handlungen; exklamative Funktion	**Kommentar** Erzeugung von innerer Beteiligung; siehe 5.2.3

Textausschnitt 3-7 Kalkül auch, mit welcher Hartleibigkeit das damalige Nationale Olympische Komitee und der Deutsche Sportbund jeglichen Satisfaktionsbedarf in Sachen vergiftetem ostdeutschen Sport umschifften.		
Beschreibung des Phänomens unvollständiger Satz, parallel zu 3-6	**gramm. Form u. Funktion** siehe oben zu 3-6 und 5.2.3	**Kommentar** siehe oben zu 3-6 und 5.2.3

Nach dieser ausführlichen Darstellung des ersten für diesen Text in den Blick genommenen Themenbereichs wollen wir – in gebotener Kürze – den zweiten Bereich, die Erzeugung umgangssprachlicher Effekte durch grammatische (und lexikalische) Mittel und ihren Beitrag zur Textfunktion, betrachten.

5.2.3 Elemente der Reportage: Nähe und Direktheit

Der Effekt der direkten Beteiligung am Geschehen, der ja ein wesentlicher Bestandteil von Reportagen ist, wird im Text durch verschiedene sprachliche Mittel hervorgerufen. Insbesondere durch die Verwendung **gesprochen-sprachlicher und auch umgangssprachlicher Formen und Konstruktionen** wird eine affektive Nähe zum Leser erzeugt und die Verständlichkeit des Textes erhöht. Dadurch wird der Inhalt des Textes für die Rezipienten eingängiger, und seine Wirksamkeit im Hinblick auf Meinungsbildung und Handlungsaufforderung steigt.

Im Text bevorzugte Mittel zur Erzeugung dieser Effekte sind kurze und/oder syntaktisch unvollständige Sätze sowie isoliert stehende nominale Satzglieder. Auch der sparsame Gebrauch von syntaktischer Unterordnung (z. B. von Relativsätzen) kann als bewusste Annäherung an die gesprochene Sprache interpretiert werden. Darüber hinaus tragen die gezielten Verwendungen des Superlativs und etliche lexikalische Mittel zur Markierung eines umgangssprachlichen Stils bei. Dies sei an einigen Beispielen illustriert.

Satz 1-1 imitiert mit der syntaktisch unverbundenen Orts- und Zeitangabe den Stil einer Fernsehreportage, der zwar nicht umgangssprachlich, jedoch mündlich ist. So wird szenische Direktheit und Unmittelbarkeit erzeugt. Der Leser befindet sich gemeinsam mit der Verfasserin teilnehmend in der ersten Szene:

1-1 Bad Saarow am 23. Oktober des Jahres: Im feinst sanierten brandenburgischen Kurort hat der Rotary-Club geladen.

Auch hier kann durch einen Umformtest gezeigt werden, dass dieser Effekt in der Tat durch die Wahl der syntaktischen Mittel erzeugt wird:

1-1a Im feinst sanierten brandenburgischen Kurort Bad Saarow hat am 23. Oktober des Jahres der Rotary-Club geladen.

1-1b Am 23. Oktober des Jahres hat in Bad Saarow, im feinst sanierten brandenburgischen Kurort, der Rotary-Club geladen.

Durch die syntaktische Integration der Orts- und Zeitbestimmungen als Adverbiale in den Satz (für die es, wie **1-1a** und **1-1b** zeigen, mehrere Lösungen gibt) geht der aktualisierende szenische Effekt, den das Original durch die syntaktische Unverbundenheit erzeugt, verloren. Das Perfekt *hat ... geladen*, das in **1-1** den Aktualitätsbezug mit unterstützt, kann diese Funktion alleine nicht aufrechthalten.

Auffällig ist darüber hinaus eine ungewöhnliche Ausprägung der Valenz des Verbs *laden* in Satz **1-1**. Im Normalfall erwartet man bei *laden* sowohl ein Präpositionalobjekt *(laden zu etwas)* als auch ein direktes Objekt *(jemanden laden)*. Diese Valenzreduktion und die damit verbundene Kürze unterstreichen den Reportagecharakter, der wiederum die Integration des Lesers in die Szene und damit die Bekanntheit der Mitspieler simuliert. Darüber hinaus wäre als Adverbial zu *laden* eher ein Richtungsadverbial *(in den Kurort)* als ein Ortsadverbial *(im Kurort)* zu erwarten. Kurz: Die von der Normalerwartung leicht abweichende Realisierung der Verbvalenz und der morphologischen Form des Ortsadverbials verstärkt insgesamt den Effekt der szenischen Präsenz und Involviertheit der Rezipienten.

Der Beginn von **Abschnitt 3** erzeugt durch die **Zerlegung der Aussage in zwei kurze Sätze** einen Stil, der an gesprochene Sprache angelehnt ist und so die Rezeption erleichtert.

3-1 Die Materialien von Bad Saarow wurden ein Markstein deutscher Sportgeschichte.

3-2 Mit ihrer Hilfe war es zum ersten Mal möglich, das System des kriminellen Pharmaziesports als Struktur sichtbar zu machen.

Der Informationsfluss, also die Verteilung alter, bekannter und neuer, unbekannter Information orientiert sich hier an einer *Face-to-Face*-Situation. Satz **3-1** in der Form »Subjekt – Kopulaverb – Prädikativ« benennt das Thema, um das es im Folgenden gehen soll. Der Referent der Nominalphrase *Die Materialien von Bad Saarow*, mit der der Absatz eingeleitet wird, ist bereits aus dem vorhergehenden Text bekannt: Die Nominalphrase wird durch die Prädikation mittels des Prädikativs *ein Markstein deutscher Sportgeschichte* zum Thema, zu dem im Anschluss weitere Details genannt werden.

Satz **3-2** ist ebenfalls ein Satz einfacher Struktur: Präpositionalphrase – unpersönliche Verbalkonstruktion mit Korrelat *es* – Temporaladverbial – Subjekt (Infinitivkonstruktion). Die Präpositionalphrase *mit ihrer Hilfe* nimmt das Thema *(die Materialien)* wieder auf und fügt durch das Subjekt *(das System des kriminellen Pharmaziesports sichtbar zu machen)* eine weitere neue Information über das Thema hinzu. Satz **3-2** liefert quasi eine Begründung für die Aussage des Vorgängersatzes, nämlich die Bewertung der Materialien als Markstein.

Dieser schrittweise Aufbau folgt den Rezeptionsbedingungen im mündlichen Kontext. Eine am schriftlichen Modus orientierte Fassung dieser Passage macht den Unterschied deutlich:

3-1a bis 2a Die Materialien von Bad Saarow, mit deren Hilfe es zum ersten Mal möglich war, das System des kriminellen Pharmaziesports als Struktur sichtbar zu machen, wurden ein Markstein deutscher Sportgeschichte.

Hier sind die Informationen syntaktisch komplex miteinander verbunden; die »Begründung« ist als attributiver Relativsatz in den ersten Satz eingefügt. In schriftlicher Form ist eine solche Konstruktion üblich und nicht schwierig zu rezipieren; in mündlicher Sprache ist die von der Verfasserin gewählte Form üblicher und leichter verständlich. Zugleich wird hierdurch Spannung und innere Beteiligung aufgebaut, um die Leistungen des Preisträgers in ein angemessenes Licht zu rücken.

Besonders auffällig ist die kombinierte Wirkung kurzer Sätze mit syntaktisch unvollständigen Konstruktionen in der Passage 3-5 bis 3-7. Diese Sequenz wurde unter dem Gesichtspunkt der perspektivierenden Mittel bereits in Tabelle 2 behandelt (siehe dort zur Ergänzung):

3-5 Wir wissen, dass es anders kam:

3-6 Erstaunlich die Radikalität, mit der der Steroid-Sport Ende der achtziger Jahre durch die weltweite Blutdoping-Ära ergänzt wurde.

3-7 Kalkül auch, mit welcher Hartleibigkeit das damalige Nationale Olympische Komitee und der Deutsche Sportbund jeglichen Satisfaktionsbedarf in Sachen vergiftetem ostdeutschen Sport umschifften.

Satz 3-5 gibt in bereits besprochener Manier eine kurze szenische Einordnung, wobei hier auch umgangssprachliche Phraseologie verwendet wird *(es kommt anders)*. Die zwei folgenden Äußerungen stellen keine vollständigen Sätze dar. 3-6 ist eine syntaktische Ellipse der Form **Adjektiv und Nominalphrase**, bei der die Kopula *ist* weggelassen wurde *(erstaunlich ist die Radikalität)* und von deren Nominalphrase ein attributiver Relativsatz abhängt. 3-7 ist strukturell ähnlich gebaut und beginnt mit der elliptischen Konstruktion **Nominalphrase und Adverb**, der ebenfalls eine Kopula hinzugefügt werden kann *(Kalkül ist auch)*. An diese Ellipse schließt sich ein Nebensatz an, der in einem vollständigen Satz die Funktion eines Prädikativs hätte. Dies wird besonders nach der Umformung deutlich: *Kalkül ist auch die Hartleibigkeit, mit der …*

Diese Passage, die gesprochene Sprache zwar imitiert, aber äußerst sorgfältig konstruiert ist, erzeugt den Effekt einer eiligen, reihenden Aufzählung, die die Dramatik der Szene erhöht. Diese wird im Übrigen weiter verstärkt durch die Parallelisierung der beiden Ausdrücke *erstaunlich* und *Kalkül*, die eine Kontrastierung zweier gegensätzlicher Perspektiven hervorruft: nämlich der Perspektive der Autorin und der Leser (durch *erstaunlich*) und der Perspektive der Dopingbefürworter (durch *Kalkül*). Auch hier beweist ein Substitutionstest, der die genannten Mittel durch andere ersetzt, dass die Wahl der »Waffen« durch die Verfasserin in der Tat die ihnen zugeschriebene Wirkung hat:

3-5a bis 3-7a Beim hinlänglich bekannten, weiteren Verlauf der Angelegenheit überrascht die Radikalität, mit der der Steroid-Sport Ende der achtziger Jahre durch die weltweite Blutdoping-Ära ergänzt wurde, ebenso wie die gezielte Hartleibigkeit, mit der das damalige Nationale Olympische Komitee und der Deutsche Sportbund jeglichen Satisfaktionsbedarf in Sachen vergiftetem ostdeutschen Sport umschifften.

Die folgende Tabelle, die analog zu den Tabellen 1 und 2 aufgebaut ist, listet einige weitere syntaktische Entscheidungen auf, die insgesamt eine größere Nähe zur gesprochenen Sprache bewirken:

3 Syntaktisch kurze bzw. verkürzte Sätze

Textausschnitt 1-2 In einem Hinterzimmer des gediegenen Spa-Hotels »Esplanade« in der Seestraße sitzen 24 Männer und vier Frauen.		
Beschreibung des Phänomens Beschreibung der Szene/ Umgebung	**gramm. Form u. Funktion** einfacher Aussagesatz (V2) der Form: Adverbial – Verb – Subjekt	**Kommentar** szenische Präsenz, Reportagecharakter
Textausschnitt 1-3 Man trifft sich wöchentlich.		
Beschreibung des Phänomens Beschreibung der Szene/ Umgebung	**gramm. Form u. Funktion** einfacher Aussagesatz (V2) der Form: Subjekt – Verb – Adverbial	**Kommentar** Reportagecharakter, Hintergrundinformation
Textausschnitt 2-1 Ein imaginärer Werner Franke in Bad Saarow – das durfte nicht sonderlich verwundern.		
Beschreibung des Phänomens Überleitung zum Bericht des Preisträgers	**gramm. Form u. Funktion** syntaktisch unverbundenes Satzglied als Thema, einfacher Aussagesatz (V2) als Kommentar	**Kommentar** Ausruf, expressive Funktion, Weckung des Interesses am Preisträger
Textausschnitt 5-2 Ich kann diese Blicke nicht mehr vergessen.		
Beschreibung des Phänomens Schilderung der Befindlichkeit der Verfasserin	**gramm. Form u. Funktion** *ich* mit Bezug auf die Verfasserin als Subjekt; Präsens, einfacher V2-Satz: Subjekt – Modalverb – Objekt – Adverbial *(nicht mehr)* – Infinitiv als rechte Satzklammer	**Kommentar** expressive Funktion, Erzeugung von Sympathie für die Verfasserin und deren Haltung

Ein weiteres Mittel zur Erzeugung expressiver und damit zum Teil auch umgangssprachlicher Effekte ist die gezielte Verwendung des Superlativs, d.h. einer Flexionskategorie des Adjektivs, die zwischen Grammatik und Lexik steht. Der Superlativ wird in der gesprochenen Alltagssprache häufig in expressiver und übertreibender Funktion eingesetzt, die auch im Text an verschiedenen Stellen zum Tragen kommt. Diese sei an zwei Beispielen erläutert:

1-1 Bad Saarow am 23.Oktober des Jahres: Im **feinst** sanierten brandenburgischen Kurort hat der Rotary-Club geladen.

3-8 Das vereinte Sport-Programm nach 1989 fahndete **intensivst** nach »Vereinigungs-Effekten« und verneinte darin hartnäckig jeglichen Bruch:

Die beiden in diesen Passagen verwendeten Superlative dienen der emphatischen Hervorhebung. In beiden Fällen ist ihre Setzung eigentlich unnötig. *Feinst* modifiziert wie eine Steigerungspartikel das adjektivisch gebrauchte Partizip *saniert.* Das adverbiell verwendete *intensivst* kennzeichnet die Art und Weise des Fahndens und ist, da kein Vergleichselement genannt ist, inhaltlich mit der Grundform gleichzusetzen. Die durch den Superlativ erzeugte starke Hervorhebung und Übertreibung entspricht dem umgangssprachlichen Stil und bringt eine subjektive Wertung der Verfasserin zum Ausdruck, die man durchaus ironisch deuten kann und die eine gewisse Kritik am Dargestellten mittransportiert. Dies können Sie anhand der Ersetzung durch den Positiv leicht nachvollziehen:

1-1c Bad Saarow am 23.Oktober des Jahres: Im **fein** sanierten, brandenburgischen Kurort hat der Rotary-Club geladen.

3-8a Das vereinte Sport-Programm nach 1989 fahndete **intensiv** nach »Vereinigungs-Effekten« und verneinte darin hartnäckig jeglichen Bruch.

In beiden Sätzen sind die genannten Effekte vollständig verschwunden.

Eine etwas andere Wirkung hat der Superlativ *am liebsten* in **3-9**:

3-9 Die Märkte verschmolzen, das Know-how begegnete sich, die Menschenbilder gingen ineinander, die Personage blieb **am liebsten** die alte.

Das Verb *bleiben* ist eigentlich ein statives Verb; der Superlativ *am liebsten* des Adverbs *gern* kann sich normalerweise nur auf Handlungen oder Vorgänge beziehen. In der hier gewählten Kombination – zu der noch das abwertende, entpersönlichende Nomen *Personage* als Subjektsbezeichnung hinzukommt – bringt der Superlativ zum Ausdruck, dass aktiv von negativ bewerteten Personen (den alten Schuldigen) Verschleierung und Verheimlichung betrieben wurden. Das heißt, der Superlativ hat hier die Funktion, die (unguten, zumindest kritikwürdigen) Absichten der anderen als besonders energisch und mit voller Absicht betrieben darzustellen. Hier wird also eine inhaltliche Wertung durch die Verfasserin zum Ausdruck gebracht, die deren persönliche Betroffenheit unterstreicht und auf entsprechende Reaktionen bei den Lesern zielt.

Wie der Ersetzungstest durch *gern* hier zeigt, ist der beschriebene Effekt jedoch nicht allein auf die grammatische Kategorie Superlativ zurückzuführen, sondern auf das Lexem *gern* in allen seinen Steigerungsformen. Dies kann durch die Weglassprobe belegt werden.

3-9a Die Märkte verschmolzen, das Know-how begegnete sich, die Menschenbilder gingen ineinander, die Personage blieb **gern** die alte.

3-9b Die Märkte verschmolzen, das Know-how begegnete sich, die Menschenbilder gingen ineinander, die Personage blieb ________ die alte.

In Satz **3-9a** mit dem Adverb *gern,* das der Positiv von *am liebsten* ist, ist die oben beschriebene Wirkung – allerdings in abgeschwächter Form – noch vorhanden; in Satz **3-9b** hingegen, bei dem das Adverb fehlt, ist auch der stark wertende Effekt verschwunden. Hier ist somit von einer kombinierten Wirkung lexikalischer und grammatischer Mittel (Setzung eines Lexems und Auswahl einer bestimmten grammatischen Form, nämlich des Superlativs) auszugehen.

Die Tests dieses Abschnitts haben auch gezeigt, dass die umgangssprachlichen Effekte keineswegs auf unachtsame Konzeption zurückzuführen sind. Stattdessen zeigt ihre Auswahl und Wirkung deutlich, dass hier ein **schriftlich** konzipierter und sorgfältig verfasster Text vorliegt. Mit dem stellenweise eingesetzten, gezielten Anschein der Mündlichkeit und der Umgangssprachlichkeit werden zusätzliche Textwirkungen erzielt, die sich mit den vorher beschriebenen Effekten verbinden. Auch hier sei wieder hervorgehoben, dass der Eindruck der Mündlichkeit und Umgangssprachlichkeit direkt auf die Wahl bestimmter syntaktischer und kategorialer Mittel zurückgeführt werden kann, die hier in Ausschnitten beschrieben wurden.

5.2.4 Grammatische »Merkwürdigkeiten«

Zum Abschluss der Bearbeitung dieses Textauszugs sei auf einige grammatische Merkwürdigkeiten hingewiesen. Damit sind Stellen gemeint, an denen sich die Leser aller Wahrscheinlichkeit nach über die gewählte Ausdrucksweise wundern und ein stilistisches Unbehagen empfinden, das nicht mehr (eindeutig) auf die Intentionen der Verfasser zurückgeführt werden kann. Kurz, es geht um Stellen, an denen die Frage der grammatischen Richtigkeit oder Norm anklingt.

Diese Problematik wird hier jedoch bewusst als offene Frage behandelt. Es werden also keine verbindlichen Interpretationen oder Lösungsvorschläge geboten. Stattdessen sollen die Hinweise auf derartige »merkwürdige« Stellen (die sich unserer Erfahrung nach in sehr vielen Texten finden) Sie anregen, sich intensiver mit fortgeschrittener grammatischer Literatur zu befassen, um selbst eine Lösung zu den aufgeworfenen Fragen zu erarbeiten. Hier seien zwei Stellen genannt. Die erste ist:

4-2 **Die in der Folge um das Jahr 2000 stattgefundenen Prozesse** – maßgeblich der große Berliner Doping-Prozess gegen die beiden Drahtzieher des DDR-Zwangsdoping-Systems Manfred Ewald und Manfred Höppner – wären ohne ihn nie zustande gekommen.

Es geht, wie Ihnen sicher aufgefallen ist, um die Phrase *Die in der Folge um das Jahr 2000 stattgefundenen Prozesse.* Das pränukleare Attribut *in der Folge um das Jahr 2000 stattgefundenen* klingt in den Ohren vieler Sprecher des Deutschen merkwürdig, wenn nicht gar inkorrekt. Wir würden also die Phrase mit einem * oder einem ? markieren:

*/? *Die in der Folge um das Jahr 2000 stattgefundenen Prozesse*

Der Eindruck der Fehlerhaftigkeit entsteht durch das Partizip II *stattgefundenen,* das hier als attributives Adjektiv verwendet wird. Dabei ist wohl jedem Sprecher klar, was gemeint ist, nämlich *die Prozesse, die um das Jahr 2000 stattgefunden haben.* Die Verwendung des Partizips in dieser Weise ist also inhaltlich motiviert und verständlich. Ein analoger Gebrauch ist bei vielen, jedoch nicht bei allen Partizipien II möglich.

Wir können zwar sagen:

im vergangenen Prozess,

aber nur schlecht

*/? *im stattgefundenen Prozess.*

Versuchen Sie nun, selbstständig zu ermitteln, was es mit dieser Gebrauchsregel des Partizips II auf sich hat. Welche Eigenschaften der Partizipien sind entscheidend für ihre Verwendbarkeit in dieser Konstruktion? Gibt es dafür außergrammatische Gründe – z. B. sprachgeschichtliche oder normative?

Oder halten Sie den reklamierten Satz gar nicht für fehlerhaft? Können Sie dann weitere Beispiele für ähnliche »pseudofehlerhafte« Verwendungen finden? Können Sie Argumente nennen, wieso diese Konstruktion nicht (mehr) fehlerhaft ist?

Die zweite »Merkwürdigkeit«, die hier Erwähnung finden soll, betrifft folgende Stelle:

3-4 Als 1991 das von Brigitte Berendonk und Werner Franke gemeinsam geschriebene Buch »Doping-Dokumente. Von der Forschung zum Betrug« ans Licht der Öffentlichkeit kam,

> hätte man meinen können, der deutsche Sport **nutzte** dieses bald gewichtige Standardwerk, um sich von den in ihm beschriebenen Deformationen zu befreien.

Aufmerksame Leser/-innen nehmen vermutlich an der Tempus- und Moduswahl dieses Abschnittes Anstoß. Insbesondere das hervorgehobene *nutzte* ist schwierig zu beurteilen. Ist hier ein Präteritum intendiert? Oder ein Konjunktiv II, der bei schwachen Verben formal mit dem Präteritum identisch ist (starkes Verb: Prät. *er gab* – Konj. II *er gäbe;* schwaches Verb: Prät. *er nutzte* – Konj. II *er nutzte*). Hat dies eine besondere stilistische Funktion? Oder hat die Autorin möglicherweise nur übersehen, dass hier die Umschreibung mit *würde* »besser« wäre?

Überlegen Sie, wie viele mögliche Lesarten und Interpretationen diese Stelle hat und wie sie sich jeweils an die unterstellten grammatischen Bedeutungen rückbinden lassen. Hierzu müssen Sie sich umfassender über die verschiedenen Bedeutungen und Funktionen der Tempora und Modi informieren. Dies ist anhand aller gängigen, linguistisch fundierten Grammatiken des Deutschen möglich.

5.2.5 Zusammenfassung

Für die Erzeugung von Perspektivierung und Polyphonie, des Effekts der Mündlichkeit, Direktheit und Nähe wurden vor allem folgende grammatische Kategorien und syntaktische Konstruktionen analysiert:

- syntaktische Kennzeichnung direkter und indirekter Rede (Trägersätze etc.)
- Tempus- und Modusauswahl
- personale Verschiebung
- syntaktische Enkodierung als Satzglied oder Satzgliedteil, als Valenzträger oder Nichtvalenzträger
- Satzlänge und syntaktische Komplexität
- Topologie
- elliptische und unvollständige Sätze
- markierte Verwendung der Kategorie Superlativ
- stilistisch markierte Lexemauswahl

5.3 Lyrischer Text

nach hause kommen

öffnet die tür sich
lacht sich entgegen
umarmt sich
küßt sich
springt an sich hoch als das kind springt an sich hoch als der hund
streichelt sich den kopf
nimmt die tasche sich aus der hand
hilft sich aus dem mantel
erzählt sich was alles war draußen
hört sich zu was alles war zuhaus

(aus: Ernst Jandl: Idyllen. Gedichte. München 1997, zitiert nach Ausgabe 1989, S. 77)

5.3.1 Einführung in die Analyse des lyrischen Textes

Mit der Analyse des Gedichts von Ernst Jandl verfolgen wir eine einfache Zielsetzung: Es geht uns darum, Ihnen zu zeigen, zu welchen Ergebnissen eine rein grammatische Betrachtung eines Gedichtes führen kann.

Wir behaupten, dass die Analyse der Grammatik poetischer Texte den Blick für deren Inhalt und Gehalt schärft, dass sie den richtigen Zugang schafft und gleichsam den **Schlüssel für das Öffnen der Schatztruhe** bereithält. Die grammatische Analyse poetischer Texte bietet ein festes Fundament, das aufgrund »sichtbarer Tatsachen« geschaffen wird. Von hier aus können weiterführende Interpretationsversuche unternommen werden.

Jeder Interpret verirrt sich aber im Dschungel möglicher Deutungen, wenn er meint, die grammatischen Grundlagen ignorieren zu können. Ergebnisse grammatischer Analysen sind durch Verankerung der Gegebenheiten im Text im positiven Sinne »bodenständig« und in jedem Fall intersubjektiv nachprüfbar.

Unsere Wahl fiel auf ein **Gedicht,** das viele Merkmale moderner Lyrik aufweist und deshalb als Modell stehen kann. Wollte man eine Textsorte »Gedicht« beschreiben, dann ist die äußere Form, das Vorhandensein von Versen und Strophenbau, ein entscheidendes Kriterium. Hinzu kommt eine bestimmte Ausdrucksweise, die durch expressive Wortwahl und Dichte, durch die Verwendung von Vollverben bei gleichzeitigem Vermeiden von Funktions- oder Hilfsverben und durch den Gebrauch von Stilmitteln charakterisiert werden kann. Inwiefern allerdings diese Kriterien, die für ein prototypisches Gedicht gelten, auch auf die zeitgenössische Lyrik zutreffen, muss am Einzelfall geprüft werden.

In einem ersten Schritt geht es um die **optische Präsentation** des Gedichtes, in dem die Versform als äußere Form beibehalten ist:

> Das Gedicht hat eine **Überschrift** *nach hause kommen*, die grafisch vom Textkörper durch Leerzeile abgehoben ist. Auf den ersten Blick fällt auf, dass im Jandl-Gedicht wie in vielen modernen Gedichten sämtliche **Interpunktionszeichen** fehlen, also keine Teilsatz- oder Satzgrenzen angegeben sind. Darüber hinaus wird auch auf die **Großschreibung** verzichtet, sodass Substantive und eventuell vorhandene Satzanfänge nicht markiert sind.

In einem zweiten Schritt geht es um **besondere Auffälligkeiten des Wort- und Satzgebrauchs,** bevor wir zu Inhaltlichem kommen:

- Insgesamt kann im Gedicht elfmal das Wort *sich* gezählt werden, in jeder Zeile einmal, nur in der Überschrift fehlt es. Für das Textverständnis ist die Interpretation von ***sich*** – wie Sie noch sehen werden – von großer Bedeutung.
- Jede Zeile beginnt mit einem finiten Verb in der 3. Person Singular Indikativ Präsens (Aktiv), sodass ein gewisser **Parallelismus** zu verzeichnen ist. Da das finite Verb das wichtigste Satzglied für eine Aussage darstellt, kann eine weitere Beobachtung angeschlossen werden:
- In jeder Zeile wird der Inhalt genau einer Aussage geboten. Es gibt eine Ausnahme: Zeile 6 bietet zwei Aussagen, die parallel konstruiert sind. Zeile 6 fällt durch ihre Länge und auffällige Stellung in der Mitte des Gedichts besonders auf:

    6 springt an sich hoch als das kind springt an sich hoch als der hund

- Da die Aussagen mit dem Ende einer Zeile abgeschlossen sind, sind Satzzeichen und Großschreibung bei Satzbeginn nahezu überflüssig. Von der Möglichkeit des Enjambements, des Zeilensprungs, macht der Autor keinen Gebrauch.
- Die Verwendung besonderer auffälliger Stilmittel kann nicht beobachtet werden.

Wir werden im Folgenden die Zeilen des Gedichts (ohne Überschrift) auch als Verse bezeichnen und dabei die Zeilennummerierung beibehalten.

Welche Inhalte werden im Gedicht vermittelt?

Es handelt sich um die Schilderung des alltäglichen Nach-Hause-Kommens. Wie bereits gesagt – in den Aussagen steht die durch das finite Verb ausgedrückte Handlung im Mittelpunkt:

> Es geht um ein Tür-Öffnen 2, um ein Sich-Entgegenlachen 3, Sich-Umarmen 4, Sich-Küssen 5, An-Sich-Hoch-Springen (als Kind und als

Hund 6, Sich-den-Kopf-Streicheln 7, Sich-die-Tasche-aus-der-Hand-Nehmen 8, Sich-aus-dem-Mantel-Helfen 9 und schließlich um ein Sich-Erzählen 10 und Sich-Zuhören 11.

Geboten werden beinahe durchweg **einfache Sätze, Aussagesätze,** die neben dem finiten Verb und dem Pronomen *sich* ein Minimum an weiteren Satzgliedern aufweisen. Die folgende Übersicht gibt eine mögliche erste Analyse:

4 Tabelle zum syntaktischen Gebrauch der finiten Verben

finites Verb + *sich*	**finites Verb + *sich* + Objekt/Adverbial**	**finites Verb + *sich* + Objektsatz**
öffnet (die tür) sich (2)		
lacht sich entgegen (3)		
umarmt sich (4)		
küßt sich (5)		
springt an sich hoch (als das kind) springt an sich hoch (als der hund) (6)		
	streichelt sich den kopf (7)	
	nimmt die tasche sich aus der hand (8)	
	hilft sich aus dem mantel (9)	
		erzählt sich was alles war draußen (10)
		hört sich zu was alles war zuhaus (11)

Von den 10 Versen haben – auf den ersten Blick – insgesamt 5, die Hälfte des Gedichts, neben *sich* kein weiteres Objekt. Nur 3 Verse haben weitere Satzglieder, zwei Akkusativobjekte (7, 8) und zwei Lokaladverbiale (8, 9). Zwei weitere Verse weisen einen Objektsatz auf, der in 10 für ein Akkusativobjekt steht. Der Vers 11 gestaltet sich weitaus schwieriger. Hierzu später mehr.

Wenn wir die Komplexität der Satzstrukturen berücksichtigen, fällt ein klimaxartiger Aufbau des Gedichts auf.
Stufe 1: Die ersten 5 Verse sind, *sich* zunächst einmal unbeachtet lassend, ohne Objekt, ohne Patiens, d. h. ohne Bezugsgröße, die – *sich* noch immer ausgenommen – von der Handlung betroffen sein könnte. Sie kulminiert in Vers 6 mit einer doppelten Aussage und zwei *als*-Phrasen *(als das kind, als der hund).*

Stufe 2: Darauf folgen 3 Sätze mit Objekt, die entweder einen Körperteil *(den kopf, aus der hand)* oder ein Kleidungsstück (im weiteren Sinne) *(die tasche, aus dem mantel)* bezeichnen. Die Reichweite der Handlung des Verbs betrifft kein Patiens, das außerhalb von Körper und Kleidungsstück dingfest zu machen ist. **Stufe 3:** Die 2 Sätze am Schluss sind die einzigen komplexen Sätze, die Satzgefüge darstellen. Die Nebensätze sind völlig identisch *(was alles war)* mit einem gravierenden Unterschied: Das ausgeklammerte Element, das hinter der rechten Satzklammer steht, bietet einen Gegensatz zwischen *draußen* (10) und *zuhaus* (11). Die Nebensätze haben die Funktion von Objektsätzen. Formal handelt es sich um freie Relativsätze, denen ein direktes Bezugselement im Satz fehlt. Es handelt sich um Inhaltssätze, die den Gegenstand des Sich-Erzählens und des Sich-Zuhörens angeben.

Den besonderen Reiz des Gedichts macht seine Janusköpfigkeit aus. Sie wird bestimmt durch Gewohnheit oder **Vertrautheit** auf der einen Seite und Irritation oder **Befremdung** auf der anderen Seite. Diese Ambiguität des Gedichts lässt sich mittels Grammatik erklären.

Gewohnheit und **Vertrautheit** werden durch die einfachen Aussagesätze erzeugt, die nur in zwei Fällen komplexere Gestalt annehmen. Die Überschrift des Gedichtes thematisiert ein *Nach-Hause-Kommen,* und vor uns entrollt sich das gesamte Szenario der Handlungsabläufe, die das Nach-Hause-Kommen begleiten.

Es sind die **Verben,** die als Prädikate des Satzes die wichtigsten Satzglieder sind und die durch ihre Nennung **eine Szene** dadurch schaffen, dass sie bestimmte Mitspieler fordern. Würden Sie frei assoziieren, welche Handlungen Sie mit der Szene *Nach-Hause-Kommen* verbinden, so sind wir uns sicher, dass Ihr Skript nicht viel anders aussehen würde als das Drehbuch, das im Gedicht seine Umsetzung erfährt:

- Die Wahrscheinlichkeit, dass auch Sie Szenarien des Öffnens der Tür 2, des Umarmens 4 und Küssens 5, des Hoch-Springens von Kind und Hund (nach 6), des Die-Tasche-aus-der-Hand-Nehmens 8 und schließlich des Erzählens 10 und Zuhörens 11 im Kopf haben, ist sehr hoch.
- Wohl etwas seltener würden Sie von einem Sich-Entgegenlachen 3, Sich-den-Kopf-Streicheln 7 oder einem Sich-aus-dem-Mantel-Helfen 9 sprechen. Denn das Lachen ist zu selbstverständlich, das Sich-den-Kopf-Streicheln 7 wohl eher auf Kinder und Haustiere beschränkt, und das Sich-aus-dem-Mantel-Helfen 9 ist unter Familienangehörigen vermutlich nur noch auf ganz junge und ältere Familienmitglieder beschränkt.

Der Text bedient im Ganzen all die stereotypen Vorstellungen, die Sie mit einem Nach-Hause-Kommen verbinden, auch wenn Ihr persönliches Heimkommen von ganz anderen Szenarien geprägt sein mag. Das Skript bietet den Ablauf eines idealen Nach-Hause-Kommens, das uns Film und Fernsehen und insbesondere die Werbung immer wieder vor Augen führen.

Als Tempus ist fast durchweg das **Präsens** gewählt. Aus den vorherigen Kapiteln wissen Sie, dass das Präsens mindestens drei Grundfunktionen hat: (1) den Gegenwartsbezug als aktuelles Präsens, (2) die Kennzeichnung des Generellen und zeitlos Gültigen als generisches Präsens und (3) die Herstellung gegenwärtigen Zeitbezugs bei vergangenen Ereignissen als historisches Präsens.

Es stellt sich die Frage, ob ein aktuelles oder generisches Präsens vorliegt. Wir entscheiden uns für das generische Präsens, denn das Geschehen weist keinen aktuellen Bezug auf, es tritt vielmehr immer dann ein, wenn jemand nach Hause kommt, und ist damit beliebig wiederkehrend, endlos wiederholbar. Das **Präteritum** kommt zweimal in den freien Relativsätzen vor (*erzählt sich was alles war draußen* 10 *hört sich zu was alles war zuhaus* 11) und referiert dort eindeutig auf ein vergangenes Geschehen. Als Modus ist ausnahmslos der **Indikativ** gewählt, der auf Faktizität hinweist.

Es ist das Bild eines Nach-Hause-Kommens, das – auf den ersten Blick – von einem **Gegenüber** geprägt ist, d. h., es gibt Familienmitglieder, die den Nach-Hause-Kommenden zu Hause auch erwarten. Denn die Handlungen des Entgegenlachens 3, Umarmens 4, Küssens 5, An-jemandem-hoch-Springens 6, des Streichelns 7, des Aus-der-Hand-Nehmens 8, des Aus-dem Mantel-Helfens 9, Erzählens 10 und Zuhörens 11, gegebenenfalls auch des Tür-Öffnens 2, erfordert normalerweise ein Gegenüber, das die Handlungen ausführt oder auf ausgeführte Handlungen reagiert.

Betrachten wir die Verben des Drehbuchs von ihrer Bedeutung her, so handelt es sich um Verben, die tendenziell eine positive Konnotation hervorrufen. Hierunter sind etliche Handlungsverben, die einen Körperkontakt *(umarmen, küssen, an jemandem hochspringen, streicheln)*, eine Unterstützung *(aus der Hand nehmen, helfen)* oder eine verbale Interaktion aus der Sicht des Sprechers *(erzählen)* und des Hörers *(zuhören)* bezeichnen. Die Szene suggeriert ein Idyll und rechtfertigt deshalb die Aufnahme des Gedichts im Gedichtband »Idyllen«.

So weit das Gewohnte, Vertraute und Klischeehafte.

Das Fremde und Störende wird durch Störungen in der Syntax vermittelt.
Wir können das Störende auf mehreren Ebenen fixieren:

- Die Sätze sind in der überwiegenden Mehrzahl nicht vollständig.
- Manche Sätze sind syntaktisch nicht korrekt. Sie haben Konstruktionsbrüche.
- Die Satzstellung ist ungewöhnlich.
- Was bedeutet *sich*? Um welches Pronomen handelt es sich und welche Bedeutung hat es?

Dadurch, dass die Syntax befremdlich wirkt, hat auch das Geschilderte etwas Befremdliches. Denn es ist die Sprache, die unsere Sicht auf die Dinge der Welt bestimmt.

5.3.2 Die Unvollständigkeit der Sätze und ihre Interpretation

Ein ganz entscheidender Punkt ist Ihnen sicherlich sofort aufgefallen: Die Sätze haben **kein Subjekt.** Dies trifft auf alle Sätze zu bis auf einen, der aber auch eine andere Interpretation zulässt, die erst im weiteren Verlauf dargelegt werden soll. Es handelt sich um den ersten Vers des Gedichts:

2 öffnet die tür sich

Dieser Satz hat eine besondere Funktion. Sie haben sicherlich schon in vielen Kontexten die Satzschablone produziert und in Erzählungen repetiert: *Und es öffnet sich die Tür und herein kommt x.* Wir haben diesen Satz internalisiert, obwohl er von der Logik her eigentlich nicht stimmt: Das Irritierende an ihm ist, dass die Tür zwar von der syntaktischen Funktion her gesehen ein vollwertiges Subjekt ist (Frage: *Wer oder was öffnet sich?*), aber kein Agens.

Aufgrund Ihres Erfahrungswissens ist Ihnen bekannt, dass der Mensch die Tür öffnet oder ein elektronischer Mechanismus oder der Wind etc. und dass mit der Tür etwas geschieht, indem sie geöffnet wird.

Wenn man diese Interpretation ernst nimmt, dann ist zwar *die tür* das einzige Subjekt im Gedicht, aber kein Agens, kein Handlungsträger im eigentlichen Sinn.

Auffällig ist die ungewöhnliche Stellung des Subjekts, denn *die tür* steht an der prototypischen Position eines Akkusativobjekts. Nicht zuletzt diese Irritation führt zu einer zweiten Interpretation von Zeile 2: Bei *die tür* könnte es sich auch um ein Akkusativobjekt handeln im Sinne von *x öffnet die tür sich* und die Stelle des Subjekts bleibt unbesetzt, denn:

Alle übrigen Sätze haben kein Subjekt. Sie beginnen – rein formal gesehen – wie Verberstsätze, d. h. wie Imperativsätze oder Entscheidungsfragen oder Exklamativ- oder Optativsätze. Allerdings ist die morphologische Form des finiten Verbs nicht der Imperativ wie in Imperativsätzen und auch nicht der Konjunktiv wie in Optativsätzen. Und es liegen weder Entscheidungsfragen noch Exklamativsätze vor. Denn in gesprochener Sprache, beim Vortrag, ist die Satzintonation die von Aussagesätzen.

Wie Sie aus den vorhergehenden Kapiteln wissen, gibt es im Deutschen Sätze ohne Subjekt, wie z. B.:

Es friert mich.
Da wird getanzt.

Die Position, die normalerweise dem Subjekt vorbehalten ist, wird hier allenfalls durch ein formales Subjekt, nämlich *es*, eingenommen. In diesem Gedicht fehlt selbst ein formales Subjekt. Darüber hinaus gibt es auch den Fall der Ellipse des Subjekts in Sätzen wie

Sie singt schön und spielt auch Klavier ganz gut.

Hier bleibt das Subjekt vor dem finiten Verb *spielt* ausgespart – als Mittel der Textverknüpfung, sodass die Wiederholung des gleichen Personalpronomens *sie* vermieden ist. Aber auch dieser Fall ist im vorliegenden Gedicht nicht gegeben. Die syntaktische Funktion des Subjekts wird in den Versen 3 (oder 2) bis 11 nicht realisiert. Damit wird ebenfalls auf die Realisierung der semantischen Rolle des Agens verzichtet. Die Nennung des Agens wird sogar – Sie vermuten es längst – bewusst vermieden. Denn der Autor hätte die Leerstelle durch *man* formal füllen können, etwa so:

man öffnet die tür sich
man lacht sich entgegen
man umarmt sich
man küßt sich
man springt an sich hoch als das kind **(man)** springt an sich hoch als der hund
man streichelt sich den kopf
man nimmt die tasche sich aus der hand
man hilft sich aus dem mantel
man erzählt sich was alles war draußen
man hört sich zu was alles war zuhaus

Der Effekt der Ambivalenz wäre allerdings dahin. Denn mittels Sprache würde schon wieder suggeriert werden, dass es einen Handlungsträger *(man)* gibt, dessen Existenz bei der Nichtbenennung zumindest angezweifelt wird.

Es gibt keinen Täter, von dem die Handlungen ausgehen. Es bleibt völlig offen, ob überhaupt Personen die Handlungen ausführen. Was es gibt, sind allenfalls Subjekte, die an die Stelle eines Agens treten, wie im Fall von *öffnet die tür sich*. Aber – nicht einmal *die tür* entpuppt sich als zweifelsfreies Subjekt, da die Phrase auch als Akkusativobjekt interpretiert werden kann.

5.3.3 Vom Sinn und Zweck von Konstruktionsbrüchen

Die fehlenden Subjekte bilden die auffälligste Irritation, die sofort ins Auge springt. Es gibt weitere Merkwürdigkeiten in der Syntax, die zu nicht normgerechten deutschen Sätzen führen. Es sind Sätze, über die man stolpert und die aus diesem Grund genauer analysiert werden müssen. Vergleichen Sie

6 springt an sich hoch als das kind springt an sich hoch als der hund

Was heißt dieser Satz? Mögliche Interpretationen sind die folgenden:

6a Das Kind springt an der Person, die nach Hause kommt, hoch, der Hund springt an der Person hoch.

6b Jemand springt an der Person, die nach Hause kommt, hoch, wie es normalerweise ein Kind oder ein Hund tut.

6c Jemand verhält sich so wie das Kind, ein Tier wie der Hund, indem es/er an der Person, die nach Hause kommt / sich hochspringt: Es als das Kind springt an der Person / sich hoch, er als der Hund springt an ihm / sich hoch.

Bei der in **6a** gebotenen Interpretation setzen wir uns über alle Irritationen des Satzes hinweg, indem wir Subjekte schaffen, die im Vers allenfalls als eine Art »Rollenzuweisung im Drehbuch« *als das kind, als der hund* vorhanden sind. Das *sich* wird als »die Person, die nach Hause kommt« uminterpretiert. Vers **6** wird durch die radikalen Texteingriffe in **6a** so stark geglättet, stereotypisiert und dadurch banalisiert, dass diese Interpretation verworfen werden muss, wenngleich der Autor mit der evozierten Vorstellung natürlich spielt.

Beispiel **6b** weist dadurch eine größere Nähe zu Vers **6** auf, dass die *als*-Phrasen *als das kind* bzw. *als der hund* als Vergleichskonstruktionen *wie ein Kind, wie ein Hund* interpretiert werden. Aber auch hier wird manipuliert, indem *als* durch *wie* ersetzt wird und der bestimmte Artikel, der Bekanntheit und Definitheit anzeigt, durch den unbestimmten Artikel.

In Beispiel **6c** haben wir die größtmögliche Textnähe zu wahren versucht: *als das Kind* und *als der Hund* werden als eine besondere Form der Apposition aufgefasst, die in syntaktischer Hinsicht so etwas wie Attribute zu einem Bezugsausdruck, nämlich zu *es* oder *er,* bilden. Da kein Subjekt vorhanden ist, bleibt nur eine attributartige Konstruktion zum Subjekt, die von manchen auch »*als*-Apposition« genannt wird.

Welche Funktion haben denn nun die *als*-Phrasen im Gedicht? Geben sie lediglich als Appositionen eine Eigenschaft des (nicht vorhandenen) Subjekts an?

Es handelt sich um einen bewusst eingesetzten Verfremdungseffekt, der deutlich machen soll, dass es sich nur um Rollen, um Zuschreibungen handelt, die durch die Sprache außersprachlichen Objekten zugewiesen werden.

Denn es ist die Sprache, durch die wir die Welt wahrnehmen; sie bietet bestimmte Perspektivierungsmöglichkeiten auf Gegenstände und Sachverhalte der Welt: Die *als*-Phrasen machen auf Zuschreibungen und Rollenzuweisungen (*als das kind, als der hund*/Haustier) aufmerksam.

Die *als*-Appositionen könnten deshalb aber auch die Irrealität und illusionäre Vorstellung des Nach-Hause-Kommenden in den Blick nehmen. Sie könnten in folgendem Sinne verstanden werden: ›so ist es aber nicht, das bildet sich die heimkehrende Person nur ein‹.

Wir möchten noch auf eine zweite syntaktische Irritation hinweisen. Es handelt sich um den letzten Vers des Gedichts, der an exponierter Stelle steht:

11 hört sich zu was alles war zuhaus

Das Verb *zuhören* weist für gewöhnlich die Konstruktion *x hört y zu* auf – mit x als Subjekt und y als Dativobjekt: Man hört entweder einer Person zu oder einem Gespräch, einer Geschichte, einer Erzählung.

Es scheint so, als läge in **11** die Kontamination von zwei Konstruktionen vor:

11a Man hört **sich** (= gegenseitig/einander) zu.
11b Man hört zu **was alles war zuhaus.**

In **11a** wird *sich* als reziprokes Pronomen gedeutet, das die Wechselseitigkeit im Sinne von *einander* zum Ausdruck bringt. Falls das reziproke Pronomen *sich* steht, kann kein weiterer Objektsatz im Sinne von *was alles war zuhaus* angeführt werden.

Der Anschluss des Objektsatzes ist nur in **11b** möglich. Dort fehlt nun *sich* im Trägersatz, und der Anschluss eines Objektsatzes im Sinne eines Dativobjekts ist möglich.

Wenn nun, wie im Gedicht von Jandl, *sich zuhören* mit *einem Gespräch zuhören* gemischt wird, dann entsteht die Konstruktion **sich einem Gespräch zuhören*.

In **11** ist deshalb ein **Anakoluth** zu verzeichnen, ein Konstruktionsbruch, indem nicht kompatible Teile miteinander verbunden werden.

11 hört sich zu | was alles war zuhaus

Welche Bedeutung kommt diesem Konstruktionsbruch zu?
Hier ein Deutungsversuch: Der Konstruktionsbruch ist offensichtlich Zeichen für eine misslungene Kommunikation. Man könnte süffisant bemerken: Wenn

schon die Syntax nicht stimmt, stimmt auch die zwischenmenschliche Kommunikation nicht. Sie könnte ikonisch auf das Misslingen zwischenmenschlicher Interaktion aufmerksam machen.

Und daraus folgt: Es bestehen Zweifel, dass *sich* als reziprokes Pronomen in der Bedeutung *einander* gedeutet werden kann. Sie haben in den vorausgegangenen Kapiteln erfahren, dass der Kontext zu einer Monosemierung der Bedeutungen beiträgt.

Gerade aber poetische Texte lassen oft Polysemien zu, die eine Vielzahl von bereits auf der syntaktischen Ebene angesiedelten Mehrdeutigkeiten aufzeigen. Eine mögliche Deutung von 11 könnte die folgende sein:

11c Man hört sich **selbst** zu

In diesem Sinne ist *sich* ein Reflexivpronomen, das auf die im Subjekt genannte Person referiert. Eine solche Deutung unterstützt die folgende Interpretation: *sich* als Reflexivpronomen verwiese auf die Vereinzelung des Individuums, das nur seine eigenen Bedürfnisse wahrnimmt, nur sich selbst zuhört und nicht mehr für die Geschehnisse *zuhaus* aufnahmefähig ist.

5.3.4 Abweichungen in der Satzstellung

Auf die besondere Heraushebung des Wortes *sich* verweisen nicht nur die Häufigkeit des Auftretens, sondern auch besondere Satzstellungen, die von der normalen Stellung abweichen. Dies ist in zwei Versen der Fall:

2 öffnet die tür **sich**
8 nimmt die tasche **sich** aus der hand

In Normalstellung müssten die Sätze folgendermaßen lauten:

2a (es/man) öffnet **sich** die tür
8a (man) nimmt **sich** die tasche aus der hand

Die Verse des Gedichts verstoßen gegen die Wortstellungsregel des Deutschen, dass in Hauptsätzen nach dem finiten Verb im Mittelfeld zunächst Pronomina vor nicht pronominalen Satzgliedern stehen.

Im Gedicht ist die Reihenfolge nun dahin verändert, dass erst ein nicht pronominales Satzglied (*die tür* = Subjekt oder Akkusativobjekt [in 2], *die tasche* = Akkusativobjekt [in 8]) steht, bevor das **Pronomen** *sich* folgt. Hiermit kommt *sich* dem Satzende näher und nimmt dabei als Rhema, als neue Information, eine exponierte Position im Satz ein.

Die Funktion der Stellungsänderung ist die, das Augenmerk auf das Schlüsselwort des Gedichts, auf *sich*, zu lenken. Durch die Position gegen Satzende hin ist dem Wort *sich* die Aufmerksamkeit des Rezipienten gewiss.

5.3.5 Was bedeutet *sich*?

Welche Funktion hat das Schlüsselwort *sich*? Können wir seine Bedeutung entschlüsseln?

Im Kapitel über die Wortarten (Kap. 1.4) haben Sie von drei Verwendungsweisen von *sich* erfahren.

- Die erste ist die, dass *sich* als **Reflexivpronomen** ein fester Bestandteil des Verbs ist, wie z. B. bei *sich freuen*. Hier ist *sich* **obligatorisch** und kann durch kein weiteres Objekt ausgetauscht werden.
- Bei Verben wie *waschen* ist ein **Reflexivpronomen** lediglich **fakultativ;** es ist ein Satzglied in der Funktion eines Dativ- oder Akkusativobjekts, da es durch weitere Objekte, z. B. *sich waschen – die Wäsche waschen*, ausgetauscht werden kann.
- Und *sich* kann ein **reziprokes Pronomen** sein, in der Bedeutung *einander* im Sinne von *sie grüßen sich*.

Im Gedicht ist bei keinem der verwendeten Verben *sich* fester Verbbestandteil und damit obligatorisch. Es stellt sich die Frage, ob *sich* als fakultatives Reflexivpronomen – in der Bedeutung *sich selbst* – oder als reziprokes Pronomen – in der Bedeutung *einander* – gebraucht ist.

In Vers 2 *(öffnet die tür sich)* liegt ein **fakultatives Reflexivpronomen** vor.

Die übrigen Fälle verhalten sich auf den ersten Blick anders. Denn die Wahl der Verben, die eine Interaktion mit einem Gegenüber (wir haben bereits darauf hingewiesen) anzeigen, sprechen für eine Deutung des *sich* als reziprokes Pronomen: so etwa bei *entgegenlachen, umarmen, küssen, an jemandem hochspringen, streicheln, nehmen, helfen, erzählen, zuhören*. Das Verb *entgegenlachen* ist ein Neologismus, der die Wechselseitigkeit geradezu betont.

Und dennoch gibt es die Brüche, die die Interpretation als reziprokes Pronomen mehr als zweifelhaft erscheinen lassen. Sie passt nicht in Vers 6 *(springt an sich hoch als das kind springt an sich hoch als der hund)* und auch nicht in Vers 11 *(hört sich zu was alles war zuhaus)*, aus unserer Sicht die Kernstellen zum Verständnis des Gedichts, da sie die meisten syntaktischen Irritationen beim Leser hervorrufen und zu einer Interpretation der »Störfälle« anregen.

Gleiches gilt für die Verben, die allesamt im Singular belegt sind, sodass als Subjekt nur das Indefinitpronomen *man* ergänzt werden kann. Reziprokes *sich* hat aber meist ein Verb im Plural.

Aus diesem Grund halten wir **eine Interpretation von *sich* als fakultatives Reflexivpronomen** für sehr plausibel. Wie Sie sicherlich schon gemerkt haben, spielt auch hier der Autor mit der Mehrdeutigkeit eines grammatischen Elements.

Als fakultatives Reflexivpronomen wäre es potenziell ersetzbar durch ein Objekt: Statt *küßt sich – küßt die Frau* zum Beispiel. Aber es steht *sich,* das als Reflexivpronomen die Bedeutung hat, rückbezüglich zu sein, d. h., es zeigt an, dass etwas zu seinem Ausgangspunkt zurückkehrt.

Deshalb ist zu vermuten, dass die nachfolgende Lesart des Gedichtes große Plausibilität besitzt:

er/sie öffnet die tür sich
er/sie lacht sich entgegen
er/sie umarmt sich
er/sie küßt sich
er/sie springt an sich hoch als das kind **(er/sie)** springt an sich hoch als der hund
er/sie streichelt sich den kopf
er/sie nimmt die tasche sich aus der hand
er/sie hilft sich aus dem mantel
er/sie erzählt sich was alles war draußen
er/sie hört sich zu was alles war zuhaus

Ein weiterer Deutungsversuch: Die Mehrdeutigkeit von *sich* bietet die Möglichkeit, die Gesellschaftsfähigkeit des Menschen zu hinterfragen. Das Idyll des *Nach-Hause-Kommens,* das alle Erwartungen unserer Vorstellung bedient, ist keines: Das Miteinander wird als Schein entlarvt; ein echtes Miteinander gibt es nicht.

Falls diese Interpretation zutrifft, könnte auch das Fehlen des Agens anders interpretiert werden: Es liegt keine Vermeidung des Agens vor, sondern vielmehr eine Zusammenlegung von Agens und Patiens im Pronomen *sich.* Die Unterscheidung der Mitspielerrollen Agens und Patiens wird nivelliert.

Man könnte noch weiter gehen: Die das Idyll konstituierenden Verben werden nicht mit Akteuren besetzt, sondern insbesondere auch mittels *als*-Appositionen als Illusion dargestellt. Es entsteht allein durch grammatisch bedingte Irritationen das Bild eines Menschen, der in ein einsames Zuhause kommt.

Die Interpretation von *sich* als reziprokes *einander,* das eine Atmosphäre tiefster Innigkeit zweier Personen heraufbeschwören könnte, also ein »Superidyll«, wird – auch dies eine mögliche Lesart – vielleicht sogar ironisiert. Das auf dem Fundament der Verbbedeutungen erzeugte Idyll wird zerstört und als irreal dargestellt – durch die Reduktion aller Personen auf das Reflexivpronomen *sich,* das aber nur sich selbst reflektiert, und durch die *als*-Appositionen, die letztlich in ihrer Rollenfunktion nur auf sinnentleerte Platzhalter verweisen.

Falls Sie unsere Interpretationsversuche für plausibel halten, ist es uns gelungen, Sie zu überzeugen. Sicherlich haben Sie noch weitere Ideen, wie der Text interpretiert werden könnte. Allerdings sollten Ihre Überlegungen zeigen, welchen Stellenwert die aus der Analyse der Grammatik gewonnenen Ergebnisse in Ihren Interpretationsversuchen einnehmen.

5.3.6 Zusammenfassung

Wir haben uns diesem Gedicht durch die Analyse zentraler grammatischer Phänomene genähert, die Aspekte der Subjektlosigkeit von Sätzen, Auffälligkeiten in der Konstruktion und Topologie und die Interpretation des Pronomens *sich* in den Vordergrund rückten. Im Einzelnen waren dies:

- einfacher und komplexer Satz
- Tempus
- subjektlose Sätze
- Subjekt und Agens
- das Indefinitpronomen *man*
- Konstruktionsbrüche
- Satzstellung
- *als*-Apposition
- das Pronomen *sich*

5.4 Verwaltungstext

§ 2 – Ziel des Studiums und Zweck der Prüfung

(1) **1-1** Der Bachelorstudiengang ES vermittelt grundlegende Fachkenntnisse und Methoden, die erforderlich sind, um menschliche Sprachen zu erforschen und zu analysieren.

1-2 Er befasst sich mit heutigen und älteren Sprachen der Menschheit mit dem Ziel, sowohl spezifische, diese Sprachen betreffende als auch allgemeine Aspekte von Sprache und Sprechen zu beschreiben, typologisch und historisch-genetisch zu klassifizieren und zu erklären.

1-3 Die Erforschung der Sprachen umfasst dabei sowohl deren Verwendung als »gesprochene Sprachen« in alltäglichen Kommunikationsprozessen als auch schriftliche Ausprägungsformen natürlicher Sprachen aller Arten. [...]

1-4 Zu diesem Zweck vermittelt das Studium in Verbindung mit einer soliden, integrierten Ausbildung in verschiedenen europäischen und außereuropäischen Fremdsprachen die theoretischen Grundlagen und Techniken der linguistischen Analyse und Beschreibung von Sprachen und sprachlichen Äußerungsformen und setzt diese Verfahren mit damit zusammenhängenden Tätigkeitsfeldern der wissenschaftlichen Forschung in Beziehung.

1-5 Nach dem Abschluss des Bachelorstudiengangs eröffnet sich damit eine Reihe von Tätigkeitsfeldern auch außerhalb der sprachwissenschaftlichen Forschung selbst, insbesondere in der Außenwirtschaft, der Entwicklungshilfe, der öffentlichen Verwaltung, der sachverständigen Begutachtung bei Gericht, der Spracherkennung im kriminalistischen Bereich sowie der Sprachberatung in der Gesetzgebung (forensische Linguistik); darüber hinaus ergeben sich Tätigkeitsfelder z.B. in den Bereichen Informationstechnologie und Telekommunikation, soweit diese sprachliche Daten zugrundelegen [sic!] (Computerlinguistik).

(2) **2-1** Das Studium des Hauptfaches ES und des gewählten Nebenfaches wird mit dem Bachelorgrad als erstem berufsqualifizierenden Abschluss abgeschlossen.

2-2 Durch die kumulative Bachelorprüfung im Hauptfach ES sowie den internen Nebenfächern soll festgestellt werden, ob die oder der Studierende Methoden und Zielsetzungen der Empirischen Sprachwissenschaft überblickt, die Fähigkeit besitzt, wissenschaftliche Verfahren und Erkenntnisse des Faches selbstständig anzuwenden, und in der Lage ist, aufgrund eines breiten Grundlagenwissens und wissenschaftlicher Orientierung die zukünftigen Entwicklungen der Empirischen Sprachwissenschaft zu verstehen, sowie die für den Übergang in die Berufspraxis notwendigen gründlichen Fachkenntnisse erworben hat.

[...]

§ 14 – Prüfungstermine, Meldefristen und Meldeverfahren für die Modulprüfungen

(1) **3-1** Die Modulabschlussprüfungen erfolgen im Anschluss an die letzte Lehrveranstaltung des Moduls innerhalb der hierfür vorgesehenen Prüfungszeiträume.

3-2 Die Prüfungszeiträume liegen in der Regel am Ende der Vorlesungszeit eines Semesters. Wiederholungstermine für nicht fristgemäß zurückgetretene, im regulären Prüfungstermin gescheiterte oder zu diesem Termin angemeldete, jedoch nach § 15 Abs. 1 entschuldigte Studierende werden in der Regel jeweils zu Beginn der Vorlesungszeit des folgenden Semesters angesetzt.

3-3 Die Prüfungszeiträume werden vom Prüfungsausschuss jährlich festgelegt.

[...]

(5) **4-1** Zu jeder Modulprüfung hat sich der oder die Studierende innerhalb der Meldefrist schriftlich anzumelden, unabhängig davon, ob die Modulprüfung in Form einer Modulabschlussprüfung, einer Modulteilprüfung oder einer einzelnen veranstaltungsbezogenen Modulprüfung zu absolvieren ist; andernfalls ist die Erbringung der Prüfungsleistung ausgeschlossen. Die Meldung zu den Modulabschlussprüfungen erfolgt beim Prüfungsamt.

4-2 Die Meldung zu einer Modulteilprüfung oder einer einzelnen veranstaltungsbezogenen Modulprüfung erfolgt bei dem Prüfer oder der Prüferin; er oder sie leitet diese Meldung an das Prüfungsamt weiter.

4-3 Über eine Nachfrist für die Meldung zu einer Modulabschlussprüfung in begründeten Fällen entscheidet der oder die Vorsitzende des Prüfungsausschusses auf Antrag des oder der Studierenden.

4-4 Über eine Nachfrist für die Meldung zu einer Modulteilprüfung oder einer einzelnen veranstaltungsbezogenen Modulprüfung in begründeten Fällen entscheidet der Prüfer oder die Prüferin.

[...]

§ 15 – Versäumnis, Rücktritt, Täuschung, Ordnungsverstoß

(1) **5-1** Treten Studierende von ihrer angemeldeten Modulabschlussprüfung, Modulteilprüfung oder einzelnen veranstaltungsbezogenen Modulprüfung nach Ablauf der Rücktrittsfrist (§ 14 Abs. 3 bzw. Abs. 4) oder nach Antritt der Prüfung zurück oder versäumen sie den Termin der Prüfung, so gilt diese als mit »nicht ausreichend« (5,0) bewertet, es sei denn, der oder die Vorsitzende des Prüfungsausschusses erkennt die hierfür geltend gemachten Gründe als triftig an.

5-2 Dasselbe gilt, wenn eine schriftliche Prüfungsleistung nicht innerhalb der vorgeschriebenen Bearbeitungszeit erbracht wird. [...]

5-3 Bei Rücktritt oder Versäumnis wegen Krankheit ist unverzüglich ein ärztliches Attest vorzulegen. In Zweifelsfällen oder bei lang anhaltender oder wiederholter Krankheit kann ein amtsärztliches Attest verlangt werden.

5-4 Soweit die Einhaltung von Fristen für die Meldung zu Prüfungen, die Wiederholung von Prüfungen, die Gründe für das Versäumnis von Prüfungen und die Einhaltung von Bearbeitungszeiten für Prüfungsarbeiten betroffen sind, steht der Krankheit des oder der Studierenden [die Krankheit] eines von ihm oder ihr überwiegend allein zu versorgenden Kindes gleich.

[...]

§ 22 – Anrechnung von Studienzeiten, Studienleistungen und Prüfungsleistungen

[...]

(4) **6-1** Studienzeiten, Studienleistungen und Prüfungsleistungen in Studiengängen, die nicht unter Abs. 2 und 3 fallen, werden angerechnet, soweit Gleichwertigkeit gegeben ist.

6-2 Studienzeiten, Studienleistungen und Prüfungsleistungen sind gleichwertig, wenn sie in Inhalt, Umfang und Anforderungen dem Studium nach dieser Ordnung im Wesentlichen entsprechen.

6-3 Dabei ist kein schematischer Vergleich, sondern eine Gesamtbetrachtung und Gesamtbewertung vorzunehmen.

[...]

(8) **7-1** Die Entscheidung über die Anrechnung trifft der Prüfungsausschuss auf Antrag des oder der Studierenden.

7-2 Unter Berücksichtigung der Anrechnung setzt er das Fachsemester fest.

7-3 Dem Antrag sind die für die Anrechnung erforderlichen Unterlagen beizufügen.

7-4 Der Prüfungsausschuss hat die Einheitlichkeit der Entscheidungen für den Studiengang sicherzustellen.

[...]

(aus: Ordnung des Fachbereichs Sprach- und Kulturwissenschaften der Johann Wolfgang Goethe-Universität Frankfurt am Main für den Bachelorstudiengang Empirische Sprachwissenschaft als Hauptfach mit dem Abschluss »Bachelor of Arts« (Fassung vom 06. Juli 2011)

5.4.1 Einführung in die Analyse des Verwaltungstextes

Der hier in Ausschnitten zitierte Verwaltungstext ist einer Studien- und Prüfungsordnung des Bachelorstudiengangs »Empirische Sprachwissenschaft« (= ES) entnommen. Er zeigt eine ganze Reihe charakteristischer Merkmale der Verwaltungssprache, einer Sprache, die häufig aufgrund ihrer Schwerverständlichkeit und Umständlichkeit der Kritik ausgesetzt ist. Unser Ziel ist es, Sie nicht nur für die **Besonderheiten der Grammatik der Verwaltungssprache** zu sensibilisieren, sondern in Ihnen auch ein Verständnis für die besondere Leistungsfähigkeit mancher grammatischer Phänomene zu wecken. Nur aus der Kenntnis dessen, was durch Verwaltungssprache geleistet werden muss, wird klar, an welcher Stelle berechtigte Sprachkritik ansetzen kann.

Dass die Studien- und Prüfungsordnung der **Textsorte »Verwaltungstext«** angehört, sehen Sie an ihrer äußeren Form. Sie weist wie alle juristisch relevanten Texte, z. B. Gesetzestexte, eine bestimmte Gliederung in Paragrafen (§) und einzelne Absätze (1), (2) usw. auf.

Wir zitieren allerdings im Folgenden den Text nach der von uns eingeführten Satzgliederung (siehe oben im Fettdruck), die nicht mit der Paragrafen- und Absatzgliederung des Originaltextes übereinstimmt.

Die erste Lektüre des Textes bestätigt sicherlich den Eindruck der Schwerverständlichkeit, der durch lange Nominalphrasen und komplexe Sätze entsteht. Sie stellen zentrale Charakteristika der Verwaltungssprache dar. Ein Hauptgrund für die scheinbare Schwerverständlichkeit ist das Streben nach größtmöglicher Eindeutigkeit, die durch bestimmte im Folgenden von uns beschriebene sprachliche Mittel erreicht wird.

Als Tempus dient das generische Präsens zur Kennzeichnung der Allgemeingültigkeit und potenziellen Wiederholbarkeit der Aussagen. Der Modus ist in der Regel der Indikativ, der Faktizität (»so ist es und nicht anders«) anzeigt.

Die Verwaltungssprache weist Elemente der juristischen Fachsprache auf, die durch das Bemühen um Eindeutigkeit und Widerspruchsfreiheit im Sinne des Gesetzes gekennzeichnet ist, da alle festgesetzten Rechte und Pflichten juristisch einklagbar sind. Ein formal sichtbares Indiz dafür ist z. B. der Verweis auf weiterführende Paragrafen (siehe hierzu Satz 5-1), die zur weiteren Klärung von Sachverhalten beitragen. Das Vermeiden von potenziellen Fehlinterpretationen ist oberstes Prinzip, wenngleich dieses mitunter zulasten der Verständlichkeit geht.

Wir möchten Ihnen zunächst die Verfahren zur Herstellung größtmöglicher Eindeutigkeit vor Augen führen. Mit welchen sprachlichen Mitteln werden Aussagen so eindeutig wie möglich gemacht?

Hierzu gehört zunächst, dass die Personenbezeichnungen aus Gründen der **sprachlichen Gleichberechtigung** (»political correctness«) nach »männlich« und »weiblich« differenziert sind, wodurch komplexe Phrasen entstehen; vergleichen Sie hierzu das folgende Beispiel:

5 Political correctness im Verwaltungstext

4-1 Zu jeder Modulprüfung hat sich der oder die Studierende innerhalb der Meldefrist schriftlich anzumelden (...)
4-2 Die Meldung (...) erfolgt bei dem Prüfer oder der Prüferin; er oder sie leitet diese Meldung an das Prüfungsamt weiter.

Die Nennung der männlichen und weiblichen Personenbezeichnungen ist notwendig, weil »der Studierende« und »der Prüfer« in unserer heutigen Gesellschaft in der Regel nicht mehr als generisches Maskulinum gesehen wird, das neutral sowohl auf männliche als auch weibliche Studierende und Prüfende verweist, sondern als maskulines Genus, das ausschließlich auf männliche Studenten und Prüfer referiert.

Die Kennzeichnung männlicher und weiblicher Personenbezeichnungen ist in Gesetzestexten Vorschrift und mittlerweile auch jenseits der Gesetzessprache weitverbreitet.

Grammatisch gesehen handelt es sich hierbei um Nominal-, Präpositional- oder Pronominalphrasen, die durch die nebenordnende Konjunktion *oder* (in der Bedeutung »sowohl – als auch«) verbunden sind. Bei *der oder die Studierende* in 4-1 ist in der ersten Nominalphrase das Nomen *Studierende* als geschlechtsneutrale Form elliptisch und muss daher für die Analyse ergänzt werden. Anders verhält es sich bei *der Prüfer oder die Prüferin* in 4-2; dort muss das Nomen wegen des maskulinen Substantivs *(der) Prüfer* noch einmal als moviertes Femininum *(die) Prüferin* erscheinen. Der Numerus des Verbs ist dabei der Singular.

Die durch *oder* verbundenen Nominalphrasen bilden ein Satzglied, und zwar das Subjekt in 4-1, ein Lokaladverbial im ersten Teilsatz von 4-2 und das Subjekt im zweiten Teilsatz von 4-2.

Stilistisch hat die sprachliche Gleichberechtigung der Geschlechter zur Folge, dass es jeweils zwei nebengeordnete Phrasen gibt, die eine syntaktische Funktion ausüben. Dadurch wirkt der Satzbau schwerfällig.

Verwaltungstexte weisen in der Regel nur wenige **Pronominalisierungen** auf. So gesehen ist *er oder sie* in 4-2 als Wiederaufnahme von *der Prüfer oder die Prüferin* die Ausnahme.

Der Grund für die Vermeidung der Substitution von Nominal- oder Präpositionalphrasen usw. ist der, den eindeutigen Bezug auf das Gemeinte sicherzustellen, da Pronomina in ihrem Bezug eventuell missverstanden werden können. Dies hat zur Folge, dass häufige Wortwiederholungen anzutreffen sind, die in stilistischer Hinsicht als wenig elegant gelten; vergleichen Sie hierzu die nachfolgende Übersicht:

6 Wort- bzw. Wortstammwiederholungen

4-1 Zu jeder Modul*prüf*ung hat sich der oder die Studierende innerhalb der *Melde*frist schriftlich anzu*meld*en, unabhängig davon, ob die Modul*prüf*ung in Form einer Modulabschluss*prüf*ung, einer Modulteil*prüf*ung oder einer einzelnen veranstaltungsbezogenen Modul*prüf*ung zu absolvieren ist; [...]
4-2 Die *Meld*ung zu einer Modulteil*prüf*ung oder einer einzelnen veranstaltungsbezogenen Modul*prüf*ung erfolgt bei dem *Prüf*er oder der *Prüf*erin; er oder sie leitet diese *Meld*ung an das *Prüf*ungsamt weiter.
4-3 Über eine Nachfrist für die *Meld*ung zu einer Modulabschluss*prüf*ung in begründeten Fällen entscheidet der oder die Vorsitzende des *Prüf*ungsausschusses auf Antrag des oder der Studierenden.
4-4 Über eine Nachfrist für die *Meld*ung zu einer Modulteil*prüf*ung oder einer einzelnen veranstaltungsbezogenen Modul*prüf*ung in begründeten Fällen entscheidet der *Prüf*er oder die *Prüf*erin.

In dieser Passage kommt das Wort *Modulprüfung* (hier dunkel unterlegt) fünfmal, *Modulabschlussprüfung* zweimal und *Modulteilprüfung* dreimal vor. Der Stamm *prüf-* (kursiv) ist insgesamt 16-mal zu finden, *Meldung* viermal, der Stamm *meld-* (kursiv) insgesamt sechsmal.

Darüber hinaus sind Sätze wie 4-3 und 4-4 weitgehend parallel gebaut (Unterstreichung). Unterschiede bestehen jeweils im Substantiv des Präpositionalattributs *(Modulabschlussprüfung, Modulteilprüfung ...)* und im Subjekt *(der oder die Vorsitzende des Prüfungsausschusses, der Prüfer oder die Prüferin).*

Die **Wiederholung bedeutungstragender Wörter** fördert die Eindeutigkeit der Aussagen, die durch pronominale Vernetzung nicht immer in gleicher Form gewährleistet wäre. Die Stereotypie des Satzbaus lenkt die Aufmerksamkeit auf die Positionen, die jeweils neu besetzt sind, sodass relativ schnell das Neue der Information aufgenommen und verarbeitet werden kann.

Eindeutigkeit der Aussage wird auch dadurch erzielt, dass **alle Facetten und Ausdeutungsmöglichkeiten von Gegenständen oder Sachverhalten** benannt werden, sodass so wenig wie möglich hinzugedacht werden muss. Dieser Sachverhalt führt zu gleichgeordneten Phrasen, die entweder asyndetisch oder durch die Konjunktion *und* oder die zweiteilige Konjunktion *sowohl – als auch* miteinander verbunden sind. In den meisten Fällen handelt es sich um zweigliedrige, vereinzelt auch um dreigliedrige Phrasen, die letztlich dazu führen, dass die Satzlänge an Umfang zunimmt. Die folgende Übersicht zeigt diesen Sachverhalt:

7 Mehrgliedrige Phrasen

1-1 Der Bachelorstudiengang ES vermittelt grundlegende Fachkenntnisse und Methoden, die erforderlich sind, um menschliche Sprachen zu erforschen und zu analysieren.
1-2 Er befasst sich mit heutigen und älteren Sprachen der Menschheit mit dem Ziel, sowohl spezifische, diese Sprachen betreffende als auch allgemeine Aspekte von Sprache und Sprechen zu beschreiben, typologisch und historisch-genetisch zu klassifizieren und zu erklären.
1-3 Die Erforschung der Sprachen umfasst dabei sowohl deren Verwendung als »gesprochene Sprachen« in alltäglichen Kommunikationsprozessen als auch schriftliche Ausprägungsformen natürlicher Sprachen aller Arten. [...]
1-4 Zu diesem Zweck vermittelt das Studium in Verbindung mit einer soliden, integrierten Ausbildung in verschiedenen europäischen und außereuropäischen Fremdsprachen die theoretischen Grundlagen und Techniken der linguistischen Analyse und Beschreibung von Sprachen und sprachlichen Äußerungsformen und setzt diese Verfahren mit damit zusammenhängenden Tätigkeitsfeldern der wissenschaftlichen Forschung in Beziehung.
5-4 Soweit die Einhaltung von Fristen für die Meldung zu Prüfungen, die Wiederholung von Prüfungen, die Gründe für das Versäumnis von Prüfungen und die Einhaltung von Bearbeitungszeiten für Prüfungsarbeiten betroffen sind, steht der Krankheit des oder der Studierenden die Krankheit eines von ihm oder ihr überwiegend allein zu versorgenden Kindes gleich.

In diesem zusammenhängenden Text ist die Dichte der asyndetisch wie syndetisch verbundenen Phrasen besonders hoch. Es handelt sich dabei um Nominal-, Verbal- und Adjektivphrasen.

In 5-4 etwa sind es vier komplexe Nominalphrasen (mit insgesamt neun *-ung*-Substantiven, manchmal in Wortzusammensetzungen), die völlig gleichwertig nebeneinanderstehen und zusammen das Subjekt zu *betroffen sind* bilden.

Nicht selten sind komplexe Adjektivattribute nachweisbar, die vor ihren Bezugsausdrücken stehen. Hierbei bilden die Adjektivpaare jeweils Antonyme, d. h. Gegensatzpaare:

- (mit) heutigen und älteren (Sprachen)
- (sowohl) spezifische (...) als auch allgemeine (Aspekte)
- typologisch und historisch-genetisch
- in (...) europäischen und außereuropäischen (Fremdsprachen)

Betrachtet man die Verben als Träger der Satzaussage in 1-1 und 1-2, so werden bereits in den ersten Sätzen der Studien- und Prüfungsordnung wesentliche Tätigkeitsbereiche eines geisteswissenschaftlichen Studiums in komplexen, zwei- bzw. dreigliedrigen Verbgruppen angeführt:

- zu erforschen und zu analysieren
- zu beschreiben, (...) zu klassifizieren und zu erklären

Sie haben bislang einen kleinen Einblick in die Verfahren bekommen, die größtmögliche Eindeutigkeit herstellen. Im Folgenden sollen nun weitere Charakteristika der Verwaltungssprache beschrieben werden, und zwar:

- der Verbalkomplex
- der Nominalstil
- komplexe Phrasenstruktur
- komplexe Satzstruktur
- alte und neue Information: Thema–Rhema

5.4.2 Der Verbalkomplex

In Verwaltungstexten besteht der verbale Kern fast immer aus mehreren Wörtern. Rein quantitativ gesehen kommen die Verben im Unterschied zu narrativen Texten häufiger im Passiv als im Aktiv vor. Sie werden wie folgt klassifiziert:

werden-Passiv (Vorgangspassiv)

Passivkonstruktionen haben den besonderen Vorteil, auf die Angabe des Agens verzichten zu können, wenn dieses aus kommunikativen Gründen nicht notwendig ist; vergleichen Sie das folgende Beispiel:

2-1 Das Studium des Hauptfaches ES und des gewählten Nebenfaches wird mit dem Bachelorgrad als erstem berufsqualifizierenden Abschluss abgeschlossen.

Die Transformation des Satzes ins Aktiv:

2-1a Die Studierenden schließen das Studium des Hauptfaches ES und des gewählten Nebenfaches mit dem Bachelorgrad als erstem berufsqualifizierenden Abschluss ab.

Die Bedeutung des Satzes ist zwar ungefähr dieselbe, dennoch gibt es wichtige Unterschiede:

- Nur im Aktivsatz steht das Subjekt *Die Studierenden*, das das Agens darstellt. Im Passivsatz wird auf das Agens *von den Studierenden* verzichtet, weil es aus der Kontexteinbettung offensichtlich ist, wer das Studium abschließt.
- Die Verteilung von alter und neuer Information ist zwischen dem Aktiv- und Passivsatz eine andere: Im Aktivsatz sind *Die Studierenden* das Thema und *das Studium des Hauptfaches ES und des gewählten Nebenfaches* Teil des Rhemas. Im Passivsatz ist *das Studium des Hauptfaches ES und des gewählten Nebenfaches* das Thema und *wird mit dem Bachelorgrad als erstem berufsqualifizierenden Abschluss abgeschlossen* das Rhema. Das Thema nennt den Gegenstand des Sachverhalts, das Rhema die neue Aussage, die über den Sachverhalt gemacht wird.

Die Funktion des *werden*-Passivs ist es, die Information auf das absolut Notwendige zu beschränken.

sein-Passiv (Zustandspassiv)

In ähnlicher Funktion ist das *sein*-Passiv gebraucht, vgl. z. B.:

4-1 (...) andernfalls ist die Erbringung der Prüfungsleistung ausgeschlossen.

Das *sein*-Passiv weist als Subjekt *die Erbringung der Prüfungsleistung* auf. Der Teilsatz 4-1 wird in der Alltagssprache allenfalls von Mitarbeitern in Behörden gebraucht. Wir können ihn »in normales Deutsch« übersetzen:

4-1a andernfalls kann (darf) keine Prüfungsleistung erbracht werden

und in den umgangssprachlichen Jargon der Studierenden:

4-1b Sonst kannst (darfst) du keine Prüfung machen.

Sie sehen also, wie einfach man es sich machen kann!

Die Vielzahl der Passivkonstruktionen und der deverbalen Nominalisierungen auf *-ung* erschwert mitunter das Satzverständnis erheblich. Gleichzeitig ist die Aussage des Verwaltungstextes »entpersonalisiert«, da auf den Prüfungsleistenden kein Bezug genommen wird.

Modale Passivumschreibung *etwas ist zu machen*

Als Ersatz eines modalen Vorgangspassivs ist das Modalitätsverb *sein* mit dem *zu*-Infinitiv gebraucht, siehe z. B.:

5-3 Bei Rücktritt oder Versäumnis wegen Krankheit **ist** unverzüglich ein ärztliches Attest **vorzulegen.**

Die Infinitivkonstruktion ermöglicht es, auf die Nennung derjenigen, die etwas vorlegen müssen, zu verzichten. Die Aussage in 5-3 hat einen hohen Grad an »Statik«, Unabänderlichkeit und Unanfechtbarkeit.

Die modale Passivumschreibung steht für ein Vorgangspassiv mit *müssen* als Modalverb:

5-3a Bei Rücktritt oder Versäumnis wegen Krankheit **muss** unverzüglich ein ärztliches Attest **vorgelegt werden.**

Die Passivkonstruktion legt zumindest die Frage *von wem?* nahe, sodass der Grad der Entpersonalisierung geringer als in 5-3 ausfällt.

Übrigens: Von dieser Konstruktion gibt es auch eine Variante mit *haben:*

Modale Umschreibung *jemand hat etwas zu machen*

7-4 Der Prüfungsausschuss **hat** die Einheitlichkeit der Entscheidungen für den Studiengang **sicherzustellen**.

Die Konstruktion mit *haben* steht für ein Modalverb und Vollverb im Infinitiv Präsens:

7-4a Der Prüfungsausschuss **muss** die Einheitlichkeit der Entscheidungen für den Studiengang **sicherstellen.**

Die modale Umschreibung *jemand hat etwas zu machen* weist ebenfalls das Merkmal der Statik auf, rückt jedoch den Aufgeforderten ins Zentrum.

sich + Vollverb

Diese Verbalkonstruktion bietet u. a. die Möglichkeit, eine Passivkonstruktion zu vermeiden:

1-5 Nach dem Abschluss des Bachelorstudiengangs **eröffnet sich** damit eine Reihe von Tätigkeitsfeldern auch außerhalb der sprachwissenschaftlichen Forschung selbst, insbesondere (...)

Nach Transformation in ein Vorgangspassiv:

1-5a Nach dem Abschluss des Bachelorstudiengangs **wird** damit eine Reihe von Tätigkeitsfeldern auch außerhalb der sprachwissenschaftlichen Forschung selbst **eröffnet,** insbesondere (...)

Zum anderen ist die Konstruktion mit einem Subjekt gebraucht, das nicht die ihm attestierte Verbalhandlung ausführen kann:

1-2 Er (= Der Bachelorstudiengang ES) **befasst sich** mit heutigen und älteren Sprachen der Menschheit mit dem Ziel (...)

Nach Transformation mit Subjekt als Agens:

1-2a **Die Studierenden befassen sich in dem Bachelorstudiengang ES** mit heutigen und älteren Sprachen der Menschheit mit dem Ziel (...)

Hier zeigt sich, dass das Subjekt des Satzes 1-2, *er (= der Bachelorstudiengang),* kein Agens ist, sodass auch hier die eigentlichen Handlungsträger, nämlich *die Studierenden,* nicht genannt werden. Mit der Agensvermeidung ist eine »Entpersonalisierung« verbunden.

Funktionsverbgefüge und Verwandtes

In Verwaltungstexten kommen in der Regel viele Funktionsverbgefüge vor. Wie Sie aus den vorausgehenden Kapiteln erfahren haben, handelt es sich um komplexe Verbalgruppen, die aus einem Funktionsverb und einer Nominal- oder Präpositionalphrase bestehen. Das Substantiv ist meist von einem Verb, gelegentlich von einem Adjektiv abgeleitet.

Die Funktionsverbgefüge des Textausschnitts werden in der nachfolgenden Übersicht mittels Umformtest durch einfache Vollverben paraphrasiert:

8 Funktionsverbgefüge und ihre Umformung

Funktionsverbgefüge	Umformung mit Vollverb
1-4 Zu diesem Zweck (...) **setzt** [das Studium] diese Verfahren mit damit zusammenhängenden Tätigkeitsfeldern der wissenschaftlichen Forschung **in Beziehung.**	Zu diesem Zweck (...) **bezieht** [das Studium] diese Verfahren **auf** damit zusammenhängende Tätigkeitsfelder der wissenschaftlichen Forschung.
2-2 (...) ob die oder der Studierende (...) **die Fähigkeit besitzt,** wissenschaftliche Verfahren und Erkenntnisse des Faches selbstständig anzuwenden (...)	(...) ob die oder der Studierende **fähig ist,** wissenschaftliche Verfahren und Erkenntnisse des Faches selbstständig anzuwenden (...)

6-1 Studienzeiten, Studienleistungen und Prüfungsleistungen in Studiengängen, die nicht unter Abs. 2 und 3 fallen, werden angerechnet, soweit **Gleichwertigkeit gegeben ist.**	... soweit sie **gleichwertig sind.**
6-3 Dabei ist kein schematischer **Vergleich,** sondern eine **Gesamtbetrachtung** und **Gesamtbewertung vorzunehmen.**	Dabei darf nicht schematisch **verglichen werden**, sondern muss **gesamt (als Ganzes) betrachtet** und **bewertet werden.**

Die Funktionsverbgefüge werden wie folgt aufgelöst:

–	x setzt y mit z in Beziehung	→	x bezieht y auf z
–	x besitzt die Fähigkeit zu y	→	x ist zu y fähig
–	zwischen x und y ist Gleichwertigkeit gegeben	→	x und y sind gleichwertig
–	x nimmt einen Vergleich,	→	x vergleicht y mit z
–	eine Gesamtbetrachtung und	→	x betrachtet y ›gesamthaft‹ (als Ganzes)
–	Gesamtbewertung von y (mit z) vor	→	x bewertet y ›gesamthaft‹ (als Ganzes)

Formal liegen in den Funktionsverbgefügen weitgehend inhaltsleere Verben vor *(setzen, besitzen, vornehmen),* die mit einem deverbalen Substantiv *(Beziehung, Vergleich, (Gesamt-)Betrachtung, (Gesamt-)Bewertung)* in einer Nominal- oder Präpositionalphrase verbunden sind. Bei *Gleichwertigkeit* und *Fähigkeit* handelt es sich um Substantive, die von Adjektiven abgeleitet sind.

Normalerweise haben die Substantive von Funktionsverbgefügen kein Adjektivattribut bei sich. In **6-3** ist *schematischer* allerdings pränominales Adjektivattribut zu *Vergleich.*

Als entscheidendes Kriterium für Funktionsverbgefüge wird in der Regel die Ersetzbarkeit durch ein fast synonymes Verb oder Adjektiv *(+ sein)* genannt, das den gleichen Stamm wie das Substantiv des Funktionsverbgefüges hat. Dies ist in den oben angeführten Beispielen der Fall.

Funktionsverbgefüge haben häufig eine etwas andere Bedeutung als das fast synonyme Verb. Durch sie wird angezeigt, dass eine Verbalhandlung beginnt oder endet bzw. in ihrem Verlauf dargestellt wird *(etwas in Beziehung setzen* vs. *etwas beziehen auf, einen Vergleich vornehmen* vs. *vergleichen).* Manchmal ist auch die Thema-Rhema-Struktur davon betroffen (siehe unten).

Von den Funktionsverbgefügen unterscheidet sich das folgende Beispiel:

2-2 (...) ob die oder der Studierende (...) **in der Lage ist,** aufgrund eines breiten Grundlagenwissens (...)

Der Verbalkomplex *in der Lage sein* kann nicht durch ein (fast) synonymes Verb ersetzt werden. Dennoch handelt es sich um eine Wortgruppe, die zusammengehört und das Prädikat des Satzes bildet *(x ist zu y in der Lage)*. Man spricht in solchen Fällen von einer idiomatischen Wendung.

5.4.3 Der Nominalstil

Schon bei den Funktionsverbgefügen haben Sie gemerkt, dass die Substantive in den entsprechenden Nominal- oder Präpositionalphrasen die eigentlichen Informationsträger sind, während die Verben als Funktionsverben – in ihrer Bedeutung eher blass – nur für die grammatischen Funktionen (Kongruenz, Tempus, Modus) zuständig sind.

Neben den Funktionsverbgefügen gibt es eine Reihe von Nominalisierungen im Textausschnitt, deren wichtigste in der nachfolgenden Übersicht zusammengestellt sind und die mittels Umformtest (in einen Satz) paraphrasiert werden.

9 Nominalisierungen und ihre Umformung

Nominalisierung	Umformung in einen Satz
1-3 Die Erforschung der Sprachen umfasst dabei sowohl deren Verwendung als »gesprochene Sprachen« in alltäglichen Kommunikationsprozessen als auch (...)	Wenn man die Sprachen erforscht, dann umfasst dies dabei sowohl den Fall, dass sie als »gesprochene Sprachen« in alltäglichen Kommunikationsprozessen verwendet werden, als auch (...)
1-4 Zu diesem Zweck vermittelt das Studium in Verbindung mit einer soliden, integrierten Ausbildung in verschiedenen europäischen und außereuropäischen Fremdsprachen die theoretischen Grundlagen und Techniken der linguistischen Analyse und (...)	(...), indem es mit einer soliden, integrierten Ausbildung in verschiedenen europäischen und außereuropäischen Fremdsprachen verbunden ist, (...)
1-5 Nach dem Abschluss des Bachelorstudiengangs eröffnet sich damit eine Reihe von Tätigkeitsfeldern (...)	Wenn der Bachelorstudiengang abgeschlossen ist, eröffnet sich damit eine Reihe von Tätigkeitsfeldern (...)
3-1 Die Modulabschlussprüfungen erfolgen im Anschluss an die letzte Lehrveranstaltung des Moduls innerhalb der hierfür vorgesehenen Prüfungszeiträume.	(...) erfolgen dann, wenn die letzte Lehrveranstaltung des Moduls abgeschlossen ist, innerhalb (...)
4-1 (...) andernfalls ist die Erbringung der Prüfungsleistung ausgeschlossen.	(...) andernfalls ist es ausgeschlossen, die Prüfungsleistung zu erbringen.

4-2 Die Meldung zu einer Modulteilprüfung oder einer einzelnen veranstaltungsbezogenen Modulprüfung erfolgt bei dem Prüfer oder der Prüferin; (...)	Eine Modulteilprüfung oder eine einzelne veranstaltungsbezogene Modulprüfung wird beim Prüfer oder der Prüferin gemeldet; (...)
5-3 Bei Rücktritt oder Versäumnis wegen Krankheit ist unverzüglich ein ärztliches Attest vorzulegen.	Falls jemand zurücktritt oder wegen Krankheit die Prüfung versäumt, ist unverzüglich ein ärztliches Attest vorzulegen.
7-1 Die Entscheidung über die Anrechnung trifft der Prüfungsausschuss auf Antrag des oder der Studierenden.	Der Prüfungsausschuss entscheidet darüber, ob die Leistung angerechnet wird, wenn der oder die Studierende dies beantragt hat.
7-2 Unter Berücksichtigung der Anrechnung setzt er das Fachsemester fest.	Indem die Anrechnung berücksichtigt wird, setzt er das Fachsemester fest.
7-4 Der Prüfungsausschuss hat die Einheitlichkeit der Entscheidungen für den Studiengang sicherzustellen.	Der Prüfungsausschuss hat sicherzustellen, dass die Entscheidungen für den Studiengang einheitlich getroffen werden.

Der Nominalstil ist eines der hervorstechendsten Kennzeichen der Verwaltungssprache und ganz besonders vehement der Kritik ausgesetzt. In vielen Fällen ist es nicht nachvollziehbar, dass der Nominalstil besser ist, also mehr leistet als der Verbalstil.

Wir sind der Meinung, dass unsere Paraphrase des Satzes 7-4 – also der Satz 7-4a – ein etwas besseres Deutsch bietet als der in der Verordnung belegte Satz:

7-4a Der Prüfungsausschuss hat sicherzustellen, dass die Entscheidungen für den Studiengang einheitlich getroffen werden.

Statt:

7-4 Der Prüfungsausschuss hat die Einheitlichkeit der Entscheidungen für den Studiengang sicherzustellen.

Was leistet also der Nominalstil?

Durch den Nominalstil wird der Inhalt eines ganzen Satzes in einer Nominal- oder Präpositionalphrase kondensiert. In 1-5 wird der Temporalsatz *wenn der Bachelorstudiengang abgeschlossen ist* verdichtet zu *nach Abschluss des Bachelorstudiengangs*. Dadurch wird der Text verkürzt, weil die Informationen auf engstem Raum geballt auftreten und alle wichtigen Inhalte in Nominalphrasen verlegt sind. Hinzu kommt, dass die Nominalphrasen zum einen – als Blickfang – in ihren Kernwörtern großgeschrieben und zum anderen in der Regel möglichst weit am Satzanfang positioniert sind. Wegen dieser Positionierung ist der Leser schnell über das Thema des Satzes informiert.

Die Substantive sind meist von Verben abgeleitet, so etwa *Abschluss* von *abschließen* in 1-5 oder *Erforschung* von *erforschen* in 1-3. Ein deverbales Substantiv in einem Satz beinhaltet im Grunde einen zweiten Satz (mit einem weiteren Subjekt), der im Substantiv in kondensierter Form vorliegt, wodurch die Verteilung von alter und neuer Information gegenüber der Auflösung in einem Satz neu geregelt ist (zu Thema – Rhema siehe unten).

Die Nominalphrase ist häufig komplex, d. h., sie weist Genitiv- oder Präpositionalattribute auf. Die Attribute sind nach Umformung in einen Satz Satzglieder zum finiten Verb.

Bei der Umsetzung eines Satzes in eine komplexe Nominalphrase müssen nicht alle notwendigen Satzglieder als Attribute des nominalen Bezugsausdrucks erscheinen. Der Satz 7-1 lautet:

7-1 Die Entscheidung über die Anrechnung trifft der Prüfungsausschuss auf Antrag des oder der Studierenden.

Unsere Paraphrase 7-1a hingegen:

7-1a Der Prüfungsausschuss entscheidet darüber, ob **die Leistung** angerechnet wird, wenn der oder die Studierende **dies** beantragt hat.

Im Nominalstil kann bei *Anrechnung* auf das Subjekt des *ob*-Satzes unserer Paraphrase *(die Leistung)* und bei *Antrag* auf das Objekt des *wenn*-Satzes *(dies)* verzichtet werden.

Während also im Satz auf die notwendigen Mitspieler nicht verzichtet werden kann, da sonst der Satz ungrammatisch wird, sind sie bei der Umsetzung in eine komplexe Nominalphrase dann entbehrlich, wenn der Kontext ausreichende Informationen zum Verständnis bietet. Durch das Weglassen von Attributen wird der Satzinhalt verknappt und auf das Wesentliche beschränkt.

5.4.4 Komplexe Phrasenstruktur

Sie haben bereits aus dem vorhergehenden Kapitel gemerkt, dass die Kondensation von Sätzen zu komplexen Nominal- oder Präpositionalphrasen führt.

Im Folgenden wollen wir anhand zweier Beispiele die Struktur des komplexen Aufbaus einer Nominal- bzw. Präpositionalphrase beschreiben. Vergleichen Sie das erste Beispiel:

4-3 **Über eine Nachfrist für die Meldung zu einer Modulabschlussprüfung in begründeten Fällen** entscheidet der oder die Vorsitzende des Prüfungsausschusses auf Antrag des oder der Studierenden.

In 4-3 liegt eine komplexe Präpositionalphrase in der syntaktischen Funktion eines Präpositionalobjekts zum Verb *entscheiden (x entscheidet über y)* auf der ersten Hierarchieebene vor. Die komplexe Präpositionalphrase verfügt über drei Präpositionalattribute und ein Adjektivattribut auf insgesamt fünf hierarchischen Ebenen. Vergleichen Sie die folgende Übersicht:

Tabelle 6: Hierarchische Übersicht zur Attributstruktur von Satz 4-3

1) Über eine Nachfrist für die Meldung zu einer Modulabschlussprüfung in begründeten Fällen				
	2) für die Meldung zu einer Modulabschlussprüfung in begründeten Fällen			
		3) zu einer Modulabschlussprüfung in begründeten Fällen		
			4) in begründeten Fällen	
				5) begründeten

In 1) ist die gesamte Präpositionalphrase angeführt.

2) Das erste Attribut in Form einer Präpositionalphrase lautet *für die Meldung zu einer Modulabschlussprüfung in begründeten Fällen*. Es handelt sich um ein komplexes Präpositionalattribut, das vom Bezugsausdruck *(über) eine Nachfrist* abhängt. Es besitzt den Kern *(für) die Meldung*. Bei der gesamten Präpositionalphrase, die als Ganzes durch ein Wort *(dafür)* ersetzt werden kann, handelt es sich um ein Attribut auf der zweiten hierarchischen Ebene.

3) Das zweite Attribut in Form einer Präpositionalphrase lautet *zu einer Modulabschlussprüfung in begründeten Fällen*. Auch dieses Attribut ist komplex, hängt vom übergeordneten Bezugsausdruck *(für) die Meldung* ab und hat den Kern *(zu) einer Modulabschlussprüfung*. Bei der gesamten Präpositionalphrase

(sie kann als Ganzes durch *dazu* ersetzt werden) handelt es sich um ein Attribut auf der dritten hierarchischen Ebene.

4) Dieses dritte Attribut ist die komplexe Präpositionalphrase *in begründeten Fällen* mit dem Kern *(in) Fällen*. Bei der Präpositionalphrase, die vom übergeordneten Bezugsausdruck *(über) eine Nachfrist* bis *(zu) einer Modulabschlussprüfung* abhängt, handelt es sich um ein Attribut auf der vierten hierarchischen Ebene. Ersetzbar ist das Attribut als Ganzes durch *dann*.

Übrigens: Es wäre zu überlegen, ob es sich bei *in begründeten Fällen* überhaupt um ein Attribut und nicht vielmehr um ein Satzglied in der Funktion eines Modaladverbials handelt. Falls wir *in begründeten Fällen* für ein Satzglied halten, hätten wir einen besonderen Fall der Vorfeldbesetzung vor uns, den wir an dieser Stelle nicht weiter erläutern möchten.

5) Während alle komplexen Präpositionalattribute postnominal sind, handelt es sich beim Adjektivattribut *begründeten* um ein pränominales Attribut zum Bezugsausdruck *(in) Fällen*. Es ist ein Attribut auf der fünften hierarchischen Ebene.

Zum zweiten Beispiel:

3-2 **(...) Wiederholungstermine für nicht fristgemäß zurückgetretene, im regulären Prüfungstermin gescheiterte oder zu diesem Termin angemeldete, jedoch nach § 15 Abs. 1 entschuldigte Studierende** werden in der Regel jeweils zu Beginn der Vorlesungszeit des folgenden Semesters angesetzt.

Hier findet sich eine komplexe Nominalphrase, die als Ganzes die Funktion des Subjekts einnimmt. Für die Erläuterung des Aufbaus der komplexen Phrase haben wir hier eine andere Darstellungsart, die Klammerschreibung, gewählt:

[Wiederholungstermine
[für [[nicht fristgemäß] zurückgetretene]
[[im [regulären] Prüfungstermin] gescheiterte]
oder
[[zu diesem Termin] angemeldete]
jedoch
[[nach § 15 Abs. 1] entschuldigte] Studierende]]

Kern der Phrase ist das Substantiv *Wiederholungstermine,* hiervon hängt ein komplexes Präpositionalattribut ab: *für nicht fristgemäß zurückgetretene, im regulären Prüfungstermin gescheiterte oder zu diesem Termin angemeldete, jedoch nach § 15 Abs. 1 entschuldigte Studierende*. Es handelt sich um ein Attribut, das auf der zweiten hierarchischen Ebene steht und das als Ganzes durch *dafür* ersetzt werden kann.

Auf der dritten hierarchischen Ebene befinden sich vier komplexe Partizipialattribute zum Kern *(für Studierende)*, die entweder asyndetisch oder durch die nebenordnende Konjunktion *oder* bzw. *jedoch* miteinander verbunden sind:

- nicht fristgemäß zurückgetretene
- im regulären Prüfungstermin gescheiterte
- (oder) zu diesem Termin angemeldete
- (jedoch) nach § 15 Abs. 1 entschuldigte (Studierende)

Die komplexen Attribute, deren Kern ein erweitertes, attributiv verwendetes Partizipialattribut ist, stellen kondensierte Satzinhalte dar, z. B. *nicht fristgemäß zurückgetretene (Studierende)* sind *Studierende, die nicht fristgemäß zurückgetreten sind.*

Die Partizipialattribute haben jeweils das Partizip als Kern. Von ihm hängen weitere Attribute auf der vierten hierarchischen Ebene ab.

Nicht fristgemäß ist ein Adjektivattribut, das vor seinem Kern in der Phrase *nicht fristgemäß zurückgetretene (Studierende)* steht und zu dem zusätzlich eine Negationspartikel *nicht* gehört.

In den übrigen drei Fällen steht jeweils eine Präpositionalphrase als Attribut vor dem Partizip: So in *im regulären Prüfungstermin gescheiterte (Studierende)*, in *zu diesem Termin angemeldete (Studierende)* oder in *nach § 15 Abs. 1 entschuldigte (Studierende)*.

Die fünfte Hierarchieebene wird mit *regulären* erreicht, das im Beispiel *im regulären Prüfungstermin gescheiterte (Studierende)* ein pränominales Adjektivattribut zum Bezugsausdruck *(im) Prüfungstermin* darstellt. Die hierarchische Gliederung setzt sich in der Präpositionalphrase *nach § 15 Abs. 1* weiter fort.

Derart komplexe Nominal- und Verbalgruppen findet man in der geschriebenen Sprache des Deutschen fast nur in der Verwaltungssprache oder in einem an der Verwaltungssprache orientierten Sprachgebrauch, im gesprochenen Deutsch aber so gut wie nicht.

5.4.5 Komplexe Satzstruktur

Während die Phrasen eine große Komplexität aufweisen, sind nur verhältnismäßig wenige Sätze besonders komplex strukturiert. Wir werden im Folgenden ein Satzgefüge herausgreifen und es in seiner Grobstruktur kurz analysieren, um Ihnen seine Komplexität zu demonstrieren.

Dabei verzichten wir auf Detailinformationen, wie z. B. auf die Angabe der Stellung des finiten Verbs usw., und beschränken uns auf einige wenige Punkte der Gesamtanalyse.

2-2 Durch die kumulative Bachelorprüfung im Hauptfach ES sowie den internen Nebenfächern soll festgestellt werden, ob die oder der Studierende Methoden und Zielsetzungen der Empirischen Sprachwissenschaft überblickt, die Fähigkeit besitzt, wissenschaftliche Verfahren und Erkenntnisse des Faches selbstständig anzuwenden, und in der Lage ist, aufgrund eines breiten Grundlagenwissens und wissenschaftlicher Orientierung die zukünftigen Entwicklungen der Empirischen Sprachwissenschaft zu verstehen, sowie die für den Übergang in die Berufspraxis notwendigen gründlichen Fachkenntnisse erworben hat.

Der komplexe Satz in 2-2 ist ein Aussagesatz, der auf der obersten hierarchischen Ebene ein Satzgefüge darstellt.

Das Satzgefüge besteht aus einem Hauptsatz (**HS**) und einem Nebensatz (**NS 1**), der mit der Subjunktion *ob* eingeleitet ist und einen indirekten Fragesatz darstellt. Der Nebensatz bietet vier asyndetisch und syndetisch *(und, sowie)* aneinandergereihte Teilsätze, die jeweils ein finites Verb aufweisen. Es gibt also eine parataktische Reihung im *ob*-Satz.

Von **NS 1, Teilsatz 2** und **3**, hängt jeweils eine Infinitivkonstruktion ab, die in einen Nebensatz überführt werden kann *(dass ...)* und daher satzwertig ist (die beiden Infinitivkonstruktionen werden als **NS 2** und **NS 3** bezeichnet). Es handelt sich in beiden Fällen um Nebensätze, die auf der dritten Hierarchieebene stehen.

Die nachfolgende Übersicht gibt eine grobe Strukturierung der hierarchischen Verhältnisse im Satz:

> **HS:** Durch die kumulative Bachelorprüfung im Hauptfach ES sowie den internen Nebenfächern soll festgestellt werden,
>
> > **NS 1, Teil 1** (**Konjunktionalsatz** eingeleitet mit Subjunktion *ob*): (ob) die oder der Studierende Methoden und Zielsetzungen der Empirischen Sprachwissenschaft überblickt,
> >
> > **NS 1, Teil 2:** die Fähigkeit besitzt,
> >
> > > **NS 2 als satzwertige Infinitivkonstruktion:** wissenschaftliche Verfahren und Erkenntnisse des Faches selbstständig anzuwenden,
> >
> > **NS 1, Teil 3:** und in der Lage ist,
> >
> > > **NS 3 als satzwertige Infinitivkonstruktion:** aufgrund eines breiten Grundlagenwissens und wissenschaftlicher Orientierung die zukünftigen Entwicklungen der Empirischen Sprachwissenschaft zu verstehen,
> >
> > **NS 1, Teil 4:** sowie die für den Übergang in die Berufspraxis notwendigen gründlichen Fachkenntnisse erworben hat.

Wir wollen uns an dieser Stelle damit begnügen, jeweils nur die syntaktische Funktion der Nebensätze zu bestimmen.

Der **NS 1** *ob die oder der Studierende ... erworben hat* erfüllt die Funktion des Subjekts zum Prädikat des HS *soll festgestellt werden.* Im **NS 1, Teil 2** muss das Subjekt vom NS 1, Teil 1 ergänzt werden. Die **satzwertige Infinitivkonstruktion NS 2** erfüllt die Funktion eines Präpositionalobjekts zum Prädikat von NS 1, Teil 2 *(x besitzt die Fähigkeit zu y).* Auch im **NS 1, Teil 3** muss das Subjekt vom NS 1, Teil 1 ergänzt werden. Die **satzwertige Infinitivkonstruktion NS 3** erfüllt auch hier die Funktion eines Präpositionalobjekts zum Prädikat von NS 1, Teil 3 *(x ist zu y in der Lage).*

Trotz der hypotaktischen Struktur auf der obersten Hierarchieebene dominiert in diesem komplexen Satzgefüge der Eindruck der parallelen Anordnung der Inhalte, wie er in der Nebenordnung der Teilsätze im Nebensatz 1 zum Ausdruck kommt. Betrachten wir den Satz unter dem Aspekt der Verteilung von alter und neuer Information, so bildet gerade der *ob*-Satz mit seinen vier parallel aufgebauten Teilsätzen das Rhema der gesamten Aussage. Es erfolgt eine Informationsverdichtung durch koordiniertes Rhema; hierdurch entsteht zwar Kürze, die aber zulasten der Verständlichkeit geht.

5.4.6 Alte und neue Information: Thema – Rhema

Am Schluss soll noch ein kurzer Blick auf die Thema-Rhema-Struktur einiger Passagen geworfen werden, in denen sie besonders deutlich hervortritt. Vergleichen Sie die folgenden Beispiele:

3-1 Die Modulabschlussprüfungen erfolgen im Anschluss an die letzte Lehrveranstaltung des Moduls **innerhalb der hierfür vorgesehenen Prüfungszeiträume.** (= Rhema)

3-2 **Die Prüfungszeiträume** (= Thema) liegen in der Regel am Ende der Vorlesungszeit eines Semesters. Wiederholungstermine für nicht fristgemäß zurückgetretene, im regulären Prüfungstermin gescheiterte oder zu diesem Termin angemeldete, jedoch nach § 15 Abs. 1 entschuldigte Studierende werden in der Regel jeweils zu Beginn der Vorlesungszeit des folgenden Semesters angesetzt.

3-3 **Die Prüfungszeiträume** (= Thema) werden vom Prüfungsausschuss jährlich festgelegt.

4-1 Zu jeder Modulprüfung **hat sich der oder die Studierende innerhalb der Meldefrist schriftlich anzumelden** (= Rhema), unabhängig davon, ob die Modulprüfung in Form einer Modulabschlussprüfung, einer Modulteilprüfung oder einer einzelnen veranstaltungsbezogenen Modulprüfung zu absolvieren ist; andernfalls ist die Erbringung der Prüfungsleistung ausgeschlossen. **Die Meldung zu den Modulabschlussprüfungen** (= Thema) erfolgt beim Prüfungsamt.

4-2 **Die Meldung zu einer Modulteilprüfung oder einer einzelnen veranstaltungsbezogenen Modulprüfung** (= Thema) erfolgt bei dem Prüfer oder der Prüferin; er oder sie leitet diese Meldung an das Prüfungsamt weiter.

4-3 Über eine Nachfrist **für die Meldung zu einer Modulabschlussprüfung** (= Thema) in begründeten Fällen entscheidet der oder die Vorsitzende des Prüfungsausschusses auf Antrag des oder der Studierenden.

4-4 Über eine Nachfrist **für die Meldung zu einer Modulteilprüfung oder einer einzelnen veranstaltungsbezogenen Modulprüfung** (= Thema) in begründeten Fällen entscheidet der Prüfer oder die Prüferin.

An diesen beiden Beispielen können Sie gut erkennen, wie innerhalb eines Absatzes das Rhema des ersten Satzes zum Thema der nachfolgenden Sätze wird. In 3-2 und 3-3 wird das Wort *Prüfungszeiträume* wiederholt, in 4-2 bis 4-4 findet sich die Nominalisierung der Verbalgruppe von 4-1.

Das Wiederaufgreifen eines Satzes in 3-2 und 4-1 in Form von Nominalisierungen in 3-3 und 4-2 bis 4-4 dient der engen Textverknüpfung. Dies verstärkt zugleich den statischen, subjektlosen Gesamteindruck, den der Verwaltungstext vermittelt. Das beinahe wörtliche Wiederaufgreifen eines Rhemas als Thema des nachfolgenden Satzes ermöglicht ein schnelleres Erfassen des thematisch Gleichen und eine Fokussierung der Aufmerksamkeit auf die relevanten Unterschiede innerhalb der einzelnen Absätze.

5.4.7 Zusammenfassung

Wir haben in diesem Verwaltungstext die spezifischen Besonderheiten im Bereich der Grammatik des Verbs und der Nominalphrasen, der Satzkomplexität sowie der Informationsstruktur herausgearbeitet. Hierbei wurden die folgenden grammatischen Phänomene in die Analyse einbezogen:

- mehrgliedrige Phrasen
- Verbalkomplex
- Passiv und Passivperiphrase
- Funktionsverbgefüge
- Nominalstil
- komplexe Phrasenstruktur
- komplexe Satzstruktur
- Thema-Rhema

Zum Schluss. Die Beispielanalysen dieses Kapitels sind nicht als abschließende Interpretationen zu verstehen. Sie können in vielerlei Hinsicht erweitert und vertieft werden. Wir hoffen jedoch, gezeigt zu haben, **dass** grammatisches Basiswissen für das Verständnis von Texten, für die Reflexion über verschiedene Schichten von Intentionen und für die Erhöhung der kreativen Möglichkeiten bei der eigenen Textproduktion unverzichtbar ist und **wie** es nutzbar gemacht werden kann.

Register

Quellenverzeichnis

1. Allerlei-Rauh. In: Märchen der Gebrüder Grimm. Ausgewählt von Lore Segal und Maurice Sendak. Mit Zeichnungen von Maurice Sendak (= Diogenes-Taschenbuch 21350). Zürich 1985, S. 234-244.

2. Bachmann, Ingeborg: Die Fähre. In: Dies.: Werke, Bd. 2: Erzählungen. © Piper Verlag GmbH, München 1978, S. 10–14.

3. Bachmann, Ingeborg: Das dreißigste Jahr. In: Dies.: Werke, Bd. 2: Erzählungen. © Piper Verlag GmbH, München 1978, S. 94–137.

4. Bachmann, Ingeborg: Das Gebell. In: Dies.: Werke, Bd. 2: Erzählungen. © Piper Verlag GmbH, München 1978, S. 373–393.

5. Busch, Matthias: Die schönsten Spritztouren. München 2004.

6. Deutsche Rentenversicherung: Formular V800 (Ziffer 9.4):
   http://www.deutsche-rentenversicherung.de/Allgemein/de/Inhalt/5_Services/04_formulare_und_antraege/_pdf/V0800.pdf?_blob=publicationFile&v=19 [02. 10. 2014]

7. Erlinger, Rainer: Gewissensfragen. Streitfälle der Alltagsmoral, aufgeklärt vom Süddeutsche Zeitung Magazin. Süddeutsche Zeitung Edition, München 2005, S. 41 (leicht verändert).

8. Geipel, Ines: „Das Konzept der Verantwortlichkeit. Laudatio auf den Hochschullehrer des Jahres, Werner Franke." In: Forschung & Lehre, 12 (2007), S. 729–731.

9. Goscinny, René / Uderzo, Albert: Asterix. Der Gallier, Bd. 1. Berlin 1976.

10. Hacke, Axel: Das Beste aus meinem Leben. Entnommen aus: Axel Hacke, Das Beste aus meinem Leben. © Antje Kunstmann GmbH, München 2006.

11. Hartung, Klaus: „Berliner Wende." In: Die Zeit, Nr. 7, 5. Feb. 1998, S. 40.

12. Jandl, Ernst: Idyllen. Gedichte. In: Ernst Jandl: Poetische Werke, hrsg. v. Klaus Siblewski: © 1997 by Luchterhand Literaturverlag in der Verlagsgruppe Random House GmbH, München 1997, S. 77.

13. Janich, Peter: Was ist Wahrheit? Eine philosophische Einführung (= Beck'sche Reihe Wissen 2052). Verlag C. H. Beck oHG, München 1996, S. 97.

14. Mann, Thomas: Herr und Hund. In: Ders.: Gesammelte Werke in dreizehn Bänden. Band VII. Erzählungen. © S. Fischer Verlag GmbH, Frankfurt am Main 1960, 1974, S. 585.

15. Ordnung des Fachbereichs Sprach- und Kulturwissenschaften der Johann Wolfgang Goethe-Universität Frankfurt am Main für den Bachelorstudiengang Empirische Sprachwissenschaft als Hauptfach mit dem Abschluss „Bachelor of Arts“ (Fassung vom 06. Juli 2011)

http://www.uni-frankfurt.de/43556629/baempsprw_hf.pdf [02. 10. 2014]

16. Pivcevic, Edo: Von Husserl zu Sartre. Auf den Spuren der Phänomenologie (= List-Taschenbücher der Wissenschaft 1643). München 1972, S. 19.

17. Kurznotiz (ohne Autor). In: Süddeutsche Zeitung, 23. 2. 2005, S. 12 (leicht verändert).

18. Süskind, Patrick: Das Parfum. Die Geschichte eines Mörders. Copyright © 1985 Diogenes Verlag Zürich, S. 5.

Lösungen zu den Übungsaufgaben

Übungsaufgaben zum Kapitel 1 „Das Wort" (S. 48–50)

Übung 1: Wortarten

Ü-1a Bestimmen Sie im folgenden Analysebeispiel 1 die Wortart aller Wörter!

Analysebeispiel 1

Manchmal begegnet einem ein schönes, unbekanntes Wort so unverhofft, wie man bei einem Spaziergang durch den Dschungel vielleicht plötzlich einem seltenen und schillernd bunten Schmetterling gegenübersteht.

(aus: Axel Hacke: Das Beste aus meinem Leben. Mein Alltag als Mann. München 2006, S. 14)

Lösungsvorschlag zu Ü-1a

manchmal:	Temporaladverb
begegnet:	Vollverb
einem:	Indefinitpronomen
ein:	unbestimmter Artikel
schönes:	Adjektiv
unbekanntes:	Adjektiv
Wort:	Substantiv
so:	Steigerungspartikel
unverhofft:	Adjektiv (adverbial gebraucht)
wie:	Subjunktion
man:	Indefinitpronomen
bei:	Präposition
einem:	unbestimmter Artikel
Spaziergang:	Substantiv
durch:	Präposition
den:	bestimmter Artikel
Dschungel:	Substantiv
vielleicht:	Modalwort
plötzlich:	Temporaladverb
einem:	unbestimmter Artikel
seltenen:	Adjektiv
und:	Konjunktion
schillernd:	Partizip I
bunten:	Adjektiv
Schmetterling:	Substantiv
gegenübersteht:	Vollverb

Ü-1b Bestimmen Sie im folgenden Analysebeispiel 2 die Wortart der unterstrichenen Wörter: Artikel oder Pronomen?

Analysebeispiel 2

An diesem (1) Abend ging der (2) junge Mann nicht gleich nach Hause, sondern noch etwas (3) trinken. Er (4) konnte sich (5) das (6) leisten, da er (7) endlich mit seiner (8) Chefin über die (9) Gehaltserhöhung gesprochen hatte. Die (10) hatte sich (11) sehr verständig gezeigt und ihm (12) für das nächste Jahr etwas (13) mehr Gehalt in Aussicht gestellt. Das (14) würde vieles (15) leichter machen. Aber eines (16) beunruhigte ihn doch: Es (17) hatte etwas (18) zu tun mit einer kleinen Bemerkung, die (19) an diesem Tag gefallen war.

Lösungsvorschlag zu Ü-1b

diesem (1):	Demonstrativartikel
der (2):	bestimmter Artikel
etwas (3):	Indefinitpronomen
er (4):	Personalpronomen
sich (5):	Reflexivpronomen (obligatorisch)
das (6):	Personal- bzw. Demonstrativpronomen
er (7):	Personalpronomen
seiner (8):	Possessivartikel
die (9):	bestimmter Artikel
die (10):	Personal- bzw. Demonstrativpronomen
sich (11):	Reflexivpronomen (obligatorisch)
ihm (12):	Personalpronomen
etwas (13):	evtl. hier Steigerungspartikel *(etwas mehr)*
das (14):	Personal- bzw. Demonstrativpronomen
vieles (15):	Indefinitpronomen
eines (16):	Indefinitpronomen
es (17):	Personalpronomen
etwas (18):	Indefinitpronomen
die (19):	Relativpronomen

Ü-1c Bestimmen Sie im folgenden Analysebeispiel 3 die Wortart der unterstrichenen Wörter: Adverb, Präposition, Konjunktion oder eine bestimmte Partikelart?

Analysebeispiel 3

Als (1) ich noch (2) sehr (3) klein war, lag ich gern (4) auf dem Rücken im (5) Gras und (6) sah den Flugzeugen am (7) Himmel nach und (8) den Kondensstreifen, die sie hinter (9) sich ließen. Als (10) man mir sagte, dass (11) in den Flugzeugen Menschen säßen, dachte ich darüber (12) nach, wie (13) sie wohl (14) in die Flugzeuge hineingekommen waren. Ich kam zu (15) keinem endgültigen Schluss, aber (16) meine Vorstellung war, dass die Flugzeuge irgendwann (17) dort (18) oben (19) für (20) eine kurze Zeit anhalten würden und (21) dass (22) man dann (23) vom Boden aus eine sehr (24), sehr, sehr (…) lange Leiter ausfahren würde und dass mit deren Hilfe die Passagiere Gelegenheit hätten, das Flugzeug zu (25) besteigen und auch (26) wieder (27) zu verlassen. Naja (28), so (29) dachte ich eben (30).

(aus: Axel Hacke: Das Beste aus meinem Leben. Mein Alltag als Mann. München 2006, S. 87)

Lösungsvorschlag zu Ü-1c

als (1):	Subjunktion (temporal)
noch (2):	Gradpartikel
sehr (3):	Steigerungspartikel
gern (4):	Modaladverb
im (5):	Präposition, verschmolzen mit dem bestimmten Artikel
und (6):	Konjunktion
am (7):	Präposition, verschmolzen mit dem bestimmten Artikel
und (8):	Konjunktion
hinter (9):	Präposition
als (10):	Subjunktion (temporal)
dass (11):	Subjunktion
darüber (12):	Pronominaladverb
wie (13):	Subjunktion
wohl (14):	Modalwort
zu (15):	Präposition
aber (16):	Konjunktion
irgendwann (17):	Temporaladverb (indefinit)
dort (18):	Lokaladverb
oben (19):	Lokaladverb
für (20):	Präposition
und (21):	Konjunktion
dass (22):	Subjunktion
dann (23):	Temporaladverb
sehr (24):	Steigerungspartikel
zu (25):	Infinitivpartikel
auch (26):	Gradpartikel
wieder (27):	Temporaladverb
naja (28):	Interjektion
so (29):	Modaladverb
eben (30):	Modalpartikel

Übung 2: Verben

Ü-2a Bestimmen Sie im folgenden Analysebeispiel 4 die grammatischen Kategorien der unterstrichenen Verben (Person, Numerus, Tempus, Modus, Genus Verbi), bei zusammengesetzten Verbformen (besonders markiert) die der gesamten Form!

Analysebeispiel 4

Jamie Oliver, 29, […] will (1) sich aus der Öffentlichkeit zurückziehen. »Ich möchte (2) es ruhiger angehen lassen in den nächsten drei Jahren. Ich bin (3) bereit für das Ende meines Ruhms«, sagte (4) Oliver ***ananova.com*** zufolge. Die öffentlichen Spekulationen über eine mögliche Ehekrise hätten ihn dazu gebracht (5), seine Karriere zu überdenken. Er müsste (6) einfach eine längere Schaffenspause einlegen. »Ich bedauere (7) meine Berühmtheit«, sagte der Starkoch. Gleichzeitig wisse (8) er aber, dass er seinem Ruhm viel zu verdanken habe (9). Künftig wolle (10) er mehr Zeit mit seiner Frau Jools und seinen zwei Töchtern verbringen.

(Kurznotiz [ohne Autor] aus: Süddeutsche Zeitung, 23.2.2005, S. 12; leicht verändert)

Lösungsvorschlag zu Ü-2a

will (1):	3. Ps. Sg. Indikativ Präsens Aktiv;
möchte (2):	1. Ps. Sg. Konjunktiv II Aktiv von *mögen* oder: eigenständiges Modalverb;
bin (3):	1. Ps. Sg. Indikativ Präsens Aktiv;
sagte (4):	3. Ps. Sg. Indikativ Präteritum Aktiv;
hätten gebracht (5):	3. Ps. Pl. Konjunktiv II Vergangenheit (auch: Konjunktiv Plusquamperfekt) Aktiv;
müsste (6):	3. Ps. Sg. Konjunktiv II (auch: Konjunktiv Präteritum) Aktiv;
bedauere (7):	1. Ps. Sg. Indikativ Präsens Aktiv;
wisse (8):	3. Ps. Sg. Konjunktiv I (auch: Konjunktiv Präsens) Aktiv;
habe (9):	3. Ps. Sg. Konjunktiv I (auch: Konjunktiv Präsens) Aktiv;
wolle (10):	3. Ps. Sg. Konjunktiv I (auch: Konjunktiv Präsens) Aktiv.

Ü-2b Welche Funktion haben die Veränderungen im Verbmodus im Analysebeispiel 4?

Lösungsvorschlag zu Ü-2b

Die Konjunktivformen dienen dazu, die Redewiedergabe, d. h. die indirekte Rede, zu kennzeichnen.
Sie können dies als alleiniges Kennzeichen, ohne redeeinleitendes Verb oder *dass*-Satz, markieren (wie man an den Beispielen (8), (9) und (10) sieht).
Die übliche Form der indirekten Rede ist der Konjunktiv I. Wenn dieser nicht mehr erkennbar ist, dann wird als Ersatzform Konjunktiv II verwendet, wie in (5). Manchmal geschieht dies auch ohne ersichtlichen Grund, wie in (6), wo genauso gut – und eindeutiger – die Konjunktiv-I-Form *müsse* stehen könnte.

Ü-2c Bestimmen Sie die Verbklasse der unterstrichenen Verben im folgenden Analysebeispiel 5: Vollverb, Hilfsverb, Modalverb oder Kopulaverb?

Analysebeispiel 5

Meine Frau und ich sind (1) kürzlich mit der Bahn gereist und haben (2) dafür das Bayern-Ticket benutzt. Damit dürfen (3) gemeinsam bis zu fünf Personen fahren, die nicht verwandt sein (4) müssen (5). Auf dem Bahnsteig fragte (6) uns eine Studentin, ob wir mit dem Bayern-Ticket unterwegs seien (7), ob sie darauf mitfahren dürfe (8) und was wir als Kostenbeteiligung verlangten (9). Wir haben (10) sie mitgenommen, natürlich ohne Kostenbeteiligung. War (11) das richtig oder wird (12) so die Bahn geschädigt, die eine Fahrkarte weniger verkauft (13)?

(aus: Rainer Erlinger: Gewissensfragen. Streitfälle der Alltagsmoral, aufgeklärt vom Süddeutsche Zeitung Magazin. München 2005, S. 73)

Lösungsvorschlag zu Ü-2c

sind (1):	Hilfsverb *(sind – gereist)*
haben (2):	Hilfsverb *(haben – benutzt)*
dürfen (3):	Modalverb
sein (4):	Kopulaverb *(verwandt – sein)*
müssen (5):	Modalverb
fragte (6):	Vollverb
seien (7):	Kopulaverb *(unterwegs – seien)*
dürfe (8):	Modalverb
verlangten (9):	Vollverb
haben (10):	Hilfsverb *(haben – mitgenommen)*
war (11):	Kopulaverb *(war – richtig)*
wird (12):	Hilfsverb *(wird – geschädigt; werden-*Passiv von *schädigen)*
verkauft (13):	Vollverb

Übung 3: Substantive

Ü-3a Bilden Sie die Pluralformen von folgenden Substantiven und versuchen Sie dann eine Regel zu formulieren für die Verteilung der Pluralendungen *-en* und *-n*!

Apfel, Feder, Nase, Nerv, Ohr, Rose, Tulpe, Zahl

Lösungsvorschlag zu Ü-3a

Äpfel
Feder**n**
Nase**n**
Nerv**en**
Ohr**en**
Rose**n**
Tulpe**n**
Zahl**en**

Die Endungsvariante *-n* wird gewählt, wenn das Substantiv schon auf *-e* endet (wie in *Nase, Rose, Tulpe*) oder auf eine unbetonte Silbe (wie in *Feder*). In den anderen Fällen wird die Variante *-en* verwendet.

Ü-3b Mit welchen Endungen wird die grammatische Kategorie Plural bei den folgenden Wörtern ausgedrückt? Ordnen Sie diese nach dem Genus der Substantive im Singular (Maskulinum, Neutrum, Femininum). Erkennen Sie bestimmte Tendenzen?

Amsel, Bär, Elster, Eule, Frau, Giraffe, Kalb, Katze, Kind, Kobra, Mann, Maus, Pferd, Reh, Rind, Rotkehlchen, Schwan, Schwein, Specht, Tiger, Uhu, Vogel, Wolf, Wurm, Zebra

Lösungsvorschlag zu Ü-3b

Maskulinum: Bären, Männer, Schwäne, Spechte, Tiger, Uhus, Vögel, Wölfe, Würmer;
Neutrum: Kälber, Kinder, Pferde, Rehe, Rinder, Rotkehlchen, Schweine, Zebras;
Femininum: Amseln, Elstern, Eulen, Frauen, Giraffen, Katzen, Kobras, Mäuse.

Tendenzen: Pluralendung *-e* und *-er* treten vor allem bei Substantiven im Maskulinum oder Neutrum auf. Keine Endung findet sich ebenfalls hauptsächlich bei Maskulina und Neutra. Pluralendung *-n* bzw. *-en* tritt hauptsächlich bei Substantiven im Femininum auf. Pluralendung *-s* ist auf Substantive mit allen drei Genera verteilt.
Umlaut tritt nur im Zusammenhang mit der Pluralendung *-e* oder *-er* auf oder wenn keine Pluralendung angehängt wird (damit ist der Umlaut häufiger bei Substantiven im Maskulinum und Neutrum).
Weitere Gesetzmäßigkeiten für das Auftreten des Umlauts bei der Pluralbildung lassen sich nicht erkennen.

Ü-3c Bestimmen Sie den Kasus der unterstrichenen Wörter bzw. Wortgruppen in Analysebeispiel 6! Stellen Sie gegebenenfalls Fragen wie *wer (oder was)? wen (oder was)? wem? wessen?*

Analysebeispiel 6

Manchmal begegnet einem (1) ein schönes, unbekanntes Wort (2) so unverhofft, wie man (3) bei einem Spaziergang durch den Dschungel (4) vielleicht plötzlich einem seltenen und schillernd bunten Schmetterling (5) gegenübersteht.
So geschah es mir (6), als ich (7) vom Mittagessen in mein Büro (8) zurückkehrte und ein Eilt!-Eilt!-Fax (9) auf meinem Schreibtisch (10) vorfand, abgesandt vom Sekretär (11) des Herrn O. (12), eines berühmten und bedeutenden Mannes (13), mit dem (14) ich (15) am nächsten Morgen verabredet war.

(aus: Axel Hacke: Das Beste aus meinem Leben. Mein Alltag als Mann. München 2006, S. 14)

Lösungsvorschlag zu Ü-3c

einem (1): Dativ
ein schönes, unbekanntes Wort (2): Nominativ
man (3): Nominativ
den Dschungel (4): Akkusativ
einem seltenen und schillernd bunten Schmetterling (5): Dativ

mir (6): Dativ
ich (7): Nominativ
mein Büro (8): Akkusativ
ein Eilt!-Eilt!-Fax (9): Akkusativ
meinem Schreibtisch (10): Dativ
Sekretär (11): Dativ
des Herrn O. (12): Genitiv
eines berühmten und bedeutenden Mannes (13): Genitiv
dem (14): Dativ
ich (15): Nominativ

Übungsaufgaben zum Kapitel 2 „Satzglieder" (S. 89–90)

Ü-1 Ermitteln und bestimmen Sie die Prädikate und die Subjekte der folgenden Sätze (Haupt- und Nebensätze)! Nennen und erläutern Sie die Testverfahren, die Sie hierbei anwenden!

1-1 Von der »Verantwortung für die Schönheit der Stadt« sprach der Berliner Stadtentwicklungssenator Peter Strieder bei der Eröffnung einer Ausstellung, in der die Zwischenbilanz einer einjährigen Arbeit mit dem »Planwerk Innenstadt« vorgestellt wurde.

1-2 Noch vor Jahren wäre das Wort von der Schönheit der Stadt ein Tabubruch und Nachweis höchster Inkompetenz gewesen.

1-3 Schließlich galt Stadtplanung als eine Art höherer Sozialpolitik, die die Einwohner-Bedürfnisse nach Verkehr, Sicherheit, Licht, Luft und Sonne funktional und DIN-Norm-gerecht umsetzen muss.

(aus: Klaus Hartung: Berliner Wende. In: Die Zeit, Nr. 7, 5. 2. 1998, S. 40).

Lösungsvorschlag zu Ü1-1

Hauptsatz:

Prädikat: *sprach*
finites Verb; Vollverb

Subjekt: *der Berliner Stadtentwickler Peter Strieder*
komplexe Nominalphrase im Nominativ, in der Austauschprobe pronominalisierbar durch *er*, in der Frageprobe erfragbar durch *wer oder was*, bei der Verschiebeprobe erststellenfähig, löst Kongruenz des finiten Verbs aus

Nebensatz:

Prädikat: *vorgestellt wurde*
mehrgliedriges Prädikat aus finitem Hilfsverb *wurde* und Vollverb *vorstellen* im Partizip II; Indikativ Präteritum Passiv; zurückführbar auf Aktivform

Subjekt: *die Zwischenbilanz einer einjährigen Arbeit*
oder:
die Zwischenbilanz einer einjährigen Arbeit mit dem „Planwerk Innenstadt"
jeweils komplexe Nominalphrase im Nominativ, in der Austauschprobe pronominalisierbar durch *sie*, in der Frageprobe erfragbar durch *wer oder was*, bei der Verschiebeprobe sind beide Varianten gleichermaßen erststellenfähig, löst Kongruenz des finiten Verbs aus

Lösungsvorschlag zu Ü1-2

Prädikat: *wäre gewesen*
finites Hilfsverb *wäre* und Partizip II *gewesen* bilden den Konjunktiv Plusquamperfekt des Kopulaverbs *sein;* zurückführbar auf eine eingliedrige Verbform im Indikativ Präsens

Subjekt: *das Wort von der Schönheit der Stadt*
komplexe Nominalphrase im Nominativ, in der Austauschprobe pronominalisierbar durch *es*, in der Frageprobe erfragbar durch *wer oder was*, bei der Verschiebeprobe erststellenfähig, löst Kongruenz des finiten Verbs aus

Lösungsvorschlag zu Ü1-3

Hauptsatz:

Prädikat: *galt*
finites Verb; Vollverb

Subjekt: *Stadtplanung*
Nominalphrase im Nominativ, in der Austauschprobe pronominalisierbar durch *sie*, in der Frageprobe erfragbar durch *wer oder was*, bei der Verschiebeprobe erststellenfähig, löst Kongruenz des finiten Verbs aus

Nebensatz:

Prädikat: *umsetzen muss*
finites Modalverb *muss* und Infinitiv Präsens des Vollverbs *umsetzen;* zurückführbar auf eine Verbform des Vollverbs im Indikativ Präsens ohne Modalisierung

Subjekt: *die*
Relativpronomen *die* im Nominativ, löst Kongruenz im finiten Verb aus; im Kernsatz wäre *die* pronominalisierbar durch *sie*, in der Frageprobe erfragbar durch *wer oder was*, bei der Verschiebeprobe erststellenfähig

Ü-2 Bestimmen Sie im folgenden Beispielsatz die syntaktische Funktion der aufgeführten Wortgruppen!

Der Zeitaufwand für das Erstellen einer wissenschaftlichen Arbeit kann unter Umständen in einem umgekehrten Verhältnis zu ihrem Nutzen stehen.

2-1 Der Zeitaufwand für das Erstellen einer wissenschaftlichen Arbeit
2-2 unter Umständen
2-3 in einem umgekehrten Verhältnis zu ihrem Nutzen
2-4 für das Erstellen einer wissenschaftlichen Arbeit
2-5 einer wissenschaftlichen Arbeit
2-6 zu ihrem Nutzen

Lösungsvorschlag zu Ü-2

2-1 *Der Zeitaufwand für das Erstellen einer wissenschaftlichen Arbeit:* komplexe Nominalphrase als Subjekt

2-2 *unter Umständen:* Präpositionalphrase als Modaladverbial

2-3 *in einem umgekehrten Verhältnis zu ihrem Nutzen:* komplexe Präpositionalphrase als Teil des Funktionsverbgefüges *im Verhältnis stehen*

2-4 *für das Erstellen einer wissenschaftlichen Arbeit:* komplexe Präpositionalphrase als Attribut zum Kern *Zeitaufwand*

2-5 *einer wissenschaftlichen Arbeit:* komplexe Nominalphrase im Genitiv als Attribut zum Kern *(das) Erstellen*

2-6 *zu ihrem Nutzen:* Präpositionalphrase als Attribut zum Kern *(einem) Verhältnis*

Ü-3 Bestimmen Sie die sprachliche Form und die syntaktische Funktion der unterstrichenen Passagen!

3-1 Der Kriminalbeamte glaubt nur die Hälfte.
3-2 Sie glaubt nicht an Ufos.
3-3 Der Zeuge glaubt, dass die Aufnahme echt ist.
3-4 Sie glaubt ihm nicht mehr.

3-5 Im Garten stehen auch drei Nussbäume.
3-6 Auf der Bank im Garten sitzt man nicht gerade bequem.
3-7 Sonntags treffen wir uns zum Federballspielen im Garten.

3-8 Sie fing den Fisch mit bloßen Händen.
3-9 Sie will bloß spielen.
3-10 Was ist bloß mit dir los!
3-11 Nach drei Tagen vergeblichen Wartens liegen die Nerven bloß.

Lösungsvorschlag zu Ü-3

3-1 *Der Kriminalbeamte glaubt nur die Hälfte.*
Akkusativobjekt bestehend aus einer Nominalphrase mit Gradpartikel, Artikelwort und Substantiv

3-2 *Sie glaubt nicht an Ufos.*
Präpositionalobjekt bestehend aus einer Präpositionalphrase mit Präposition und Substantiv im Plural

3-3 *Der Zeuge glaubt, dass die Aufnahme echt ist.*
Konjunktionaler Nebensatz als Objektsatz in der Funktion eines Präpositionalobjekts *(glauben woran?)*

3-4 *Sie glaubt ihm nicht mehr.*
Dativobjekt bestehend aus einer Pronominalphrase mit Personalpronomen

3-5 *Im Garten stehen auch drei Nussbäume.*
Präpositionalphrase (Präposition und Substantiv) in der Funktion eines Lokaladverbials als Ergänzung zum Verb *stehen*

3-6 *Auf der Bank im Garten sitzt man nicht gerade bequem.*
Präpositionalphrase als Attribut zum Kern *Bank*

3-7 *Sonntags treffen wir uns zum Federballspielen im Garten.*
Präpositionalphrase in der Funktion eines Lokaladverbials als Angabe

3-8 *Sie fing den Fisch mit bloßen Händen.*
Adjektivattribut zum Substantiv *Händen*

3-9 *Sie will bloß spielen.*
Restriktives Adverbial zum Verb *spielen* (‚nichts als spielen')

3-10 *Was ist bloß mit dir los!*
Modalpartikel

3-11 *Nach drei Tagen vergeblichen Wartens liegen die Nerven bloß.*
Adjektiv als Subjektsprädikativ zu *die Nerven*

Ü-4 Welche strukturellen Ambiguitäten sind in folgenden Sätzen zu finden und wie kann man sie auflösen?

4-1 Sieh ihn dir ruhig an!
4-2 Die Gäste verließen uns gekränkt.
4-3 Das Töten der Wölfe war schrecklich.
4-4 Susi winkt der Frau mit dem Taschentuch.
4-5 Auf dem Teich schwammen schwarze Schwäne und Enten.

Lösungsvorschlag zu Ü-4

4-1 *Sieh ihn dir ruhig an!*
ruhig kann sich auf das Reflexivum *dir* bzw. das elliptische Subjekt beziehen (Prädikativ) oder als Adverbial zum Verb (Modaladverbial) interpretiert werden.

4-2 *Die Gäste verließen uns gekränkt.*
Gekränkt kann sich auf *die Gäste* oder auf *uns* beziehen (Subjekts- oder Objektsprädikativ) oder als Modaladverbial zum Verb *verlassen* interpretiert werden.

4-3 *Das Töten der Wölfe war schrecklich.*
Das Töten der Wölfe kann interpretiert werden als ‚die Wölfe töten x', d. h. als *Genitivus subjectivus,* oder als ‚x tötet die Wölfe' *(Genitivus objectivus).*

4-4 *Susi winkt der Frau mit dem Taschentuch.*
der Frau mit dem Taschentuch kann als ein Satzglied interpretiert werden; *mit dem Taschentuch* ist dann Attribut zu *Frau* (Fragetest: *Wem winkt Susi?*).
Oder *mit dem Taschentuch* wird als unabhängiges Satzglied, d. h. als Instrumentaladverbial, interpretiert (Fragetest: *Womit winkt Susi der Frau?*).

4-5 *Auf dem Teich schwammen schwarze Schwäne und Enten.*
Entweder die Konjunktion *und* koordiniert die Nominalphrase *schwarze Schwäne* mit der Nominalphrase *Enten* (in diesem Fall ist die Farbe der *Enten* nicht bestimmt), oder das Adjektiv *schwarze* attribuiert die komplexe Nominalphrase *Schwäne und Enten.*

Ü-5 Wieso wirken die folgenden Sätze inakzeptabel?

5-1 Sie rechnet mit dem Taschenrechner und mit seiner Hilfe.
5-2 Er kam aus Liebe und Paris.

Lösungsvorschlag zu Ü-5

Beide Sätze koordinieren Satzglieder, die aufgrund ihrer syntaktischen Verschiedenheit nicht koordiniert werden dürfen.

5-1 *Sie rechnet mit dem Taschenrechner und mit seiner Hilfe.*
Unzulässige Koordination eines Instrumentaladverbials *(mit dem Taschenrechner rechnen:* semantisch variable Präposition, vgl. *am Computer rechnen)* und eines Präpositionalobjekts (*mit seiner Hilfe rechnen:* Präposition *mit* vom Verb festgelegt und semantisch leer)

5-2 *Er kam aus Liebe und Paris.*
Unzulässige Koordination eines Kausaladverbials *(er kam aus Liebe)* mit einem Lokal- bzw. Direktionaladverbial *(er kam aus Paris)*

Übungsaufgaben zum Kapitel 3 „Stellung der Satzglieder im Satz" (S. 102)

Übung 1

Analysebeispiel 12

12-1 Nur einige hundert Meter die Alpenstraße weiter südlich, kurz hinter dem historischen Gasthaus Mauthäusl, zweigt links bei einer Brücke der schöne Weg zur Höllenbachalm ab. 12-2 In angenehmen 40 bis 50 Minuten ist die von Mitte Mai an geöffnete Alm in mäßiger Steigung zu erreichen. 12-3 Wieder zurück am Mauthäusl lohnt sich eine Einkehr zur Stärkung und weiteren Erkenntnis. 12-4 Schließlich haben dort die Salzfahrer und Holzfuhrleute schon seit 1650 Quartier bezogen, als sich das stattliche Haus zu einem Knotenpunkt des Verkehrs an der »Salzstraße« entwickelte. 12-5 Am gleichen Platz steht heute ein moderner Gasthof, dessen Spezialität ein Schmankerlpfandl nach Art der Salzfahrer mit (...) Fleisch vom Schwein und Rind oder auch vom Geflügel und Fisch ist. 12-6 Täglich wird eine andere Variante serviert. 12-7 Direkt am Gasthof befindet sich auch einer der Einstiege in die wildromantische Weißbachschlucht. 12-8 Insgesamt ist eine Strecke von rund fünf Kilometern begehbar, für die man etwa eineinhalb Stunden Zeit braucht. 12-9 Hoch in den Himmel ragen die schattigen, auch im Hochsommer nass triefenden Wände. 12-10 Holztreppen und Steige führen sicher an den Felsstürzen und wuchtigen Abwaschungen des Gesteins entlang.

(aus: Matthias Busch: Die schönsten Spritztouren. München 2004, S. 62 f.)

Ü-1a Bestimmen Sie im Analysebeispiel 12 die Stellung (Satzklammer und Stellungsfelder) für alle Hauptsätze!

Lösungsvorschlag zu Ü-1a

Vorfeld	linke Satzklammer	Mittelfeld	rechte Satzklammer	Nachfeld
12-1 Nur einige hundert Meter die Alpenstraße weiter südlich, kurz hinter dem ... Mauthäusl	zweigt	links bei einer Brücke der schöne Weg zur Höllenbachalm	ab.	
12-2 In angenehmen 40 bis 50 Minuten	ist	die von Mitte Mai an geöffnete Alm in mäßiger Steigung	zu erreichen.	
12-3 Wieder zurück am Mauthäusl	lohnt	sich eine Einkehr zur Stärkung und weiteren Erkenntnis.		

Vorfeld	linke Satzklammer	Mittelfeld	rechte Satzklammer	Nachfeld
12-4 Schließlich	haben	dort die Salzfahrer und Holzfuhrleute schon seit 1650 Quartier	bezogen,	als sich das stattliche Haus zu einem Knotenpunkt des Verkehrs an der „Salzstraße“ entwickelte.
12-5 Am gleichen Platz	steht	heute ein moderner Gasthof,		dessen Spezialität ein Schmankerlpfandl nach Art der Salzfahrer ... ist.
12-6 Täglich	wird	eine andere Variante	serviert.	
12-7 Direkt am Gasthof	befindet	sich auch einer der Einstiege in die wildromantische Weißbachschlucht.		
12-8 Insgesamt	ist	eine Strecke von rund fünf Kilometern	begehbar,	für die man etwa eineinhalb Stunden Zeit braucht.
12-9 Hoch in den Himmel	ragen	die schattigen, auch im Hochsommer nass triefenden Wände.		
12-10 Holztreppen und Steige	führen	sicher an den Felsstürzen und wuchtigen Abwaschungen des Gesteins entlang.		

Ü-1b Zeigen und begründen Sie für die Sätze 12-3, 12-5, 12-7 und 12-9, wo die Grenze zwischen Mittelfeld und Nachfeld anzusetzen ist!

Lösungsvorschlag zu Ü-1b

12-3 Wieder zurück am Mauthäusl **lohnt** sich eine Einkehr zur Stärkung und weiteren Erkenntnis.

Umformtest (z. B. mit Futurform):

12-3a Wieder zurück am Mauthäusl **wird** sich eine Einkehr zur Stärkung und weiteren Erkenntnis **lohnen.** (Daraus ergibt sich das Mittelfeld.)

12-5 Am gleichen Platz **steht** heute ein moderner Gasthof, dessen Spezialität ein Schmankerlpfandl nach Art der Salzfahrer mit (...) Fleisch vom Schwein und Rind oder auch vom Geflügel und Fisch ist.

Umformtest (z. B. mit Modalverb):

12-5a Am gleichen Platz **soll** heute ein moderner Gasthof **stehen,** dessen Spezialität ein Schmankerlpfandl nach Art der Salzfahrer mit (...) Fleisch vom Schwein und Rind oder auch vom Geflügel und Fisch ist.

12-7 Direkt am Gasthof **befindet** sich auch einer der Einstiege in die wildromantische Weißbachschlucht.

Umformtest (z. B. mit Perfektform):

12-7a Direkt am Gasthof **hat** sich auch einer der Einstiege in die wildromantische Weißbachschlucht **befunden.**

12-9 Hoch in den Himmel **ragen** die schattigen, auch im Hochsommer nass triefenden Wände.

Umformtest (z. B. mit Perfektform):

12-9a Hoch in den Himmel **sind** die schattigen, auch im Hochsommer nass triefenden Wände **geragt**.

Ü-1c Betrachten Sie die Besetzungen der jeweiligen Vorfelder genauer: Versuchen Sie zu begründen, warum andere Satzglieder als das Subjekt im Vorfeld stehen (besonders bei 12-3, 12-5, 12-6 und 12-7)!

Lösungsvorschlag zu Ü-1c

Besetzung der Vorfelder und Funktionsbestimmung:

12-1 *Nur einige hundert Meter die Alpenstraße weiter südlich, kurz hinter dem historischen Gasthaus Mauthäusl:* sehr komplexes Lokaladverbial, dient hier der genauen lokalen Situierung (Textsorte Routenbeschreibung!)

12-2 *In angenehmen 40 bis 50 Minuten:* Temporaladverbial, gibt eine Zeitdauer für den beschriebenen Weg an: temporale Situierung

12-3 *Wieder zurück am Mauthäusl:* Lokaladverbial, lokale Situierung

12-4 *Schließlich:* Satzadverbial (Wortart: Konjunktionaladverb); stellt argumentatitve und damit metakommunikative Verbindung zum Vortext her

12-5 *Am gleichen Platz:* Lokaladverbial; lokale Situierung

12-6 *Täglich:* Temporaladverbial; temporale Situierung

12-7 *Direkt am Gasthof:* Lokaladverbial; lokale Situierung

12-8 *Insgesamt:* Satzadverbial; Zusammenfassung

12-9 *Hoch in den Himmel:* Direktionaladverbial; enge Verbindung mit dem Prädikat *ragen;* Fokussierung durch Vorfeldposition

Ü-1d Betrachten Sie die Position der Subjekte: Welche Effekte (z. B. im Hinblick auf die Informationsgliederung) werden durch die gewählte Position erzielt (etwa in 12-1, 12-5, 12-7, 12-9)?

Lösungsvorschlag zu Ü-1d

Bestimmung der Subjekte in den Sätzen:

12-1 Nur einige hundert Meter die Alpenstraße weiter südlich, kurz hinter dem historischen Gasthaus Mauthäusl, zweigt links bei einer Brücke der schöne Weg zur Höllenbachalm ab.

12-5 Am gleichen Platz steht heute ein moderner Gasthof, dessen Spezialität ein Schmankerlpfandl nach Art der Salzfahrer mit (...) Fleisch vom Schwein und Rind oder auch vom Geflügel und Fisch ist.
12-7 Direkt am Gasthof befindet sich auch einer der Einstiege in die wildromantische Weißbachschlucht.
12-9 Hoch in den Himmel ragen die schattigen, auch im Hochsommer nass triefenden Wände.

In allen diesen Fällen steht das Subjekt im Mittelfeld (zum Teil gegen Ende des Mittelfeldes) und nicht in seiner unauffälligen Position im Vorfeld. Durch diese besondere Stellung wird das Subjekt hervorgehoben und rhematisiert. Die Subjekte enthalten tendenziell neue Information.

Übungsaufgaben zum Kapitel 4 „Satz“ (S. 140–142)

Übung 1: Satzarten

Analysebeispiel 1

1-1 Was für ein schöner Tag ist das heute! 1-2 Hatte es gestern nicht noch geregnet? 1-3 Genießt endlich den Sonnenschein und lasst es euch gut gehen! 1-4 Wenn sich Eva doch endlich melden würde! 1-5 Dass sie immer so unpünktlich ist! 1-6 Die traut sich was! 1-7 Wäre sie doch schon hier! 1-8 Dann könnten wir endlich losgehen. 1-9 Rufst du sie noch einmal an? 1-10 Gib mir mal schnell ihre Telefonnummer! 1-11 Dass immer ich alles machen muss! 1-12 Eva, wann kommst du?

Ü-1a Bestimmen Sie in den Beispielen 1-1 bis 1-12 die Stellung des finiten Verbs!

Lösungsvorschlag zu Ü-1a

1-1	Verbzweitstellung (= V2)	(Kernsatz)
1-2	Verberststellung (= V1)	(Stirnsatz)
1-3	Teil 1: Verberststellung	(Stirnsatz)
	Teil 2: Verberststellung	(Stirnsatz)
1-4	Verbletztstellung (= VL)	(Spannsatz)
1-5	Verbletztstellung	(Spannsatz)
1-6	Verbzweitstellung	(Kernsatz)
1-7	Verberststellung	(Stirnsatz)
1-8	Verbzweitstellung	(Kernsatz)
1-9	Verberststellung	(Stirnsatz)
1-10	Verberststellung	(Stirnsatz)
1-11	Verbletztstellung	(Spannsatz)
1-12	Verbzweitstellung	(Kernsatz)

Ü-1b Geben Sie zu den Beispielen 1-1 bis 1-12 die entsprechende Satzart an!

Lösungsvorschlag zu Ü-1b

1-1	Exklamativsatz (Ausrufesatz)
1-2	Interrogativsatz (Fragesatz): Entscheidungsfrage (*ja-nein*-Frage, Satzfrage)
1-3	Imperativsatz (Aufforderungssatz)
1-4	Optativsatz (Desiderativsatz, Wunschsatz)
1-5	Exklamativsatz (Ausrufesatz)
1-6	Exklamativsatz (Ausrufesatz)
1-7	Optativsatz (Desiderativsatz, Wunschsatz)
1-8	Deklarativsatz (Aussagesatz, Assertionssatz, Konstativsatz)
1-9	Interrogativsatz (Fragesatz): Entscheidungsfrage (*ja-nein*-Frage, Satzfrage)
1-10	Imperativsatz (Aufforderungssatz)
1-11	Exklamativsatz (Ausrufesatz)
1-12	Interrogativsatz (Fragesatz): Ergänzungsfrage (*w*-Frage, Satzgliedfrage)

Ü-1c Nennen Sie die signifikanten Kriterien, die für Sie bei der Bestimmung der Satzarten in den obigen Beispielen eine Rolle gespielt haben!

Lösungsvorschlag zu Ü-1c

1-1 Intonation: fallend mit Hervorhebungsakzent; Satzzeichen: Ausrufezeichen

1-2 Verbstellung: V1; Intonation: steigend; Satzzeichen: Fragezeichen; kein Interrogativpronomen oder -adverb

1-3 Verbstellung: V1; Intonation: fallend; Satzzeichen: Ausrufezeichen; Modus des finiten Verbs: Imperativ

1-4 Intonation: fallend; Satzzeichen: Ausrufezeichen; Modus des finiten Verbs: Konjunktiv; Modalpartikel *doch;* Subjunktion *wenn;* Verbstellung: VL

1-5 Intonation: fallend mit Hervorhebungsakzent; Satzzeichen: Ausrufezeichen; Subjunktion *dass;* Verbstellung: VL

1-6 Intonation: fallend mit Hervorhebungsakzent; Satzzeichen: Ausrufezeichen

1-7 Intonation: fallend; Satzzeichen: Ausrufezeichen; Modus des finiten Verbs: Konjunktiv; Modalpartikel *doch*

1-8 Verbstellung: V2; Intonation: fallend; Satzzeichen: Punkt

1-9 Verbstellung: V1; Intonation: steigend; Satzzeichen: Fragezeichen; kein Interrogativpronomen oder -adverb

1-10 Verbstellung: V1; Intonation: fallend; Satzzeichen: Ausrufezeichen; Modus des finiten Verbs: Imperativ

1-11 Intonation: fallend mit Hervorhebungsakzent; Satzzeichen: Ausrufezeichen; Subjunktion *dass;* Verbstellung: VL

1-12 Verbstellung: V2; Intonation: steigend; Satzzeichen: Fragezeichen; Interrogativadverb *wann*

Übung 2: Einfacher und komplexer Satz

Analysebeispiel 2

Josip mag nicht mehr denken. Er sieht forschend nach den Wegen. Es kommt niemand. Er lacht. Er hat jetzt seine kleinen Freuden. Er ist schon ein Mann, aber es macht ihm noch immer Vergnügen, die platten Steine aus dem Sand zu suchen. Er geht bedächtig im feuchten, nachgebenden Sand. Er wiegt den Stein prüfend in den Händen; dann schwingt er, sich beugend, den Arm, und in schwirrendem Flug saust das übermütige Stück über die Wellen, springt auf und weiter und springt wieder auf. Dreimal. Wenn er es öfter macht, springen die Steine aber achtmal auf. Sie dürfen nur nicht plump sein.

(aus: Ingeborg Bachmann: Die Fähre. In: Sämtliche Erzählungen. München 1978, S. 11)

Ü-2a Trennen Sie im Beispiel 2 die einfachen Sätze von den komplexen Sätzen!

1 Josip mag nicht mehr denken. 2 Er sieht forschend nach den Wegen. 3 Es kommt niemand. 4 Er lacht. 5 Er hat jetzt seine kleinen Freuden. 6 Er ist schon ein Mann, aber es macht ihm noch immer Vergnügen, die platten Steine aus dem Sand zu suchen. 7 Er geht bedächtig im feuchten, nach-

gebenden Sand. 8 Er wiegt den Stein prüfend in den Händen; 9 dann schwingt er, sich beugend, den Arm, und in schwirrendem Flug saust das übermütige Stück über die Wellen, springt auf und weiter und springt wieder auf. 10 Dreimal. 11 Wenn er es öfter macht, springen die Steine aber achtmal auf. 12 Sie dürfen nur nicht plump sein.

(aus: Ingeborg Bachmann: Die Fähre. In: Sämtliche Erzählungen. München 1978, S. 11)

Lösungsvorschlag zu Ü-2a

Ein einfacher Satz weist ein finites Verb auf. Dies trifft auf folgende Sätze aus Beispiel 2 zu:

(1) Josip mag nicht mehr denken.
(2) Er sieht forschend nach den Wegen.
(3) Es kommt niemand.
(4) Er lacht.
(5) Er hat jetzt seine kleinen Freuden.
(7) Er geht bedächtig im feuchten, nachgebenden Sand.
(8) Er wiegt den Stein prüfend in den Händen; (vgl. unten)
(12) Sie dürfen nur nicht plump sein.

Ein komplexer Satz weist mehr als ein finites Verb auf oder neben dem finiten Verb eine oder mehrere satzwertige Infinitiv- oder Partizipialkonstruktionen:

(6) Er ist schon ein Mann (6-1), aber es macht ihm noch immer Vergnügen (6-2), die platten Steine aus dem Sand zu suchen (6-3).
(9) dann schwingt er (9-1), sich beugend (9-2), den Arm, und in schwirrendem Flug saust das übermütige Stück über die Wellen (9-3), springt auf (9-4) und weiter (9-5) und springt wieder auf (9-6).
(11) Wenn er es öfter macht (11-1), springen die Steine aber achtmal auf (11-2).

Die Partizipialkonstruktion in (9-2) kann als satzwertig aufgefasst werden oder als Apposition zu *er.*
In (9-5) ist *springt* elliptisch und kann aus (9-4) ergänzt werden.

Ü-2b Welcher Abschnitt entspricht nicht der gängigen Definition von Sätzen?

Lösungsvorschlag zu Ü-2b

(10) Dreimal.
Begründung: Eine Konstruktion ist dann ein Satz, wenn sie mindestens ein finites Verb hat. Dies trifft hier nicht zu.

Ü-2c Unterscheiden Sie innerhalb der komplexen Sätze zwischen Satzreihen und Satzgefügen!

Lösungsvorschlag zu Ü-2c

Bei (8) und (9) handelt es sich um eine Satzreihe (Parataxe). Das Semikolon nach (8) bewirkt eine stärkere Trennung als das Komma, ist wohl aber schwächer als ein Punkt. Jeder

Teilsatz könnte für sich alleine stehen, keiner ist strukturell von einem anderen Teilsatz abhängig. Es sind Hauptsätze, die parataktisch aneinandergereiht sind. Es überwiegt die syndetische Verbindung durch die nebenordnende Konjunktion *und* (9-3, 9-5, 9-6); in den übrigen Fällen sind die Teilsätze asyndetisch miteinander verknüpft.

Bei (11) handelt es sich um ein Satzgefüge (Hypotaxe). Vom Hauptsatz (11-2) hängt der *wenn*-Satz (11-1) ab. Die Subjunktion *wenn* zeigt an, dass eine hypotaktische Satzstruktur vorliegt. Den Nebensatz kann man an der Verbletztstellung (= VL) erkennen.

Bei (6) handelt es sich um eine Satzperiode mit einer Mischung aus Nebenordnung und Unterordnung, wobei die parataktische Satzstruktur überwiegt. Die beiden Hauptsätze (6-1) und (6-2) sind syndetisch durch die nebenordnende Konjunktion *aber* verknüpft. Vom zweiten Hauptsatz (6-2) hängt eine satzwertige Infinitivkonstruktion (6-3) ab. Auf hierarchisch niederer Ebene ist also eine hypotaktische Struktur vorhanden.

Ü-2d Welche nebenordnenden Konjunktionen und Subjunktionen sind in welcher Funktion gebraucht?

Lösungsvorschlag zu Ü-2d

nebenordnende Konjunktionen:	*aber* in (6-2)	adversativ
	und in (9-3, 9-5, 9-6)	kopulativ
Subjunktion:	*wenn* in (11-1)	konditional

Übung 3: Haupt- und Nebensätze

Analysebeispiel 3

Sie fand die alte Frau immer öfter am Fenster, wenn sie kam, und sie saßen nicht mehr beisammen, wenn Franziska kam, um den Sherry zu trinken und kleines Gebäck zu knabbern, und es ging also weiter mit diesen Hunden, während zugleich doch Schwerhörigkeit zuzunehmen begann, und Franziska war ratlos, denn es musste doch etwas geschehen, und Leo, dem sie zwar alles fernhielt, würde eines Tages auch nicht darum herumkommen, sich mit seiner Mutter beschäftigen zu müssen.

(aus: Ingeborg Bachmann: Das Gebell. In: Sämtliche Erzählungen. München 1978, S. 385)

Ü-3a Trennen Sie nach formalen Kriterien (Stellung des finiten Verbs, Vorhandensein von Subjunktionen etc.) im komplexen Satz 3 Hauptsätze von den Nebensätzen!

1 Sie fand die alte Frau immer öfter am Fenster, 2 wenn sie kam, 3 und sie saßen nicht mehr beisammen, 4 wenn Franziska kam, 5 um den Sherry zu trinken und 6 kleines Gebäck zu knabbern, 7 und es ging also weiter mit diesen Hunden, 8 während zugleich doch Schwerhörigkeit zuzunehmen begann, 9 und Franziska war ratlos, 10 denn es musste doch etwas geschehen, 11 und

Leo, 12 dem sie zwar alles fernhielt, 11 würde eines Tages auch nicht darum herumkommen, 13 sich mit seiner Mutter beschäftigen zu müssen.

(aus: Ingeborg Bachmann: Das Gebell. In: Sämtliche Erzählungen. München 1978, S. 385)

Lösungsvorschlag zu Ü-3a

Hauptsätze: Verbzweitstellung, Anschluss der Teilsätze (bis auf 1) durch nebenordnende Konjunktionen *(und, denn):*

(1) Sie fand die alte Frau immer öfter am Fenster
(3) und sie saßen nicht mehr beisammen
(7) und es ging also weiter mit diesen Hunden
(9) und Franziska war ratlos
(10) denn es musste doch etwas geschehen
(11) und Leo (...) würde eines Tages auch nicht darum herumkommen

Nebensätze: Verbletztstellung, Einleitung durch unterordnende Konjunktionen *(wenn, um ... zu, während)* bzw. Relativpronomen *(dem);* satzwertige Infinitivkonstruktion

(2) wenn sie kam
(4) wenn Franziska kam
(5) um den Sherry zu trinken
(6) und (um) kleines Gebäck zu knabbern
(8) während zugleich doch Schwerhörigkeit zuzunehmen begann
(12) dem sie zwar alles fernhielt
(13) sich mit seiner Mutter beschäftigen zu müssen

Ü-3b Um welche Nebensätze handelt es sich? Bieten Sie eine formale Beschreibung und ermitteln Sie ihre syntaktische Funktion!

Lösungsvorschlag zu Ü-3b

(2) formal: konjunktional eingeleiteter Nebensatz; die Subjunktion *wenn* hat temporale Bedeutung
syntaktische Funktion: temporaler Adverbialsatz zum Hauptsatz (1)

(4) formal: vgl. (2)
syntaktische Funktion: temporaler Adverbialsatz zum Hauptsatz (3)

(5) formal: satzwertige Infinitivkonstruktion, eingeleitet durch die finale Infinitivkonjunktion *um ... zu;* kann in einen Nebensatz umgeformt werden, der mit der Subjunktion *damit* eingeleitet ist
syntaktische Funktion: finaler Adverbialsatz zum Hauptsatz (3)

(6) formal und funktional wie (5); *um* ist elliptisch

(8) formal: konjunktional eingeleiteter Nebensatz; die Subjunktion *während* hat temporale Bedeutung
syntaktische Funktion: temporaler Adverbialsatz zum Hauptsatz (7)

(12) formal: Relativsatz, eingeleitet durch das Relativpronomen *dem*, das auf den Bezugsausdruck *Leo* im Hauptsatz (11) referiert
syntaktische Funktion: Attributsatz zu *Leo* in (11); bildet zusammen mit *Leo* das Subjekt von (11)

(13) formal: uneingeleitete satzwertige Infinitivkonstruktion
kann in einen Nebensatz umgeformt werden, der mit der Subjunktion *dass* eingeleitet ist
syntaktische Funktion: Objektsatz für ein Präpositionalobjekt zum Hauptsatz (12); ein Indiz hierfür ist das Korrelat *darum* in (12).

Ü-3c Bestimmen Sie alle Temporaladverbiale, die sich im obigen Analysebeispiel finden lassen! Benutzen Sie in Zweifelsfällen ein Nachschlagewerk Ihrer Wahl!

Lösungsvorschlag zu Ü-3c

abgesehen von den in Ü-3b bestimmten temporalen Adverbialsätzen:

immer öfter (1): formal: Temporaladverb *oft* im Komparativ mit *immer* als Steigerungspartikel
syntaktische Funktion: Temporaladverbial zu *fand*

zugleich (8): formal: Temporaladverb
syntaktische Funktion: Temporaladverbial zu *zuzunehmen*

eines Tages (11): formal: erstarrte (lexikalisierte) Nominalphrase im Genitiv
syntaktische Funktion: Temporaladverbial zu *herumkommen*

Übung 4: Besondere Nebensätze

Analysebeispiel 4

4-1 Und eines Morgens wacht er auf, an einem Tag, den er vergessen wird, und liegt plötzlich da, ohne sich erheben zu können, getroffen von harten Lichtstrahlen und entblößt jeder Waffe und jeden Muts für den neuen Tag.

4-2 Wäre ich nicht in die Bücher getaucht, in Geschichten und Legenden, in die Zeitungen, die Nachrichten, wäre nicht alles Mitteilbare aufgewachsen in mir, wäre ich ein Nichts, eine Versammlung unverstandener Vorkommnisse.

(aus: Ingeborg Bachmann: Das dreißigste Jahr. In: Sämtliche Erzählungen. München 1978, S. 94 und 103)

Ü-4a Beschreiben Sie die Nebensätze und satzwertigen Konstruktionen in Beispiel 4-1. Aufgrund welcher Kriterien können Sie Konstruktionen als satzwertig bestimmen?

Lösungsvorschlag zu Ü-4a

4-1 den er vergessen wird

Relativsatz, eingeleitet durch Relativpronomen *den* mit Bezugsausdruck *Tag* im Trägersatz; Verbletztstellung

ohne sich erheben zu können

eingeleitete satzwertige Infinitivkonstruktion; die Subjunktion *ohne – (zu)* gibt das Fehlen eines Umstands an

getroffen von harten Lichtstrahlen und entblößt jeder Waffe und jeden Muts für den neuen Tag

zwei satzwertige Partizipialkonstruktionen

Um eine Konstruktion als satzwertig bestimmen zu können, muss sie in einen Nebensatz umgeformt werden können:

ohne sich erheben zu können → *ohne dass er sich erheben kann*

getroffen von ... Tag → *wobei er von harten Lichtstrahlen getroffen (ist) und (wobei er) jeder Waffe und jeden Muts für den neuen Tag entblößt ist*

Ü-4b Ermitteln Sie die jeweiligen Abhängigkeitsverhältnisse in 4-1 und geben Sie die syntaktische Funktion der Nebensätze und satzwertigen Konstruktionen an!

Lösungsvorschlag zu Ü-4b

HS 1 Und eines Morgens wacht er auf, an einem Tag,

NS 1 den er vergessen wird,

HS 2 und liegt plötzlich da,

NS 2 ohne sich erheben zu können,

NS 3 getroffen von harten Lichtstrahlen
und entblößt jeder Waffe und jeden Muts für den neuen Tag.

Insgesamt liegt eine komplexe Satzperiode vor, bei der die parataktische Struktur überwiegt:

HS 1 und HS 2 bilden eine Satzreihe; sie sind jeweils durch die kopulative Konjunktion *und* eingeleitet. Beide Teilsätze sind syndetisch miteinander verknüpft.

Von beiden HSen hängen weitere Teilsätze ab, sodass auf hierarchisch niederer Ebene jeweils hypotaktische Strukturen (Satzgefüge) festzustellen sind:

Ins Nachfeld des HS 1 ist die Präpositionalphrase *an einem Tag* ausgeklammert, von der ein Relativsatz (NS 1) abhängt. Dieser ist ein Attributsatz zu *Tag* (syntaktische Funktion); gemeinsam mit der Präpositionalphrase bildet der Relativsatz ein Temporaladverbial zu *wacht ... auf* im HS 1.

Im Nachfeld von HS 2 steht die satzwertige Infinitivkonstruktion (NS 2), die das Fehlen eines Umstandes benennt *(ohne – zu)*. Da der NS 2 Trägersatz von NS 3 ist, stellt er zusammen mit diesem ein modales Adverbial zu HS 2 dar.

Im Nachfeld von NS 2 steht die satzwertige Partizipialkonstruktion (NS 3), die ihrerseits aus zwei parataktisch geordneten Teil(sätz)en besteht, die wiederum syndetisch durch die kopulative Konjunktion *und* verknüpft sind. (Aus diesem Grund könnte man auch von zwei parataktisch geordneten Nebensätzen sprechen.) Insgesamt hängt NS 3 als modales Adverbial (Begleitumstand) von NS 2 ab.

Ü-4c Beschreiben Sie nach formalen Kriterien Haupt- und Nebensätze in Beispiel 4-2. Welche syntaktische Funktion haben die Nebensätze?

Lösungsvorschlag zu Ü-4c

NS 1	Wäre ich nicht in die Bücher getaucht, in Geschichten und Legenden, in die Zeitungen, die Nachrichten,
NS 2	wäre nicht alles Mitteilbare aufgewachsen in mir,
HS	wäre ich ein Nichts, eine Versammlung unverstandener Vorkommnisse.

HS	Verbzweitstellung
NS 1 und NS 2	hängen beide vom HS ab und stehen asyndetisch verknüpft im Vorfeld des Hauptsatzes, sind jeweils uneingeleitet und haben Verberststellung; die Nebensätze können in konditionale *wenn*-Sätze umgeformt werden

Syntaktische Funktion der uneingeleiteten Nebensätze mit V1-Stellung: konditionale Adverbialsätze zum HS; dies zeigt der Umformtest:
Wenn (falls) *ich nicht in die Bücher getaucht wäre und nicht alles Mitteilbare in mir aufgewachsen wäre (= Wäre ich nicht in die Bücher getaucht ... in mir), wäre ich ein Nichts, eine Versammlung unverstandener Vorkommnisse.* Oder:
Unter der Bedingung *(= Wäre ich nicht in die Bücher getaucht ... in mir) wäre ich ein Nichts, eine Versammlung unverstandener Vorkommnisse.*

Übung 5: Vollständige Satzanalyse

Analysebeispiel 5

5-1 Einmal ward die Königin krank, 5-2 und als sie fühlte, 5-3 dass sie sterben müsse, 5-4 rief sie den König 5-5 und bat ihn, 5-6 er möge nach ihrem Tod doch niemand heirathen, 5-7 der nicht eben so schön wäre wie sie 5-8 und eben so goldne Haare hätte; 5-9 und nachdem ihr der König das versprochen hatte, 5-10 starb sie.

(aus: Allerlei-Rauh. In: Märchen der Gebrüder Grimm. Zürich 1985, S. 234)

Ü-5a Beschreiben Sie die Gesamtstruktur des Satzes 5-1 bis 5-10 unter Einbezug sämtlicher Nebensätze und geben Sie die Stellung der finiten Verben an!

Lösungsvorschlag zu Ü-5a

HS 1	Einmal ward die Königin krank,	V2
	und	
NS 1	als sie fühlte,	VL
NS 2	dass sie sterben müsse,	VL
HS 2	rief sie den König	V2
HS 3	und bat ihn,	V2
NS 3	er möge nach ihrem Tod doch niemand heirathen,	V2
NS 4	der nicht eben so schön wäre wie sie	VL
NS 5	und eben so goldne Haare hätte;	VL
	und	
NS 6	nachdem ihr der König das versprochen hatte,	VL
HS 4	starb sie.	V2

Insgesamt handelt es sich um eine komplexe Satzperiode, bei der die parataktische Struktur überwiegt: Die vier HSe bilden gemeinsam eine Satzreihe; sie sind jeweils durch die kopulative Konjunktion *und* syndetisch miteinander verknüpft.

HS 1 ist ein einfacher HS.

Von HS 2, 3 und 4 hängen jeweils NSe ab, sodass auf hierarchisch niederer Ebene jeweils hypotaktische Strukturen (Satzgefüge) festzustellen sind:

Im Vorfeld des HS 2 steht der konjunktional eingeleitete NS 1; die Subjunktion *als* hat temporale Bedeutung.
Von NS 1 hängt der konjunktional eingeleitete NS 2 *(dass ...)* ab.

Im HS 3 ist das Subjekt *(sie)* ausgespart und muss sinngemäß aus HS 2 ergänzt werden.
Im Nachfeld von HS 3 steht der uneingeleitete NS 3, der Verbzweitstellung aufweist und formal eine indirekte Rede in Abhängigkeit vom Verb *bitten* darstellt. Obwohl der NS 3 die formale Struktur eines HSes hat, zeigt der Umformtest, dass es sich um einen abhängigen Nebensatz handelt: *und bat ihn, dass er nach ihrem Tod doch niemand heirathen möge ...*
NS 3 ist weiterhin Trägersatz für die Relativsätze NS 4 und 5, die syndetisch durch die kopulative Konjunktion *und* miteinander verknüpft sind, sodass sich auf dieser Ebene wiederum eine parataktische Struktur zeigt. Im NS 5 ist das einleitende Relativpronomen ausgespart und muss sinngemäß aus NS 4 ergänzt werden.

Im Vorfeld des HS 4 steht der konjunktional eingeleitete NS 6; die Subjunktion *nachdem* hat temporale Bedeutung.

Ü-5b Bieten Sie eine topologische Analyse des Gesamtsatzes nach Beispiel 49!

Lösungsvorschlag zu Ü-5b

		Vorfeld						**linke Satz-klam-mer**	**Mittel-feld**	**rechte Satz-klam-mer**	**Nachfeld**								
		l SK	**MF**	**r SK**	**NF**						**VF**	**l SK**	**MF**	**r SK**	**NF**				
					l SK	**MF**	**r SK**									**l SK**	**MF**	**r SK**	**NF**
HS 1		Einmal						ward	die Köni-gin	krank,									
NS 1	und	als	sie	fühlte,															
NS 2					dass	sie	sterben müsse,												
HS 2								rief	sie den König										
HS 3	und							bat	ihn,										
NS 3											er	möge	nach ihrem Tod doch niemand	heira-then,					
NS 4																der	nicht	eben so schön wäre	wie sie
NS 5															und	(der)	eben so gol-dene Haare	hätte;	
NS 6	und	nach-dem	ihr der König das	verspro-chen hatte,															
HS 4								starb	sie.										

Ü-5c Bestimmen Sie die syntaktische Funktion der Nebensätze!

Lösungsvorschlag zu Ü-5c

NS 1: Adverbialsatz;
da NS 1 Trägersatz für NS 2, zusammen mit NS 2 temporales Adverbial zu HS 2

NS 2: Objektsatz (Akkusativobjekt) zu *fühlen* in NS 1 (x fühlt *y*)

NS 3: Objektsatz;
da NS 3 Trägersatz für NS 4/5, zusammen mit NS 4/5 Präpositionalobjekt zu *bitten* in HS 3 (x bittet y *um z*)

NS 4/5: zwei Attributsätze zu *niemand* im HS 3; gemeinsam mit *niemand* bilden die Relativsätze das Akkusativobjekt zu *bitten* in HS 3

NS 6: temporaler Adverbialsatz zu HS 4

Ü-5d Bieten Sie eine syntaktische Feinanalyse aller Teilsätze mit Bestimmung der Satzglieder und Attribute!

Lösungsvorschlag zu Ü-5d

zu HS 1:

ward — **formal:** alte Form des Präteritums des Kopulaverbs *werden* (heute: *wurde*): 3. Person Singular Indikativ Präteritum Aktiv
funktional: Prädikat

Als Kopulaverb ist *werden* nicht alleine prädikatsfähig; als Prädikativ fungiert das Adjektiv *krank*. Der Prädikatsverband *krank werden*, der gleichzeitig die Satzklammer bildet, hat einen Mitspieler (x wird krank), nämlich das Subjekt:

die Königin — **formal:** Nominalphrase
funktional: Subjekt

einmal — **formal:** Temporaladverb
funktional: Temporaladverbial *(wann?)*

zu HS 2:

rief — **formal:** 3. Person Singular Indikativ Präteritum Aktiv des Vollverbs *rufen*
funktional: Prädikat

Das Prädikat hat zwei Mitspieler (x ruft y), nämlich Subjekt und Akkusativobjekt:

sie — **formal:** Pronominalphrase, Personalpronomen, das auf *die Königin* referiert
funktional: Subjekt

den König — **formal:** Nominalphrase
funktional: Akkusativobjekt

zu NS 1 als Adverbialsatz (NS 1 + NS 2 temporales Adverbial) zu HS 2:

fühlte — **formal:** 3. Person Singular Indikativ Präteritum Aktiv des Vollverbs *fühlen*
funktional: Prädikat

Das Prädikat hat zwei Mitspieler (x fühlt y), nämlich Subjekt und Akkusativobjekt:

sie **formal:** Pronominalphrase, Personalpronomen, das auf *die Königin* referiert
funktional: Subjekt

Das Akkusativobjekt liegt als Objektsatz (= NS 2) vor.

zu NS 2 als Objektsatz (Akkusativobjekt) zu NS 1:
sterben müsse
formal: Verbalkomplex aus infinitem Vollverb *sterben* und finitem Modalverb *müssen* (3. Person Singular Konjunktiv I Aktiv)
funktional: Prädikat

Das Prädikat hat einen Mitspieler (x muss sterben), nämlich das Subjekt:

sie **formal:** Pronominalphrase, Personalpronomen, das auf *die Königin* referiert
funktional: Subjekt

zu HS 3:
bat **formal:** 3. Person Singular Indikativ Präteritum Aktiv des Vollverbs *bitten*
funktional: Prädikat

Das Prädikat hat drei Mitspieler (x bittet y um z), nämlich Subjekt, Akkusativobjekt und Präpositionalobjekt. Innerhalb des HS 3 ist nur das Akkusativobjekt realisiert:

ihn **formal:** Pronominalphrase, Personalpronomen, das auf *den König* referiert
funktional: Akkusativobjekt

Das Subjekt ist ausgefallen und muss sinngemäß aus HS 2 ergänzt werden *(sie).*

Als Präpositionalobjekt fungiert der NS 3 (mit den NSen 4 und 5).
Dass NS 3 (zusammen mit den NSen 4 und 5) für ein Präpositionalobjekt steht, zeigt der Umformtest: *Sie bat ihn* ***darum*** *(= er möge nach ihrem Tod doch niemand heirathen ... Haare hätte).*

zu NS 3 als Objektsatz (NS 3 + NS4/5 Präpositionalobjekt) zu HS 3:
möge ... heirathen
formal: Die beiden Teile des Verbalkomplexes bilden innerhalb des uneingeleiteten NSes mit V2-Stellung eine geschlossene Satzklammer. Die linke Satzklammer bildet das finite Modalverb (3. Person Singular Konjunktiv I Aktiv); der Konjunktiv markiert die indirekte Rede. Die rechte Satzklammer bildet das infinite Vollverb *heirathen* (in alter Orthografie).
funktional: Prädikat

Das Prädikat hat zwei Mitspieler (x mag y heirathen), nämlich Subjekt und Akkusativobjekt:

er **formal:** Pronominalphrase, Personalpronomen, das auf *den König* referiert
funktional: Subjekt

niemand (+ NS 4 und 5)
formal: Nominalphrase
funktional: Akkusativobjekt

Da NS 4 und 5 Attributsätze zu *niemand* sind, gehören sie zum Satzglied *niemand* mit dazu. Dies zeigt wiederum der Umformtest: *er möge nach ihrem Tod doch niemand, der nicht eben so schön wäre wie sie und eben so goldne Haare hätte, heirathen.*

nach ihrem Tod
formal: Präpositionalphrase
funktional: Temporaladverbial *(wann?)*

Keinen Satzgliedstatus hat die Modalpartikel *doch*, deren Funktion darin besteht, den Satz im Sinne des Sprechers abzutönen.

zu NS 4 als Teil des Akkusativobjekts zu NS 3 und Attributsatz zu *niemand:*

wäre **formal:** 3. Person Singular Konjunktiv II Aktiv des Kopulaverbs *sein*
funktional: Prädikat

Als Kopulaverb ist *sein* nicht alleine prädikatsfähig; als Prädikativ fungiert das Adjektiv *schön*, von dem eine Vergleichskonstruktion *wie sie* abhängt.
Die Vergleichskonstruktion kann als Attribut zum Adjektiv *schön* aufgefasst werden und bildet zusammen mit diesem ein Satzglied; sie ist durch die Satzteilkonjunktion *wie* angeschlossen.
Insgesamt ist die Vergleichskonstruktion ins Nachfeld des NS 4 ausgeklammert und steht deshalb nicht unmittelbar hinter *schön*, da *eben so schön wäre* die rechte Satzklammer im Relativsatz bildet.
Pränuklear vor dem Adjektiv steht die Gradpartikel *so*, die die Vergleichskonstruktion vorbereitet. Die Steigerungspartikel *eben* verstärkt die Gradpartikel *so*.
Der Prädikatsverband *schön sein* hat einen Mitspieler (x ist schön), nämlich das Subjekt:

der **formal:** Pronominalphrase: Relativpronomen, das auf *niemand* referiert
funktional: Subjekt

Der NS 4 ist insgesamt durch die Negationspartikel *nicht* verneint.

zu NS 5 als Teil des Akkusativobjekts zu NS 3 und Attributsatz zu *niemand:*

hätte **formal:** 3. Person Singular Konjunktiv II Aktiv des Vollverbs *haben*
funktional: Prädikat

Das Prädikat hat zwei Mitspieler (x hat y), nämlich Subjekt und Akkusativobjekt:

Das Subjekt ist ausgefallen und muss sinngemäß aus NS 4 ergänzt werden *(der)*.
eben so goldene Haare
formal: komplexe Nominalphrase
funktional: Akkusativobjekt
eben so goldene **formal:** Adjektivphrase mit pränuklearer Steigerungs- und Gradpartikel
funktional: pränominales Adjektivattribut zu *Haare*

Auch die Negationspartikel *nicht* ist sinngemäß aus NS 4 zu ergänzen; auch diese ist im NS 5 nicht wiederholt.

zu HS 4:

starb **formal:** 3. Person Singular Indikativ Präteritum Aktiv des Vollverbs *sterben*
funktional: Prädikat

Das Prädikat hat einen Mitspieler (x stirbt), nämlich das Subjekt:

sie **formal:** Pronominalphrase, Personalpronomen, das auf *die Königin* referiert
funktional: Subjekt

zu NS 6 als temporalem Adverbialsatz zu HS 4:

versprochen hatte
formal: Verbalkomplex aus finitem Hilfsverb *hatte* (3. Person Singular Indikativ Präteritum Aktiv) und infinitem Vollverb *versprechen* in der Form des Partizips II. Insgesamt ist die Verbform als 3. Person Singular Indikativ Plusquamperfekt Aktiv zu bestimmen.
funktional: Prädikat

Das Prädikat hat drei Mitspieler (x verspricht y z), nämlich Subjekt, Akkusativobjekt und Dativobjekt:

der König **formal:** Nominalphrase
funktional: Subjekt
das **formal:** Pronominalphrase: Demonstrativpronomen
funktional: Akkusativobjekt
ihr **formal:** Pronominalphrase: Personalpronomen, das auf *die Königin* referiert
funktional: Dativobjekt

Notizen

Notizen

Notizen